国外公共图书馆多元文化服务政策与案例编译文集

SELECTION OF POLICIES AND CASES OF MULTICULTURAL SERVICES FROM PUBLIC LIBRARIES ABROAD

广州图书馆 ◎ 主编

中山大学出版社

·广州·

版权所有　翻印必究

图书在版编目（CIP）数据

国外公共图书馆多元文化服务政策与案例编译文集/广州图书馆主编 . —广州：中山大学出版社，2019.10

ISBN 978 - 7 - 306 - 06606 - 0

Ⅰ. ①国… Ⅱ. ①广… Ⅲ. ①公共图书馆—图书馆服务—文集 Ⅳ. ①G258.2 -53

中国版本图书馆 CIP 数据核字（2019）第 073452 号

Guowai Gonggong Tushuguan Duoyuan Wenhua Fuwu Zhengce Yu Anli Bianyi Wenji

出 版 人：	王天琪
策划编辑：	吕肖剑
责任编辑：	张　蕊
封面设计：	曾　斌
责任校对：	詹梦瑾
责任技编：	何雅涛
出版发行：	中山大学出版社
电　　话：	编辑部 020 - 84111997，84113349，84110779
	发行部 020 - 84111998，84111981，84111160
地　　址：	广州市新港西路 135 号
邮　　编：	510275　　　传　真：020 - 84036565
网　　址：	http://www.zsup.com.cn　E-mail:zdcbs@mail.sysu.edu.cn
印 刷 者：	广州市怡升印刷有限公司
规　　格：	787mm×1092mm　1/16　20 印张　400 千字
版次印次：	2019 年 10 月第 1 版　2019 年 10 月第 1 次印刷
定　　价：	50.00 元

如发现本书因印装质量影响阅读，请与出版社发行部联系调换

编 委 会

执行主编：罗小红
编 委 会：罗小红　张江顺　席　涛　付跃安
编辑人员：詹　田　马泳娴　彭琳彦　金海红
　　　　　　刘思佳　芦曼丝　周明易　陈智颖
　　　　　　何清华　石钰冰

编译说明

1. 第一部分各章节在收录政策前,以"概述"做简单说明。
2. 第一章收录的政策为国际图书馆协会联合会提供的中文版本,根据实际情况对个别用词进行了修改。第二章收录的各国图书馆行业协会多元文化政策均为参考译文。
3. 政策原文通过各机构网站获得,内容未做任何修改,字体、字号等形式则予以统一,原有注释保留原格式。
4. 参考译文中与原文对应的原文链接、原文注释同样采用上述方式处理。
5. 政策原文中的参考文献、相关链接、注释等参考资料部分,根据实际情况或译或不译。
6. 无标准译名的地名、机构名称和人名不译。
7. 页面下方的脚注均为编译者所加。

前　言

在过去半个世纪，西方国家在对待种族文化多样性的方式和政策上经历了重大转变，即在如何对待属于少数族群的原住民、合法的移民群体（即有权获得公民身份的移民）、不被承认为永久居留者和未来公民的移民等群体的政策上，从压制、同化或排斥到承认并接受多样性的转变。"多元文化"逐渐成为国际社会讨论的话题，并以两种形式出现。一是知识层面的对话，由此产生"有差别的公民权"理论、"认同政治学"理论和"多元文化的公民权"理论等。二是国际组织逐渐接受并认可少数族群的权利，通过编制相关政策规范或行为标准，促进少数族群权利的实现和保护。这种对"多元文化"问题的关注和探索在图书馆界主要表现为两个方面：一是越来越多的图书馆在服务工作中包含少数族群服务内容；二是行业组织和图书馆陆续颁布与多元文化相关的政策规范。

由于西方国家相互交流频密，人口流动频繁，早期图书馆服务少数族群的实例主要集中于西方国家。成文于1987年、后经两次修订的《多元文化社区：图书馆服务指南》（*Multicultural Communities: Guidelines for Library Services*）在最佳实践案例中，介绍了加拿大、丹麦、爱沙尼亚、挪威、英国和美国等国家或地区图书馆在2009年以前对文化及语言多样化群体、移民和难民等人群的服务实践，为图书馆行业研究多元文化服务积累了宝贵的经验。

随着全球化进程不断加快，不同层面、各种类型图书馆的服务对象日趋多样化，提供多元文化服务的客观需求也日益凸显，因此，制定相应服务规范的工作被提上了日程。2001年，《世界文化多样性宣言》（*Universal Declaration on Cultural Diversity*）在联合国教科文组织大会第三十一届会议上获得通过。该文件对文化多样性的认可、对"文化多样性与人权"以及"文化多样性与创作"的阐述为教育、科学和文化机构制定更加细致、更有针对性的政策奠定了基础。2009年，《国际图联与联合国教科文组织多元文化图书馆宣言》（*IFLA/UNESCO Multicultural Library Manifesto*，以下简称《宣言》)通过,成为图书馆解决文化和语言多样性问题的重要参考文件。由于Multiculturalism或Cultural diversity等词的内涵和外延在不同话语体系中存在差异,因此,《宣言》尝试在图书馆行业语境内对"多元文化"进行界定:

"'文化多样性'或'多元文化'是指不同文化的和谐共存与相互作用,这里的'文化应被视为某个社会或某个社会群体特有的精神与物质、智力与情感方面的不同特点之总和,除了文学和艺术外,文化还包括生活方式、共处的方式、价值观体系、传统和信仰'。"①

除了明确何为多元文化,《宣言》还对图书馆多元文化服务对象的范围进行了界定,强调"应特别关注多元文化社会中常处于边缘化的群体,即少数民族、寻求庇护者和难民、持临时居留证者、移民工人以及原住民群体"②。

为了帮助图书馆更好地把握和落实《宣言》,国际图书馆协会联合会(以下简称"国际图联")于2009年对《多元文化社区:图书馆服务指南》进行了第三次修订,并在2012年发布《国际图联与联合国教科文组织多元文化图书馆宣言——实施方案》,进一步推动图书馆多元文化服务的开展。在第3版《多元文化社区:图书馆服务指南》中,"多元文化社会中常处于边缘化境地的群体"的表述变成了"多元文化群体",其涉及的范围也扩大为"原住民、移民群体、有混合文化背景的人群、跨国和散居的个体、寻求庇护者、难民、临时居住者、移民工人和少数民族"③。

国际图联的相关政策文件和国际优秀实践案例反映出图书馆界多元文化服务在政策和实践层面已取得一定成果,但时效上的局限决定了它们不能反映近几年图书馆在多元文化服务方面进行的尝试、创新和突破。本书着眼于梳理具有代表性的国外公共图书馆多元文化服务情况,意在从政策和实践两方面为国内公共图书馆开展多元文化服务提供借鉴。已开展多元文化服务的公共图书馆可以对比国外已有成果,扬长避短,创新和提升自身服务;有意向开展多元文化服务的公共图书馆则可以参考政策建设和服务形式,去芜存

---

① IFLA/UNESCO. IFLA/UNESCO multicultural library manifesto (2018 – 09 – 18). https://www.ifla.org/node/8976.

② IFLA/UNESCO. IFLA/UNESCO multicultural library manifesto (2018 – 09 – 18). https://www.ifla.org/node/8976.

③ IFLA. Multicultural communities: guidelines for library services: 3rd ed. (2018 – 09 – 18). https://www.ifla.org/publications/multicultural – communities – guidelines – for – library – services – 3rd – edition.

前言

菁，因地制宜开展特色多元文化服务。

由于图书馆行业的政策规范是公共图书馆开展多元文化服务工作的重要基础和保障，本书在第一部分首先收录了国际图联颁布的3份多元文化政策规范，同时对美国、澳大利亚和加拿大三国图书馆行业组织的多元文化服务声明、协议、政策、指南和工具包等重要文件进行编译。此外，根据国际图联政策规范对多元文化和多元文化群体的定义，本书从人口多样性和语言影响力两个角度出发，将目光聚焦于多元文化群体中数量较多、比重较大且以英语为官方语言或通用语言的国家。综合考虑所选图书馆在图书馆界的活跃度和影响力、在多元文化服务方面的代表性等因素，本书选择美国、澳大利亚、加拿大、新西兰和新加坡的大型公共图书馆作为主要研究对象，在第二部分梳理并介绍各公共图书馆的多元文化服务实践情况。

《国外公共图书馆多元文化服务政策与案例编译文集》由多位编者合作完成，凝聚了集体的智慧和辛劳。方家忠、罗小红、席涛、张江顺负责全书策划、统筹、组织及框架制定，张江顺、马泳娴、付跃安、詹田、彭琳彦参与统稿和审稿工作。全书编译具体分工如下：全体成员参与第一、第二章政策翻译校对工作；第三章由金海红和刘思佳编写，其中第三章第六节由马泳娴编写；第四章由詹田和马泳娴编写；第五章由芦曼丝和周明易编写；第六章第一、第二节由彭琳彦编写，第六章第三节由陈智颖和何清华编写。

本文集内容涉及面较广而编写时间有限，且囿于编者水平，在编译过程中难免存在不足和谬误，敬请专家学者和广大读者批评指正。

大都市公共图书馆多元文化服务研究课题组
2019年9月29日

目　　录

第一部分　图书馆多元文化服务政策选编 ·· 1

第一章　国际图书馆行业协会多元文化政策 ······································· 3

第一节　国际图联与联合国教科文组织多元文化
　　　　图书馆宣言 ·· 5

第二节　多元文化社区：图书馆服务指南（第3版） ················· 9

第三节　国际图联与联合国教科文组织多元文化
　　　　图书馆宣言——实施方案 ·································· 40

第二章　美国图书馆行业协会多元文化政策 ······································ 50

第一节　美国图书馆协会政策手册B：立场和公共政策声明
　　　　（节选） ·· 52

第二节　美国图书馆协会战略方向（节选） ························ 57

第三节　美国多语种馆藏发展与服务推广指南 ··················· 61

第四节　美国面向西班牙语用户的图书馆服务指南 ············· 65

第五节　美国图书馆移民人群延伸服务指南 ······················ 71

第三章　澳大利亚图书馆行业协会多元文化政策 ······························· 76

第一节　超越优质服务，巩固社会结构：澳大利亚公共图书馆
　　　　服务标准指南（第2版，节选） ····························· 80

第二节　澳大利亚公共图书馆指南、标准及成果评估（节选）
　　　　 ·· 82

第三节　图书馆、信息服务和原住民 ································ 84

第四节　原住民和托雷斯海峡岛民图书馆、档案馆和信息中心
　　　　服务协议（第12版） ·· 86

第五节　与社区合作：图书馆与原住民和托雷斯海峡岛民社区
　　　　合作实践指导方针 ··· 93

第六节 国家对原住民和托雷斯海峡岛民图书馆服务和馆藏的
立场声明 …………………………………………………… 102
第七节 澳新国家和州立图书馆联盟（NSLA）图书馆原住民
和托雷斯海峡岛民语言服务和馆藏声明 ………………… 104
第四章 加拿大图书馆行业协会多元文化政策 ……………………… 106
第一节 加拿大图书馆协会对语言少数群体和少数族裔群体
提供图书馆服务的立场声明 ……………………………… 108
第二节 加拿大图书馆协会关于多元性和包容性的立场声明
………………………………………………………………… 109
第三节 多元文化社区的图书馆服务 ……………………………… 110
第四节 加拿大多元资源与服务工具包（节选） ………………… 111
第五节 国家原住民图书馆协会三年业务计划（节选） ………… 120

第二部分 国外公共图书馆多元文化服务案例 …………………… 131

第五章 美国公共图书馆多元文化服务 …………………………… 133
第一节 纽约市公共图书馆体系多元文化服务 ………………… 136
第二节 波士顿公共图书馆多元文化服务 ……………………… 146
第三节 芝加哥公共图书馆多元文化服务 ……………………… 153
第四节 洛杉矶公共图书馆多元文化服务 ……………………… 157
第五节 旧金山公共图书馆多元文化服务 ……………………… 163
第六节 美国公共图书馆原住民服务 …………………………… 169
第六章 澳大利亚公共图书馆多元文化服务 ……………………… 182
第一节 澳大利亚国家图书馆多元文化服务 …………………… 184
第二节 新南威尔士州立图书馆多元文化服务 ………………… 191
第三节 维多利亚州立图书馆多元文化服务 …………………… 206
第四节 昆士兰州立图书馆多元文化服务 ……………………… 216
第五节 北领区图书馆多元文化服务 …………………………… 233
第七章 加拿大公共图书馆多元文化服务 ………………………… 241
第一节 渥太华公共图书馆多元文化服务 ……………………… 243
第二节 多伦多公共图书馆多元文化服务 ……………………… 247
第三节 魁北克国家图书馆和档案馆多元文化服务 …………… 252

第四节　温哥华公共图书馆多元文化服务……………………258

第五节　萨斯喀彻温省公共图书馆多元文化服务…………263

第八章　其他公共图书馆多元文化服务案例………………………272

第一节　新西兰国家图书馆多元文化服务……………………274

第二节　新西兰奥克兰图书馆多元文化服务…………………280

第三节　新加坡公共图书馆多元文化服务……………………286

缩写对照表……………………………………………………………298

文件名和术语中英文对照表…………………………………………299

第一部分

图书馆多元文化服务政策选编

第一章　国际图书馆行业协会多元文化政策

国际图书馆协会联合会（International Federation of Library Associations and Institutions，IFLA，以下简称"国际图联"）作为图书馆界最具权威的专业性国际组织，其发布的政策或标准对全世界图书馆的管理、运作和服务具有重要的导向意义和参考价值。在多元文化服务领域，国际图联已颁布的政策规范主要有3份：《国际图联与联合国教科文组织多元文化图书馆宣言》（IFLA/UNESCO Multicultural Library Manifesto）、《多元文化社区：图书馆服务指南》和《国际图联与联合国教科文组织多元文化图书馆宣言——实施方案》（IFLA/UNESCO Multicultural Library Manifesto—Implementation Kit）。

2009年，《国际图联与联合国教科文组织多元文化图书馆宣言》（以下简称《宣言》）获准通过，成为图书馆解决文化和语言多样性问题的重要参考文件。《宣言》认可图书馆在多元文化世界中发挥的重要作用，提出图书馆应在尊重文化特性和价值观的基础上，反映、支持并推动文化和语言多样化发展，保护并传承文化及语言遗产。为此，图书馆多元文化服务要侧重实现与信息、素养、教育及文化有关的关键使命，根据文化多样性制定管理、人员和运营策略，确定核心行动。

《多元文化社区：图书馆服务指南》（以下简称《指南》）最初由澳大利亚的两位馆员安妮·赫尔墨斯（Anne Holmes）和德雷克·惠特海德（Derek Whitehead）与国际图联多元文化人群图书馆服务专业组常委会协商编制，于1987年完成，后来分别于1998年和2009年修订[①]。现行第3版《指南》首先对图书馆多元文化服务的概念、原则和角色等进行定义，然后从法律和财务、用户需求满足、馆藏资源发展、人力资源建设、营销宣传5个方面提出具体的规范，辅以部分已开展多元文化服务实践的图书馆案例，

---

① IFLA. Multicultural communities：guidelines for library services：3rd ed. (2018-09-18). https://www.ifla.org/publications/multicultural-communities-guidelines-for-library-services-3rd-edition.

提供具有可操作性的建议。

尽管《宣言》和《指南》为图书馆多元文化工作制定了方针和框架，囿于各馆所处环境和可用条件不同，图书馆在实际响应和应用过程中存在着不同程度的困难，为此，在2012年国际图联发布了《国际图联与联合国教科文组织多元文化图书馆宣言——实施方案》（以下简称《实施方案》），以此指导图书馆将《宣言》落于实处。一方面，《实施方案》对《宣言》各部分内容进行详细说明，通过一系列的问题、模板和策略辅助图书馆更好地理解、应用并促进适合本地区的多元文化服务；另一方面，《实施方案》与《指南》互为补充，详细阐释了《指南》中推荐的诸多方法，并附上多种参考资源和实用工具包，为图书馆提供更具可操作性的帮助。

第一节　国际图联与联合国教科文组织多元文化图书馆宣言

IFLA/UNESCO Multicultural Library Manifesto

联合国教科文组织、国际图书馆协会联合会，2009

多元文化图书馆——通往多元文化社会对话的门户

所有人都生活在一个日趋多元化的社会中。世界上有6 000多种不同的语言。国际移民率每年都在不断上升，以至于具有复杂特性的人口日益增多。全球化的出现、移民数量的上升、通信速度的加快、交通的便捷以及21世纪其他力量的形成，使许多国家的文化多样性从无到有，或进一步强化。

"文化多样性"或"多元文化主义"是指不同文化的和谐共存与相互作用，"文化应被视为某个社会或某个社会群体特有的精神与物质、智力与情感方面的不同特点之总和，除了文学和艺术外，文化还包括生活方式、共处的方式、价值体系、传统和信仰"[1]。文化多样性或多元文化主义是我们本地社区和全球社会集体力量的基础。

文化和语言多样性是人类的共同遗产，应当从全人类的利益出发加以珍爱和维护。它们是交流、创新、创作以及人民之间和平共处的源泉。"在相互信任和理解的氛围下，尊重文化多样性、宽容、对话及合作是国际和平与安全的最佳保障之一。"[2] 因此，在国际、国家和地方各个层面，各种类型的图书馆应反映、支持并促进文化与语言多样性，并为促进跨文化对话和积极的公民意识服务。

图书馆服务于不同的利益和群体，并起着学习、文化和信息中心的作

---

[1] IFLA/UNESCO. IFLA/UNESCO multicultural library manifesto. (2018-09-18). https://www.ifla.org/node/8976.

[2] IFLA/UNESCO. IFLA/UNESCO multicultural library manifesto. (2018-09-18). https://www.ifla.org/node/8976.

用。在解决文化和语言多样性问题方面,图书馆服务应在尊重文化特性和价值观的同时,遵循基本的自由原则和全民公平获取信息与知识的原则。

原则

我们全球社会中的每一个人都有权获得全方位的图书馆与信息服务。为解决文化和语言多样性问题,图书馆应做到以下几点:
- 为社区全体成员服务,而不是实行基于文化和语言遗产的歧视;
- 以适宜的语言和文字传播信息;
- 提供各种能反映所有社区情况及其需要的资料和服务;
- 聘用的人员能反映社区的多样性,并接受过培训,可与不同社区进行协作,并为其提供服务。

在多元文化和语言背景下,图书馆与信息服务既包括为各类图书馆用户提供服务,也包括专门针对服务水平不足的文化和语言群体提供图书馆服务。应特别关注多元文化社会中常处于边缘化境地的群体,即少数民族、寻求庇护者和难民、持临时居留证者、移民工人以及原住民群体。

多元文化图书馆服务的使命

在一个多元文化的社会里,侧重点应放在与信息、素养提升、教育及文化有关的如下关键使命上:
- 提高对文化多样性重要价值的认识,促进文化对话;
- 提倡语言多元化和对母语的尊重;
- 促进多种语言的和谐共存,包括自幼开始学习多种语言;
- 保护语言和文化遗产,支持使用各种有关语言进行表达、创作和传播;
- 支持对口头传统和非物质文化遗产的保护;
- 支持来自各种不同文化背景的个人和团体的融入和参与;
- 在数字化时代,鼓励信息素养提升和掌握信息与传播技术;
- 促进电子空间的语言多元化;
- 鼓励电子空间的普及与利用;支持有关文化多样性的知识与最佳做法的交流。

管理和运营

多元文化图书馆期望各种类型的图书馆均采用综合服务方式。图书馆与信息服务的核心活动对于多元语言社区而言具有核心性质,而非"额外"或"补充"性活动。因此,核心活动的设计应始终符合当地的需要或人们的特殊需要。

图书馆应具有相应的政策和战略规划,同时还应根据文化多样性确定其使命、目标、重点和服务事项。这种规划应以对用户需求的全面分析和充足的资源为基础。

图书馆的活动不应单独进行。应鼓励图书馆在地方、国家或国际层面,与有关的用户群体和专业人员开展合作。

核心行动

多元文化图书馆应:
- 开展多元文化和多语言的收藏与服务,包括数字化和多媒体资源;
- 划拨用于保存文化表现形式和文化遗产的资源,特别注重口头、原住民和非物质文化遗产;
- 将支持用户教育、信息素养提升技能、新手资料、文化遗产和跨文化对话的计划作为服务的一个组成部分包括在内;
- 通过信息组织和存取系统,以恰当的语言提供图书馆资源的使用;
- 利用适宜的媒体和语言,编写营销与宣传资料,协助图书馆吸引各种不同的群体。

人员

图书馆工作人员在用户与资源之间起着积极的中介作用。应侧重于为多元文化群体提供服务,进行跨文化传播与宣传,反对歧视并重视文化与语言,并围绕这些方面开展专业教育与继续培训。

多元文化图书馆工作人员应表明社区的文化和语言特性,切实提高文化意识,反映图书馆所服务的社区的特点并鼓励进行沟通。

资金、立法与网络

我们敦促各国政府及其他相关决策机构建立图书馆和图书馆体系,并向其提供充足的经费,以便为文化各异的群体免费提供图书馆与信息服务。

多元文化图书馆服务具有全球性。从事本领域活动的所有图书馆都必须参与相关的地方、国家或国际网络的政策制定工作。为获得必要的数据以便做出知情的服务决定并争取相应的经费,我们需要进行相关研究。研究成果以及最佳做法应广为传播,从而为多元文化图书馆服务提供有效的指导。

宣言的落实

国际社会必须承认并支持图书馆和信息服务机构发挥其促进和保护文化与语言多样性的作用。

谨请各级决策者和全世界图书馆业界传播此项宣言并贯彻宣言所表述的各项原则和行动。

第二节 多元文化社区：图书馆服务指南（第3版）

Multicultural Communities: Guidelines for Library Services
(3rd edition)

国际图书馆协会联合会，2009

序言

本《指南》是国际图联《多元文化社区：图书馆服务指南》的第3版。这次修订遵循了国际图联多元文化人群图书馆服务专业组2006—2010年战略规划的内容——考虑到对服务提供和服务导向有影响的新技术、专家和社会发展等因素，审查并校正《指南》。2009—2010年战略规划还详细指出修订后的《指南》要被翻译为所有国际图联官方语言，并通过国际图联网站发布和宣传。

本版本是国际图联《多元文化社区：图书馆服务指南》（1998年修订，第2版）的延续。第2版是基于由多元文化图书馆服务工作组（维多利亚）和澳大利亚维多利亚图书馆理事会在1982年出版的《多元文化公共图书馆服务标准》，由澳大利亚的两位同仁安妮·赫尔墨斯（Anne Holmes）和德雷克·惠特海德（Derek Whitehead）在与国际图联多元文化人群图书馆服务专业组常委会协商的基础上，于1987年编制。电子媒体和新的信息传输形式的发展使旧规范的修改迫在眉睫。1996年，加拿大的两位同仁维吉尼亚·巴朗斯（Virginia Balance）和玛莉·泽林斯卡（Marie Zielinska）与相关的常委会进行协商并开始修订，来自丹麦和美国的两位同仁本内迪特·卡拉-施瓦兹（Benedikte Kragh-Schwartz）和查尔斯·唐雷（Charles Townley）协助第2版定稿的准备工作。

本《指南》（第3版）是国际图联多元文化人群图书馆服务专业组常委会的众多委员数年努力的成果。常委会认为《指南》修订是促进图书馆向多元文化和多语种成员提供服务工作中非常重要的一个环节，相信读者将从中发现对本图书馆服务有益的地方。本《指南》的结构与《公共图书馆服务：国际图联/联合国教科文组织发展指南·2001》相符，方便图书馆馆员配合使用。本《指南》可用于所有的图书馆，就像《国际图联与联合国教科文组织多元文化图书馆宣言》中所指出的：

"各类型图书馆应反映、支持并促进国际、国家和地方各个层面上的文化和语言的多样性，并为跨文化对话和公民积极参与公共生活做出贡献。"

2004年8月，负责评估本《指南》的工作组在国际图联布宜诺斯艾利斯大会上成立，主席由罗伯特·派斯特（Robert Pestell）担任，工作组成员包括克莱拉·M.朱（Clara M. Chu）、多米尼克·斯卡洛（Domenico Ciccarello）、弗莱德·基特内（Fred Gitner）和克里斯丁·麦克唐纳（Christine McDonald）。特别感谢克莱拉·M.朱、安-卡特琳·厄斯堡（Ann-Katrin Ursberg）和罗林那·德·伍德（Lourina K. de Voogd）担任编辑录入工作。在前任主席简·德雷斯（Jane Dreisig）、基里斯滕·尼尔森（Kirsten Leth Nielsen）与现任主席金美晶（Mijin Kim）的领导下，国际图联多元文化人群图书馆服务专业组常委会在罗马、奥斯陆、赫罗纳、首尔、卢布尔雅那、德班、海德堡、魁北克和大阪召开的年中会和国际图联大会期间已就《指南》草案进行讨论，新版《指南》的编制完成得益于国际的通力合作。

1 多元文化图书馆

（《国际图联与联合国教科文组织多元文化图书馆宣言》的引文略）

1.1 引言

为了促进多元文化服务公平公正，特将本《指南》编译并出版。本《指南》：

- 为面向社会各群体的图书馆服务规划提供基础；
- 提供评估现有多元文化服务的标准；
- 为采访和图书馆服务提供公平公正的基础；
- 鼓励社会各界的多元文化群体互相理解与合作。

本《指南》将与每个国家特定类型图书馆的标准与指南和国际标准结合使用，而不是孤立使用。本《指南》的中心原则是公平，应运用到现有标准和公共、学校、科研和其他各类图书馆中。

另一点很重要的是，图书馆多元文化服务应被视作图书馆和信息服务整体的一部分，而不是孤立的或对传统图书馆服务的补充。

1.2 多元文化图书馆原则

(《国际图联与联合国教科文组织多元文化图书馆宣言》的引文略)

尽管有上述原则，还是有一些因素会影响这些原则的应用。

● 严重缺乏少数民族语言出版物的情况使图书馆无法按相同标准提供资源。在这种情况下，会出现提供资源的范围、馆藏资源量的不足以及资源物理实体质量稍差的情形。通过获取多种格式的信息，包括印刷本、多媒体和数字化等形式，可以帮助解决这一不均衡状况。

● 多语种的程度、语言或文化特征的保留、社会融合的水平，对决定多元文化服务水平来说非常重要。多元文化群体的成员也许希望被识别为双文化、多元文化或跨国文化等，这种情况会影响图书馆服务的公平和公正。

● 对图书馆服务的需求至关重要。由于多种原因，在特定的多元文化社区中，需求或许不与人口比例相对应。需求不足可能反映资源不足、较差或不适宜的服务、用户的低期望值、不恰当的宣传或对图书馆服务的不熟悉等状况。服务水平的判定需基于社区分析和评估，包括对缺乏需求或低水平需求的原因进行研究；相比之下，高识字率多元文化社区中的人群对图书馆服务有不相称的需求，如果没有对服务的公平性进行折衷，将不会得到满足。在这些例子中，经济背景或许是服务水平的决定因素。

● 一个国家的官方出版物，如与政府、法律、教育和企业相关的信息大多以该国的官方语言书就，这是可以理解的，虽然被认为是不公平的。图书馆馆员要发挥重要的作用来帮助多元文化群体用他们的语言获得信息或以他们能够理解的水平提供信息。

1.3 多元文化图书馆定义

所有加拿大人都将获得图书馆和信息服务，这被视作对他们个人的尊重。加拿大的图书馆竭力这样提供服务，即认识并尊重服务对象的尊严，不关注个人习俗、信仰、种族、宗教、性别、年龄、性取向、身体或精神状况或是个人财富等方面的差异。

图书馆了解到接受上的差异能使个人和集体的价值处于对立面。图书馆应做到容忍、理解和发现个人的需求。图书馆要确保人们能享受服务，而不受那些强加价值观、习俗或信仰的行为所困扰。

加拿大图书馆意识到多样性和多元化在我们国家价值观中的地位至关重要。公共机构，包括图书馆，有责任为促进文化多样性做贡献。

——加拿大图书馆协会，2008

(《国际图联与联合国教科文组织多元文化图书馆宣言》的引文略)

图书馆须特别注意本地区的多元文化群体，包括原住民、移民群体、有混合文化背景的人群、跨国和散居的个体、寻求庇护者、难民、临时居住者、移民工人和少数民族。

1.4　多元文化图书馆的角色和目的

(《国际图联与联合国教科文组织多元文化图书馆宣言》的引文略)

"雷纳决议"（Lena Resolution）呼吁"扩大对图书馆、博物馆和档案馆对多语言资源的访问与保护以及信息传播的支持，体现文化和语言的多样性……"

——国际会议：网络空间的语言和文化多样性，俄罗斯雅库茨克，2008

各类图书馆在教育、社会关系和促进全球理解上发挥了巨大作用。图书馆的服务满足服务对象的需求，深深地影响了人们的生活。

- 作为学习中心，图书馆提供用户期望形式的学习材料、语言课程和其他相关资料。通过提供这些资源的访问途径，整个社会将有机会满足大众教育需求，使大众互相了解，理解彼此的语言需求，互相学习对方的语言并从不同的文化宝库中获取知识。
- 作为文化中心，图书馆保护、促进、重视给不同的文化以发言权，包括其传统、风俗、文字、艺术和音乐。此做法为不同文化背景的人们提供了体验机会，也使了解文化的不同表现形式成为可能。
- 作为信息中心，图书馆获得、生产、组织、保护信息并使其可被访问，以此来满足所有群体的需要，同时也在多元文化社区中传播信息。

1.4.1　图书馆收藏资源的目的是反映社会文化的组成，促进文化多样性和种族协调、平等。

- 图书馆馆藏资源应能够用多元文化用户自己的语言访问其他的

文化；

● 图书馆资源应包括大多数语种的资源，涉及多元文化群体以及他们的遗产；

● 图书馆应促进与多元文化群体和他们传统相关的知识的传播。

1.4.2 图书馆应鼓励并提供语言学习服务，尤其是自学的学生，图书馆应与地方教育机构和口语机构密切合作，以提供最好的服务。

● 图书馆应提供能方便学习本国语言和其他语言的资源，这种资源应该以国家语言和传统的或原住民语言两种语言呈现，并包括在所有合适的媒介上，尤其是带识字和语言软件的计算机上使用。遇到口语的情况，当地社区讲口语的人可作为顾问；

● 图书馆应促进或赞助举办活动来帮助新到的移民适应新国家，如公民权、就业和社会服务等方面；

● 图书馆应进行、促进或合办活动来帮助本国语言和其他语言的学习者；

● 图书馆应参与保护并推广口语、土语和较少使用的语言，酌情地满足他们多元文化和原住民社区的需求。

1.4.3 图书馆应通过社区教育、培训计划和公共活动等促进终身学习和社会参与。

1.4.4 图书馆应参与到社区的生活和福利中去。包括向多元文化社区提供信息来帮助实现他们自己制定的目标，加入并积极主动地参与到当地活动中，如文化活动、节日、多元文化群体的纪念活动。

1.4.5 图书馆应当使多元文化社区聚集在一起。作为会议场所，图书馆成为各类文化人群交流互动的场所。与文化和社会参与相关的各种社会活动、展览和联合会议可以为来自不同文化的人群提供互相学习、练习或提高语言技巧、理解彼此的生活和观点、结交新朋友的机会。

1.4.6 图书馆应对那些经常使用的语言和有极大需求的群体（如新移民）提供参考咨询和信息服务。尤其重要的是，社区信息等与人们日常做决定相关的数据应以用户使用的语言提供服务。

1.4.7 应提供给请求馆际互借或以各种语言表达特定题目或主题需求的人相同范围和质量的服务，面向所有多元文化群体。

2 法律和财务框架

人人有权自由地表达与他的国家或国民社区的联系，以促进和体现自己的文化并使用他的语言和文字。

——《斯洛文尼亚宪法》（第61章）

(《国际图联与联合国教科文组织多元文化图书馆宣言》的引文略)

2.1 多元文化图书馆与其管理

2.1.1 对于各级政府而言（无论是国家、区域、州/省、地方或是其他机构），提供图书馆服务，向图书馆赞助资金是它们的职能。

2.1.2 无论是公共图书馆、州立图书馆、国家图书馆、学校图书馆、研究型图书馆或其他类型的所有图书馆，满足多元文化社区的需求是所有图书馆的责任。依据社区的多样性、人口规模和分布因素，采用不同的模式提供高效的图书馆服务。

2.1.3 图书馆应向所有的文化和语言多样性群体提供公平合理的服务，公共、研究型和学校图书馆的管理层要主动采取措施确保数量少或分布较为分散的少数民族得到有效的服务。例如，通过对流通馆藏的集中管理、合作网络等方式，与其他图书馆、文化机构和社区组织联合来提供服务。

2.1.4 对多语种馆藏进行集中管理，方便图书馆借入和再借出可外借资源，是当服务群体数量小、分散并不断变化，或特定语言的需求较低时的一个切实可行的方法。管理通常是国家、州/省政府的职责，也有可能以一个网络的形式协调工作。

2.2 多元文化图书馆的业务管理

图书馆应在某种程度上配合其行政职能以确保随后的最佳实践的进行，包含但不仅限于以下列出的项目。

2.2.1 图书馆多元文化社区服务标准的制定，包括集中服务和当地服务。

2.2.2 图书馆服务的公平标准、原则和政策的提升，公平地反映多元文化和社会参与原则。

2.2.3 收集并宣传与本《指南》和其他可用标准应用相关的统计

信息。

2.2.4 在各类型图书馆中收集并发布与多元文化社区相关的现存馆藏资源的信息。

2.2.5 在多元文化社区服务中提供图书馆咨询服务。

2.2.6 为多元文化社区开展定期咨询的讨论会。

2.2.7 由多元文化群体成员组织并发起对未来需求和使用图书馆情况的研究。

2.2.8 维护并促进原国和原多元文化社区的图书馆、出版社和其他相关机构的国际交流关系。

2.2.9 支持并鼓励传统语种资料和与多元文化群体相关的资料的出版。

2.2.10 开发资料的在线数据库，推动国际数据交换标准的实施（非罗马语言和可变脚本）。

2.2.11 在多元文化问题上进行经验和最佳实践的交流。

2.2.12 咨询多元文化群体，对指南、标准、最佳实践和政策的应用进行评估。

3 满足用户需求

3.1 分析社区的用户需求

多元文化的图书馆服务，应该是基于它所服务的多元文化对象的知识及所服务对象的需求。这些数据将确保图书馆所开发的服务不是凭空臆断出来的，可以通过对公众分析和需求评估得到。

定义

社区分析——明确用户群体特征（用户和非用户）与居住环境，评估他们的图书馆和信息服务需求的过程。

需求评估——研究社区需要并应用的信息以及获取这些信息的过程（包括用户和非用户）。

目的

- 了解社区（包括用户和非用户）关于图书馆及其服务的看法；
- 弄清现有服务和社区需求之间的差距；
- 为高效的服务策划提供信息，使其在短期/长期能够满足社区需求。

社区分析和需求评估是规划过程中的重要因素。社区调查和需求研究的结果主要应用在以下几个方面：
- 考虑社会公共机构的目标和目的，将其整合到机构的目标和使命中；
- 以调查结果为基础，使用经验数据做基准，将目标转变为具体的政策、项目、活动，进而用来衡量将来工作的进展。

社区分析

收集关于社区的数据和信息：
- 人口和社会经济数据；
- 图书馆服务范围内的社区环境特征：一般环境、信息服务提供者的信息环境、现有图书馆资源和服务。

收集的数据类型：
- 主要——个人、社会团体或领导层；
- 次要——之前从政府机构、工商业界的调查和市场分析、当地商会和社会机构等收集、记录的数据。

需求评估

收集用户和非用户的数据和相关信息：
- 信息搜寻过程中的文化和行为角度；
- 信息需求，例如，类型、复杂度、格式、语言、目的；
- 用户的信息环境。

收集的数据类型：
- 主要——个人、社区团体或领导层；
- 次要——有可比性的群组所做的需求分析，以及对具体用户群信息搜寻过程中文化和信息行为角度的研究。

【例】社区需求分析样例——公共图书馆咨询过程

咨询过程很重要。咨询原则体现在服务提供者和服务接受者间的沟通产生的价值。

咨询工作始于当地政府层面内，并与地方议会管辖范围内为多元文化群体提供服务的所有那些领域之间的合作。当地政府应该制定并形成关于他们把一体化和平等原则整合到他们的规划和运作中的方法的文件。该文件应能给当地政府范围内相关领域的职责提供指导。

早期阶段的合作减少了重复服务并确定了信息收集、服务规划和方案执行等方面的合作机会。它为图书馆提供了活跃在社区内的社区组织的大量信息，并提供了接触这些组织的机会。

在设计、规划图书馆服务，尤其是考虑到馆藏的发展和服务计划的推出时，须事先寻求与社区组织的沟通和交流。引导社区组织参与为以下几个方面提供了最佳机会：

● 准确界定被服务组群的范围；
● 确定本地需求、优先考虑的语言和文化；
● 为新的、现有的计划提供发展的机会。

政府机构层面上的合作（图书馆体系的顶端）为筹资机会和/或资源共享，更广泛地参与指导委员会，参与制定、修改政策的机会带来了便利。

——维多利亚图书馆理事会：关注我们的多样性，《维多利亚公共图书馆多元文化服务指南》，澳大利亚墨尔本，2001

3.2 读者服务

下面这些活动适合单独的图书馆和图书馆当局：

● 每个单独的图书馆都应该清楚地声明本馆关于多元文化社区服务的目的、目标、策略、优先政策，而这些应该是图书馆发展规划的一部分，这样一个地方多元文化服务计划将作为员工的指南和面向用户的权威解释；
● 个人图书馆应采取明确承诺社会包容和提供平等服务的政策；
● 每个单独的图书馆服务都应该不断地贴近社区生活和需要，和不同文化背景的成员交流，把服务建立在这样的评估和交流上；
● 图书馆管理机构或顾问机构的组成，如理事会和图书馆委员会，应能反映整个所服务的社区。图书馆的管理者应该寻找合适的机会去鼓励采纳或建立这样的代表机构。

3.3 合作和资源共享

许多中小型图书馆发现很难在平等的基础上满足多元文化社区的需要。在国家大多数人的高要求和有限的财政预算的情况下，多元文化群体的需求经常妥协让步。当社区由为数众多的多元文化群体组成时，这种情况更明显。联合采集、编目和资源供应被视作是扩大资源范围、加强资源可用性的重要方式。地方、区域和国家的统筹安排，可以大大提高获取资源的质量。

大型图书馆机构在多元文化资源和专业建议提供方面扮演集中管理的角色。由集中馆藏为小型图书馆提供借阅和交换外借藏书是一个可行的、节省成本的模式，能满足不同群体的需要。集中式采购、编目和加工有一些积极效果：

- 避免重复劳动；
- 消除小图书馆获取其他语种图书资源的难题；
- 可以提供范围更为广泛、内容更为丰富的资源；
- 当地的图书馆馆藏可以通过书籍和其他形式媒体的交换不断更新；
- 可提供所有图书馆使用的联合目录；
- 能够实施一套有效的馆际互借系统。

宣传和市场推广是图书馆另外两个努力合作的领域。图书馆多语种信息小册子和标识的合作制作使许多图书馆从中受益。

3.4 电子资源

多语种／多元文化资源的访问和发展

互联网已经彻底改变了全球通信，它为所有用户网上获取信息提供了重要的链接。电脑的多语言功能能使不同文化背景的人们能够用自己的母语在网上阅读、交流和获取信息，这对那些出版物有限的语种的人们来说是相当重要的。它开通了一系列之前接触不到的新资源，例如，民间文学、传统音乐、全球各地的报纸内容以及来自全球的不同文化群体的口述文化遗产。最为重要的是，互联网使来自不同文化背景的人们在充当信息消费者的同时有机会成为信息的创造者。

Web 2.0 技术正在促进图书馆 2.0 环境建设，用户可以创建并共享自己初创的网站内容，促进获取满足他们自己社区需要的资源，并积极从事网络社交（通常称为 Web 3.0）。这对那些缺乏母语印刷出版物、视听资源或网络内容以及那些地理上分散的人群具有特别意义。图书馆为个人和社区利用并自定义 Web 2.0 技术来满足自己的需要提供了理想环境。图书馆可以通过提供硬件、软件和为社区培训，使这些技术方便使用。这些技术包括：

- 社会内容：博客和维基百科使个人和多元文化社区成员能够创建并传播本地或国际新闻、照片和公共热门话题（不管是在本地还是全球范围内）；
- 网络社交：例如，Facebook（普遍）、Hyves（荷兰）、Odnoklassni-

ki（俄罗斯）、Orkut（印度和巴西）、Xiaonei（中国）。

● 数字影像分享：例如，http://www.flickr.com/、http://www.youtube.com/。

● 社会书签/注释：实现网络资源的协作和共享。社区可以开发他们自己的线上资源虚拟数据库来满足他们的需要，如某种语言的资源，用户可以存下一个 URL 或者引用信息，在一些情况下可以直接复制网页或其他数字资源，然后用关键字对其进行标记，这样就可以自己使用或分享给其他人了，例如，http://del.icio.us/、http://www.connotea.com/。

● 网络订阅源：如 RSS（Really Simple Syndication）用来使多元文化群体能够轻松访问自己的母语网站，并根据自己的需要进行定制，通过自定义搜索来收获自己感兴趣的相关信息。

● 用户驱动的社会内容：社区会员新闻为主的网站，例如，http://digg.com/。

● 聚合网站和标引：例如，http://technocrati.com/。图书管理员在开发在线社区时，可以很好地帮助用户，尤其是在社会网络描述（标签）分配上提供指导。

在线交流

使图书管理员、用户以及社区成员之间的沟通日渐方便的新技术不断地发展。文字信息传递，通常称为 SMS（Short Message Service）。给图书馆用户发送短消息很有用，这样要比让不同语言背景的人口头交流更容易让人理解。视频聊天、IP 电话（VOIP）和其他互联网技术正在使非文本通信成为可能，它将对提供、加强口语交流有帮助。不同语种的音乐博客、歌曲、视频、语言学习或数字评书，都对图书馆的在线服务功能有贡献。

3.5 多语言集成的图书馆系统

在计算机科学领域中，Unicode 是业界的一种标准，它可以使电脑相对一致地呈现世界上数十种书写系统中的文本和符号。它是所有大型操作系统上的国际化软件基础——操作系统、搜索引擎、应用软件和网页，它使多语种图书馆信息管理系统的顺利发展成为可能。当得到图书馆整合系统和软件时，图书馆应确保该软件支持 Unicode，从而提供多语言访问至全部馆藏，也使读者能够以任何语言使用图书馆计算机服务。

4 馆藏发展

4.1 引言

满足特定文化群体需求的资源在形式和内容上存在差异，从报纸、期刊、音视频资源、DVD、故事书、杂志、启蒙读物简装本和绘图小说的网络访问，到传统小说和非传统书籍等都包括在内。各个年龄段和兴趣都需要满足，文化敏感性油然而生，如宗教和政治一样。社会调查应实现评估出受欢迎的形式和主题（而不是个人话题）并确定馆藏发展的优先级。信息采集可以纳入满足多元文化群体需求的馆藏发展政策中。需要特别注意解决潜在冲突的利益之间的平衡。图书馆应利用每一个机会促进社区中目标群体的个别语种资料的收藏，以保证资源的有效利用。

——维多利亚图书馆理事会：关注我们的多样性，《维多利亚公共图书馆多元文化服务指南》，澳大利亚墨尔本，2001

4.2 馆藏管理政策

针对多语言和多元文化资源的馆藏管理政策应该是构成图书馆全部馆藏管理政策的一个重要部分。这项政策的内容应在对多元文化社区咨询的基础开发，包含如下内容：

总述

- 馆藏管理政策的目标及其同图书馆服务整体规划的关系；
- 用户的人口学特征；
- 图书馆实现多语种、多元文化资源收藏的长短期目标；
- 资源利用最大化的战略举措；
- 图书馆馆藏和服务的历史；
- 明确影响多语言和多元文化资源服务的相关立法或政策条款；
- 政策的定期评估时间安排。

细则

- 社区需求分析；

- 图书馆服务的优先方面；
- 馆藏范围，包括满足特殊人群需求的特定资源，例如，大字印刷资料、有声读物、读写资料、语言课程以及对残障人士的服务资源；
- 资源筛选原则与实践；
- 预算分配；
- 馆藏发展和资源筛选主管部门职责；
- 电子资源获取，包括在线访问期刊和报纸、数据库和其他信息资源；
- 图书馆作为电子信息门户的角色；
- 财政问责制度；
- 评估当前和未来馆藏的馆藏资源管理规划；
- 检查和评估该政策的时间表。

4.3 资源的范围

4.3.1 图书馆资源应该向所有人开放，符合他们的文化和语言习惯。这些资源应以多形式、多渠道提供服务。

- 应为每个多元文化群体维护适当和平衡的馆藏资源；
- 向多元文化群体成员提供图书馆资源服务时应该考虑其群体规模和阅读需求，但是要保证信息资源量的人均最低标准；
- 提供给多元文化社区的图书馆资源应当包含他们居住国、原籍国和其他相关地区出版的信息资源；
- 对于反映多元文化群体感受和兴趣的图书馆资源，应包括以该国家大多数人使用的语言或官方语言出版的资源；
- 图书馆资源应包括广泛使用的以第二外语出版的资源。

4.3.2 书籍是图书馆多语种馆藏资源的最基本的形式，应以多元文化群体的多种语言来提供服务。资源涵盖范围应该迎合全部年龄段，并实现体裁风格的多样化。新采集的资源主要应该包括近期出版的作品，其中含有本地作者的作品以及国际流行书刊的译本。书籍要以多种语言出版（如塞尔维亚语），要发展代表性的馆藏多语种服务。

4.3.3 现刊和报纸应提供使用，并提供在线方式访问全球报纸，以作为印刷版的补充。

4.3.4 包括音乐、演说稿 CD 和录音带的录音资源是图书馆对多元文化群体服务的必要组成部分。图书馆应提供将音乐和电子书下载到 MP3、iPod 和其他数字设备的工具。

4.3.5 数字传媒已成为图书馆向多元文化群体服务的重要组成部分。多种数字格式的收藏，如DVD、VCD和录像带。DVD光盘在多语言存储上有其特殊的问题，就是DVD光盘只针对世界上的6个地区生产。很多小的文化群体生活在距离他们的发源地很远的其他地区，但他们需要获得来自他们发源地的DVD光盘。尽管资源中应有符合当地格式的DVD资源，但这会使大多数资源受到限制。应当获得其他地区的分类法以反映多元文化社会的本来格式（同时，DVD播放机也应该支持播放多地区格式的功能）。

4.3.6 当版权法和分类法限制了进口数字媒体的公共外借，应在国家层面与相关机构协商以获得图书馆豁免。对音视频资源重新分类的高成本将严重限制对纪录片和电影产品的使用。

4.3.7 图书馆应提供多种多样的非书籍资源，包括CD‒ROM产品、地图、图像、游戏和语言学习工具。

4.3.8 提供数据库联网或网站联网服务的图书馆应该保证可以通过多语言接口实现全球化访问资源。

4.3.9 当任意一种图书馆资源缺乏时，应考虑增加其他合适资源的提供和服务。

4.3.10 如一个多元文化社区中缺少印刷出版物，阅读水平较低，或者文盲数量相对较高，在可能的条件下，应大力提倡非印刷出版资源，特别是录音带和录像带。

4.3.11 馆藏中应提供最新的参考资料，并提供可以作为藏书补充的网络信息。

4.4 多语言馆藏发展与维护

馆藏标准主要包括：

- 满足社会全体成员需要的资源覆盖；
- 资源的格式和样式应能鼓励社会全体成员使用图书馆服务；
- 有规律地采集最新的出版物；
- 替换损坏的标准文献；
- 扩大小说种类和非小说主题的涵盖范围；
- 网络和数据库等电子资源的访问；
- 过期的、旧的和损毁资源的剔除。

4.5 书目控制

4.5.1 出于对珍贵资源的最佳利用、防止重复性工作及对财政资源高效利用的目的，对不同语种资源的采集和编目工作应尽可能集中进行或合作完成。

4.5.2　如果可行，多语种信息资源的编目应与国家主要语种的资源的编目标准相同，即使编目记录用的是原始语言。

● 全部图书馆资源的编目应该用原始语言和文字，且提供所在国家语言的主题途径。

● 图书馆使用自动化系统应保证该系统有能力保存除国家语言文字外的其他语言文字数据；数据符合国际识别标准，如 Unicode，以便自动化记录的交换。图书馆用户应能够通过图书馆公共存取目录访问这些数据库。

● 印刷或电子形式的各种语言联合目录的提供与维护，是国家或地区平等服务的重要因素，目的是方便合作、满足特定主题的需求。以斯德哥尔摩国际图书馆为例，它提供阿拉伯语、中文、英语、法语、波斯语、波兰语、俄语、西班牙语和瑞典语的目录访问。

4.5.3　出于对成本问题、语言知识合格的图书馆馆员缺乏或图书馆编目系统无法管理其他语言字符等情况的考虑，目录信息的音译常常是用多语言记录馆藏的唯一可行方法。音译目录对于特定语种的用户来说晦涩难懂，因此有必要限制书上记录的信息深度。

4.5.4　维护馆藏，使其尽可能保持与时俱进：

● 有规律地为多元文化群体入藏多语种的新资源；

● 定期剔除老的和过时的资源；

● 如果建有中心馆藏，局部剔除的资源应首先提供给这些中心书库管理以保证每个资源至少有一个副本可用；

● 通过重新装订、购买多副本和获取替代副本的方法，注意确保对各个群体的馆藏物理实体的质量。

4.6　书籍收藏标准

以下提议的标准是关于书籍收藏的，地方和财政状况会导致下列标准的变化。如果资源非常有限，这些标准可作为目标数据，并应制定中长期工作战略以期不久的将来实现这些标准。

● 作为总的规划，以每人 1.5 到 2.5 册的标准建立图书馆藏量。

● 最小服务点的最低馆藏水平不能低于 2 500 册。

——公共图书馆服务《国际图联／联合国教科文组织发展纲要》，2001

4.6.1　作为总原则，提供给每个多元文化群体的馆藏图书量不能低于普通大众的人均占有量。然而更应该意识到为了提供更高效、平等的服务，有必要使小群体的人均书量大于平均水平。

4.6.2 当群体非常小或群体分布广时，对多元文化群体的资源和服务就需要在集中或合作的基础上进行管理以实现更公平、公正的服务。

4.6.3 小型图书馆的可实现目标是对每个多元文化群体的每个人提供1.5到2.5本书。如果资源量受到严格限制，应发展中长期策略以求将来完成这些标准。

4.7 采集速率

每千人年购进216件，这其中包括书籍和其他资源，包括音视频资料、电子出版物和其他格式，但不包括报纸、期刊和其他资料。

——英国文化媒体与体育部《公共图书馆服务标准》，2008

已建立的图书服务机构中，一般藏书量适用以下收藏速率：

服务对象（人数）	每年每人书量（本）
低于 25 000	0.25
25 000～50 000	0.225
高于 50 000	0.20

——公共图书馆服务《国际图联／联合国教科文组织发展纲要》，2001

4.8 电子资源的提供

可访问互联网和图书馆目录的电子工作站的总数（方便公众到馆和通过移动图书馆使用的以及其他服务出口的数量，以每万人计）应为6个。"电子工作站"是指一个能够访问网络和在线馆藏目录的计算机终端。

——英国文化媒体和体育部《公共图书馆服务标准》，2008

由当地政府管理的 OPAC 数量应当满足：

- 小于 10 000 人——1 个 OPAC；
- 10 001 人到 60 000 人——每 5 000 人 1 个 OPAC；
- 多于 60 000 人——60 000 人以下仍按每 5 000 人 1 个 OPAC，60 000 人以上的部分按每 10 000 人 1 个 OPAC 计算。

除此之外，带 CD/DVD 光驱的供大众使用的个人电脑应满足：

- 低于50 000人——每5 000人1台计算机；
- 高于50 000人——50 000人以下仍按5 000人拥有1台计算机，超过50 000人的部分，按每10 000人1台计算。

这些标准建议，至少一半的公共工作站应能够访问互联网且所有的工作站应可以访问打印机。

——澳大利亚昆士兰州《公共图书馆标准指南》，2004

4.8.1 在全球图书馆网络系统中，多元文化社区必须能够访问并参与全球网络资源。

4.8.2 所有公共站点都应具备反映社会需求的多语言功能。应提供方便不同语言群体使用的，能够访问网络并执行如字处理软件等应用程序的键盘。软件应用程序能够实现标准键盘配置成100种不同文字，或在电脑上配置可视、虚拟键盘。然而，并不是所有操作系统都支持全部语言，对不支持的语言改变输入设备，这可能需要独立的装有不同操作平台的工作终端机。

4.8.3 尽可能地提供对普通多语言电子数据库的访问。与供应商合作的许可协议的谈判应建立在本地、区域乃至国家的基础上，以确保符合成本效益的供应。当网络数据库由于技术和资金问题不能访问时，CD/DVD可以替代使用。

4.8.4 所有图书馆都应该努力提供反映它们所服务的当地社会的多语种网页入口。注意多语种网页的开发，并随着对社区成员的咨询而逐渐发展网页，以保证满足文化需求。用户初次接触的界面的国际化是需要重点斟酌的方面。关注细节文化组成的应用，如颜色、声音、图像；个人形象、动物图片、国旗和动画片等应加以限制。其他元素，如日期和时间格式、字号、姓名和地址的正确形式、语言标签也应多考虑。

4.8.5 图书馆使用多语种内容的网站向当地社区提供信息服务。例如，赫尔辛基市图书馆（http://www.lib.hel.fi/）分别用芬兰语、瑞典语和英语阐述它们的服务项目，而奥克兰市图书馆（http://www.aucklandcitylibraries.com/）网站则包含英语和毛利语的内容。在更广的范围内，图书馆应从地区和国家层面考虑网站建设，例如，丹麦图书馆（http://www.indvandrerbiblioteket.dk/）用丹麦语和其他16种语言文字提供服务，还有澳大利亚昆士兰州立图书馆（http://www.slq.qld.gov.au/info/lang），其"多元文化桥"网站应用了19种语言。

4.8.6 图书馆能够提供不同范围的多语言电子资源服务，以便使它们的资源能够适应不同文化和语言群体的要求。这些包括：

● 将馆藏的重要文献和本地人群图片进行数字化，例如，加拿大图书档案馆（http://www.collectionscanada.ca）和澳大利亚国家图书馆图片澳大利亚项目（http://www.pictureaustralia.org/）；

● 广泛的信息资源，例如，用多于60种语言来提供搜索引擎链接、网页导航和新闻的澳大利亚的"我的语言"网站（http://www.mylanguage.gov.au/）；

● 在国家、地区和地方层面上，为移民和初到新国家的人们提供生活信息，例如，丹麦：http://www.finfo.dk/；芬兰：http://www.infopankki.fi/；德国：http://www.interkulturellebibliothek.de/；挪威：http://www.bazar.deichman.no/；英国：http://www.multikulti.org.uk/；荷兰：http://www.ainp.nl/；西班牙的安达卢西亚：http://www.juntadeandalucia.es/cultura/ba/c/biblioMulticult/espanol/default.asp；纽约皇后区图书馆：http://www.worldlinq.org。

5 人力资源

5.1 引言

图书馆对多元文化群体的成功服务很大程度上取决于向他们提供服务的图书馆馆员。图书馆馆员的角色应由多元文化图书馆服务规划的目标来决定。图书馆馆员拥有良好的语言技能和沟通能力同样重要，有助于建立和保持联系，保证提供高效的服务。

——维多利亚图书馆理事会：关注我们的多样性，《维多利亚公共图书馆多元文化服务指南》，澳大利亚墨尔本，2001

5.2 图书馆馆员技能

公共图书馆是一个以满足社会全体成员各种各样并且瞬息万变的需求为宗旨的服务机构。这就要求图书馆馆员掌握广泛的技能并拥有良好的素质，包括人际关系技巧、社会意识、团队协作、领导力与管理组织日常业务的能力。这些基本素质和技能要求图书馆馆员拥有如下能力：

● 与人积极沟通的能力；

● 理解用户需求的能力；

- 同个人和群体协同合作的能力；
- 认识理解文化多样性的能力。

员工结构应尽可能反映他所服务对象的组成，例如，社区中某个特殊族群的人数较多，就要求图书馆馆员有来自该族群的人。这表明图书馆是服务当地社会全体成员，并能够吸引全社会各部分民众积极参与的服务机构。

——公共图书馆服务《国际图联／联合国教科文组织发展纲要》，2001

5.2.1 图书馆应通过保证其员工真实反映社区中不同多元文化群体的构成，来努力反映其正在服务的多元文化社区。

5.2.2 图书馆应当采取积极的行动战略来保证多元文化社区中的人们意识到就业机会的存在。

5.2.3 图书馆当局应鼓励聘用掌握相关语言、文化知识、技能和能力的员工。

- 合适的方式包括：采取当地的雇佣政策，创造特定的就业岗位，利用实习生、培训生等。
- 重要的是聘用人员的语言和文化特征应与其聘用岗位相适应，且图书馆应认可广泛存在的各类能力，包括流利的口语表达能力、读写能力、精通大众文化和高水平的文化正规教育，以及这些方面的组合等。

5.2.4 图书馆当局应开展旨在丰富图书馆馆员的文化知识，提高他们服务多语言和多元文化社会的能力的培训活动。

5.2.5 图书馆的培训机构应鼓励有多元文化背景的人参加图书馆专业和相关领域的课程；图书馆学校应确保所有课程与解决多元文化中的问题相关。

5.2.6 鼓励合作使用具有一定专长的图书馆馆员。

6 推广与服务

6.1 多元文化图书馆服务的营销、宣传和推广

6.1.1 推广、鼓励并支持识字与识字培训是图书馆的重要职能，且识字和识字培训应包含本国语言和其他国家语言。

6.1.2 在合适的时机，推广并支持以社区语言提高计算机素养。

6.1.3 由图书馆和社区成员合作组织的社会和文化社区活动，例如，故事会、音乐会、戏剧和展览，应针对多元文化群体。

6.1.4 图书馆应对无法独立使用图书馆资源的个人以用户自己的首选语言提供服务，且该服务要面向所有多元文化群体。这包括对地理上处于劣势的、居家的、医院和教养机构的服务。移动图书馆服务应收藏反映所服务社区的组成的多元文化资源。

6.1.5 图书馆的推广活动应以用户的首选语言开展并进行；这些服务包括面向工厂和其他工作场所的服务，也包括面向多元文化社区组织的服务。

6.1.6 图书馆面向多元文化社区提供的服务，包括信息服务，必要时可以在用户方便或熟悉的位置提供服务。

6.2 多元文化图书馆的服务

图书馆的设计理念应使全部社区成员容易理解掌握。这对在自己国家都未曾访问过相似图书馆的新移民来说，是一个很现实的问题。除了一般图书馆的设计标准，有很多适用于所有图书馆的具体因素，可以帮助多元文化社区了解图书馆服务并鼓励他们使用。

6.2.1 免费提供公共访问和使用服务，这是鼓励利用图书馆资源的基础。

6.2.2 带有主要用户群语言标识的完善指示导引系统，以及国际化指示符。澳大利亚新南威尔士州立图书馆设计出了一款名为"多语言词汇表"的指示标引工具。该词汇表囊括了49种语言的通用图书馆用语，并提供下载来方便图书馆员和不同语言背景用户之间的沟通。

6.2.3 大范围的多语种资源，包括期刊、报纸和多媒体。

6.2.4 向多元文化群体提供相关服务的营销将提高这些群体的图书馆使用率。新服务领域应该包括对多语言互联网访问、多语言办公软件和多元文化对话与交流论坛、社区能力建设等。

6.2.5 将馆藏资源置于一个开放的、方便获取的显著位置。

6.2.6 登记表、过期提示、预约表、规章制度、图书馆使用指南以及用户和图书馆之间的其他形式的交流应以用户母语显示。

6.2.7 以多元文化群体成员的母语编写反映他们兴趣的推广资料，如资源列表。

6.2.8 反映社会语言多样性的图书馆网站。

6.2.9 利用社区当地的有民族特色的报纸和广播等传媒来宣传图书馆服务。

6.2.10 对政界和决策者推广多语言图书馆服务。

公共图书馆的管理和营销在《国际图联/联合国教科文组织发展纲要》中受到了广泛关注，如想得到更深入的信息，请访问：https://www.ifla.org/VII/s8/news/pg01.htm。

7 国际上优秀的实践

许多国家已经进行了提供多元文化图书馆服务的实践，这些可以在最佳实践、建议和政策例证中看到。以下是世界上几个优秀的实践介绍。

7.1 加拿大

多元文化资讯

加拿大实行多元文化服务的方法是以多样性作为国家基础价值取向和典型特征为前提的。借助立法和历史方法的优势，加拿大视多样性为我们这个日益缩小的地球村里的力量和创新的源泉、灵感的源泉。

多元文化是加拿大立法的关键组成部分，是国家的传统和标志。

在1971年，加拿大成为世界上第一个官方采用多元文化政策的国家。这个政策提供方案和服务来支持各民族文化的交流并帮助个人克服障碍完全融入加拿大社会。

在1982年，加拿大的多元文化特征在新近通过的《加拿大权利和自由宪章》第27章中获得了宪法认可。其明确指出，法院做司法解释"要一如既往地保持并发展加拿大多元文化的传统"。

在1988年，加拿大成为第一个公布实施多元文化主义法案的国家，采取对所有公民身份一视同仁的模式。正如这个多元文化主义法案的前言中所述：

"保持并发展加拿大多元文化的传统，努力实现所有加拿大人在经济、社会、文化和政治生活中的公平公正。"

这个法案在加拿大深得人心，它不只针对少数的民族文化，还要力争达到：

- 消除种族歧视和偏见；
- 促进公平公正和跨文化理解；
- 鼓励包容性民风；
- 推动联邦宪法适应加拿大多样性的发展。

很多其他立法文件也先后通过，如《官方语言法案》《加拿大人权法案》《就业公平法案》，从而捍卫了多元文化的公平和尊重的基本价值观。

通过多元文化主义，加拿大深挖人民的潜力，鼓励他们融入社会，积极参与社会文化、经济和政治事务。

多伦多公共图书馆

多伦多公共图书馆服务人群超过250万人。多伦多被认为是世界上文化最多元化的城市之一，其将近一半的市民是在加拿大境外出生的。不仅如此，近一半的多伦多移民是近15年内才到的。

多伦多公共图书馆拥有超过100种语言的文献资料，与此同时，还在积极发展另外40种语言的馆藏，形式多样且包括电子资源。作为北美最大、最繁忙的公共图书馆，多伦多公共图书馆在2006年的文献流通量接近3 100万，其中16%是非英语的。多语言服务量比2000年增长了69%。

多伦多公共图书馆还提供一系列项目，经常通过与那些支持多伦多不同居民群体的部门和各级政府合作来提供。这包括：英语作为第二外语的公民公共课程；英语交流圈；用英语和法语以及其他语言，如孟加拉语、俄语、波斯语、粤语、波兰语、乌尔都语和泰米尔语组织的地区故事会；趣味英语，针对新移民中的青少年的语言对话类的节目；拨号听故事，有10种可选语言的讲故事服务以锻炼读写和理解能力。

多伦多公共图书馆在其分支机构提供超过1 400台电脑免费使用，通过配置多语言虚拟键盘来加大多语言服务的支持力度。通过"新闻链接"门户网站，可以访问和浏览来自全世界85种语言和147种字体的报纸和杂志，使新移民保持同家乡的信息联系。

——加拿大国家图书档案馆

金美晶（Mijin Kim）

7.2 丹麦

§2 公共图书馆的目标可以通过在选择文献时关注质量、全面、时效等情况来达到。这些标准必须是独立的决定性因素，而不是文献中表达的涉及宗教、道德或政治观点。

§14.2 国家和大学图书馆作为公共图书馆以及其他有关机构的借阅中心，向公共图书馆和其他相关机构提供指定的满足难民和移民需要的文献资源。

——《图书馆服务法》，2001

哥本哈根公共图书馆 (www.bibliotek.kk.dk)

自20世纪60年代以来,丹麦已接收大量来自欧洲和讲英语地区以外的移民和难民。因此,哥本哈根公共图书馆在移民语言文献方面与国家中心展开合作,并开始建立对相关语种书籍和音乐的收藏。然而,许多新来的人是半文盲或文盲,为了服务这些人,KKB – LYD(哥本哈根图书馆的音像部门)开始制作移民语言的有声读物。在哥本哈根最需要的语言是阿拉伯语、库尔德语、塞尔维亚语、克罗地亚语、土耳其语和乌尔都语。这些有声读物(最初是磁带,后来为CD)被出售给丹麦所有的图书馆,进而扩展到全球范围。这些有声读物的所有内容都以丹麦语和英语标注。(更多信息来源:www.kkb – lyd/about.htm)

在过去的10年里,重点已经开始发生变化,哥本哈根公共图书馆/KKB – LYD 现在竭力帮助移民/难民学习丹麦语来作为第二语言。

在与一家出版公司的合作基础上,我们制作了双语图画书。该书为丹麦语(文本和音频CD)和以下语言的印刷文本:阿拉伯语、库尔德语、塞尔维亚语、克罗地亚语、土耳其语、波斯语、乌尔都语和索马里语。(更多信息来源:http://kkb – lyd.dk/mantra.php.htm)

在哥本哈根,所有儿童在他们的第二个生日时都会收到一张从图书馆寄来的邀请明信片。他们随后会收到一本故事书和CD(丹麦语)作为他们第一次造访该图书馆的礼物。

一些图书馆分馆为多元文化家庭的孩子提供特殊服务;图书馆馆员会在孩子出生到他上学年龄期间拜访4次,通过讲故事,向孩子(和他的家庭)介绍不同的图书馆服务。在每次造访时,孩子都会收到一本新书。(更多信息来源:www.sprogporten.dk)

自从2008年以来,丹麦哥本哈根的新闻可以在互联网上免费获得(www.kkb – lyd.dk/daglig)。

——丹麦哥本哈根公共图书馆
维百克·斯塔齐和苏西·塔斯特森 (Vibeke Stage and Susy Tastesen)

7.3 爱沙尼亚

§ 13 馆藏

公共图书馆的馆藏内容是广泛的。公共图书馆馆藏须包含满足特定服务范围内人群基本需求的不同语种、不同类型的馆藏。

——爱沙尼亚《公共图书馆法》
马丁·哈里克（Martin Hallik）

7.4 荷兰

知识素养

在荷兰，有 150 万人（10%）是半文盲，这意味着他们的读写能力不足，无法满足填写普通表格、为孩子阅读、处理邮件、理解信息传单、看报和利用互联网等方面的需要。这个人群中的 1/3 具有移民背景。

半文盲是一个全国性的大问题。由于许多读写能力不足的年轻人提早辍学，知识素养成为一个非常严重的问题。在全国扫盲过程中，全国公共图书馆协会（NPLA）与很多国家合作加入扫盲大战。合作还继续在省、地区和地方各级展开。公共图书馆现在更多强调在扫盲方面的服务，以此培养其前台和后方的工作人员。为此目的开展的培训计划已在全国范围内开展。

图书馆也可以在 www.netnieuws.nl/ 网站上免费订阅每周更新的在线报纸来服务那些希望练习新学到的读写技巧的读者。读和写训练基于两种语言基础。

为了提高广大群众对文盲问题的认识，NPLA 与读写联盟合作，提供 Taal Centraal 的巡回展览。该展览每个月在不同的图书馆进行。

一体化

在荷兰，一个新的一体化法律颁布于 2007 年 1 月。每个来自国外并在荷兰接受教育少于 8 年的市民，必须通过语言和综合能力测试。公共图书馆是在本地执行政策的重要工具，在很多图书馆设立了信息点，图书馆可以使用集成工具包，该集成工具包可为全国所有的公共图书馆获取。

伙伴关系

公共图书馆要认识到自己是当地社区的重要伙伴——因为它们拥有广泛分布和易于访问的基础设施——以促进社会文明建设和地方级的不同群体的参与，同时这也是社会中的一个非常重要的角色。

——荷兰公共图书馆协会：文化多样性，2006
罗林那·德·伍德（Lourina K. de Voogd）

7.5 挪威

全球化

图书馆提供了对全球、国家和地方的知识和文化的获取途径。数字化的创新使图书馆馆藏得到更广泛的应用且信息流可无国界地传播。传统馆藏的数字化和网络出版是使其便利访问的必要先决条件。全球化程度加深的同时,也影响着社会各个领域,包括教育和语言,人们急需文化归属感、文化特征、与其他文化的对话。

(挪威档案馆、图书馆和博物馆《图书馆改革计划2014》,第一部分·策略和措施,2006)

加强图书馆对实现更大的包容性、一体化和文化多样性的贡献

通过2008年的努力工作和政府对移民人口实行的一体化和融入方案,图书馆帮助移民更好地融入挪威社会。

(挪威档案馆、图书馆和博物馆《图书馆改革计划2014》,第一部分·策略和措施,2006,战略1.6)

加强多元文化图书馆服务的重点是俄语、萨米语和芬兰语,但同时要对新移民提供识字和其他服务。

(芬马克县图书馆《2005—2014年战略计划》)

——挪威奥斯陆公共图书馆

基里斯滕·尼尔森(Kirsten Leth Nielsen)

7.6 西班牙

西班牙公共图书馆服务指南

- 工作人员

工作人员是公共图书馆正确并有效运作的重要元素和基本资源。公共图书馆必须有足够的员工,并且工作人员应接受合适的培训来发挥他们的作用。

- 总则

公共图书馆向所有人开放,不在乎他们的背景和专业。主要原则之一是为整个社会服务,而不是特定群体。

- 合作

公共图书馆不能孤立地工作，必须寻找捷径同其他图书馆和机构建立网络合作关系，提高服务的质量、扩大服务范围并促进合作，尤其是与本地机构的合作。

——西班牙文化部图书馆馆员协调委员会主任 苏珊娜·兰达（Susana Alegre Landáburu）

7.7 英国

欢迎来到你的图书馆——连接公共图书馆和难民社区（www.welcometoyourlibrary.org.uk/）

简介

"欢迎来到你的图书馆（WTYL）"在2003—2004年作为一个实验项目在伦敦的5个区将公共图书馆与难民和寻求庇护者们相连。这个项目是因难民在社会中面临着巨大的阻碍而发起的。公共图书馆是一个非常适合满足这些人信息、语言和文化需要的机构，但是，图书馆馆员需要改变传统的思考和工作方式来更有效地履行职责。这个项目由保罗·哈姆林（Paul Hamlyn）基金资助，与伦敦图书馆发展署协调设置，截至2007年，已延伸到全国范围。

"欢迎来到你的图书馆"的目标

通过增加参与机会，WTYL旨在为每个人提供高质量的图书馆服务。这个目标通过以下几个方面培养学习意识，提升幸福感和归属感：

- 难民社区的社会参与；
- 提高图书馆意识和图书馆使用频率；
- 培养自信和训练有素的员工；
- 实践经验分享；
- 鼓励公共图书馆与难民和寻求庇护者合作。

项目活动

- 发展图书馆员工的项目规划和评估技能，在广泛的政策背景内进行有效的工作定位；

- 制定难民社区规划并在组织上提供支持；
- 确定图书馆的使用障碍并想办法克服；
- 对图书馆员工进行影响难民和寻求庇护者的相关问题的意识培训；
- 发展与难民社区组织和其他机构的伙伴关系；
- 组织参访和信息通信技术会议；
- 简化图书馆使用手续；
- 提供 ESL（英语作为第二语言）、社区语言和阅读的支持；
- 从难民社区获得新的馆藏以作为补充；
- 通过故事会、其他活动和讨论会将不同的群体团结到一起；
- 图书馆志愿工作和难民工作安排；
- 发展电子邮件和网站列表，以支持学习共享和推广好的实践方法。

影响

对个人和社区的影响：

- 提供就业。由于参加两个 WTYL 服务的工作体验，至少 25 个难民已被聘用（一些在图书馆，一些在其他部门工作）。很多参与者表示，通过这些体验获得了自信、自尊，感到不再被社会孤立。
- 自信和主人翁意识。那些看到图书馆满足他们需要的难民们成了倡导者，使其主人翁意识、信任感和积极意愿得到提高。
- 增进不同文化的人们之间的交流。图书馆和难民、寻求庇护者得到更多的接触；图书馆通过活动的开展使不同背景的人们聚在一起；为定居下来的难民创造机会，通过图书馆内自助组织，帮助新移民。

对图书馆服务的影响：

- 图书馆工作定位更加明确。特别是在国家和地方理事会的范畴内的政策和活动，它们旨在解决社会排斥问题，并增强社区的凝聚力。
- 与其他机构或部门建立伙伴关系，向其学习并获得资助。从经验和实践两个方面引领图书馆得到项目和主流工作资助。
- 发展劳动力。为广大劳动者创造机会，如与难民一起提供服务工作，这也包括技能培养，支持图书馆员工直接与当地社区合作以建立信任，发现图书馆使用和共享障碍，通过图书馆服务，在战略和实践层面上克服障碍。

—英国沃里克郡图书馆和信息服务部

阿尤布·汗（Ayub Khan）

7.8 美国

成功的五大策略

这五个策略支持移民的成功过渡并帮助社区处理全球迅速变化带来的影响……全美的城市和乡村图书馆都在使用,收获很大。

● 图书馆了解本地移民的动态。公共图书馆从公开资源和非正式的移民网络联系中收集人口和地理数据。当图书馆了解到关于本社区的新居民的信息,以及他们的需求和对他们有用的资源的信息时,图书馆能够有效地改变服务并与之形成伙伴关系。特别是那些不是传统移民目的地的城市,图书馆经常领导社区以发现并描述移民的需要为中心展开工作。

● 图书馆在服务中增强文化和语言敏感性。新移民最大的障碍是语言。图书馆正在努力以居民的母语提供标注、网站、馆藏和基础服务。

● 图书馆建立英语语言能力。英语语言能力是移民是否获得成功的重要因素。公共图书馆利用长达一个世纪对孩子和家庭进行文化教育的经验,正将它们所能触及的范围扩展到新居民。早期文化教育和家庭文化教育项目正在为孩子上学做准备;成人英语指导正在为学习者提供更好的生活技能和工作机会。通过与学校和其他学习机会提供机构的合作,图书馆也正在提供关于就业、健康、营养和其他值得关注的项目。

● 图书馆创建与地方机构的联系。大多数社区都有各种机构和部门。尽管这些组织提供关于工作、教育、住房的帮助,新移民们也经常无法从中获益。语言障碍、地理隔阂和文化冲突是非常明显的因素。图书馆正在与某些服务机构合作,以满足新移民的需求。这项工作的首要内容包括商业支持、健康信息和学校的参与等。

● 图书馆鼓励公民参与。公共和公民生活的参与不是很多移民的传统期望。即使是图书卡登记这样一个美国人的简单行为对某些人而言可能是奇怪和可怕的经历。图书馆鼓励社区和新移民融入并参与其中。用它们强大的、公正的公共场所的历史角色,强大的、没有偏见的公共氛围,致力于学习和探索,在此基础上,它们正在积极开展新移民和接收他们的社区共同面对挑战的公开讨论。

——美国城市图书馆理事会《欢迎你,陌生人:公共图书馆建立地球村》,2008

里克·阿什顿和丹尼尔·米兰(Rick Ashton and Danielle Milam)

7.9 澳大利亚

我的语言 (MyLanguage, http://www.mylanguage.gov.au/)

MyLanguage 提供对搜索引擎、网页地址和超过 60 种语言的新闻的访问。MyLanguage 是在新南威尔士州立图书馆、昆士兰、南澳大利亚和西澳大利亚、文森特（维多利亚州立图书馆的一个部门）、北部区域、澳大利亚首都区域和信息服务机构之间建立的合作项目。

MyLanguage 是一个电子多元文化图书馆服务体系，旨在加强对多元文化、多语种个人和社区团体的在线信息服务。

这一互动型站点有如下特征：

- 公众访问搜索引擎、网页目录和超过 60 种语言的新闻；
- CALD（文化及语言多样性）个体和社区组织的培训材料，包括关于使用互联网、电子邮件或搜索引擎知识的翻译资料和介绍性课程的培训手册；
- 帮助图书馆对 CALD 群体提供传统服务和电子服务，包括提供关于多元文化图书馆服务的各个方面的指南、标准、报告、文章、研究和会议文件；
- 一个不断扩充的 CALD 群体，图书馆和政府部门感兴趣的专家技术资料库。

多语言词汇表 (http://www2.sl.nsw.gov.au/multicultural/glossary/)

多语言词汇表数据库是一个专为图书馆设计的生成标注的工具。这个词汇表包含了以 49 种语言表述的通用图书馆词组。此工具方便了图书馆员工和不同语言背景的客户的沟通。

——澳大利亚新南威尔士州立图书馆

奥利埃纳·艾斯维多 (Oriana Acevedo)

附件 A：《国际图联与联合国教科文组织多元文化图书馆宣言》（略）

附件B：多元文化图书馆服务存在的理由（国际图联多元文化人群图书馆服务专业组）

"多元文化图书馆服务"的定义和原因持续作为问题被图书馆和信息服务行业提出。

首先，多元文化图书馆服务包括向所有类型的用户提供多元文化信息，以及专门针对服务尚未覆盖的少数群体的服务。而通常我们认为多元文化图书馆服务主要有利于作为少数的非主流社会族裔和不能或者最低限度处理的联盟的"少数人"社区。多元文化图书馆服务，确保了在获取图书馆和信息服务中的公平性。然而，多元文化是一个关系到社会的各种组成的整体，在这种情况下，整个社会应当得益于多元文化图书馆服务，因此，多元文化图书馆也就通过提供多元文化信息，从而使整个用户群体受益。社区成员可以了解双方各自的文化、语言、对社会的贡献、价值观等，最终的结果是增加了解和沟通。

其次，多元文化图书馆服务应该是真正意义上的多元文化图书馆服务，而不是其他或者附加的服务。

提供多元文化图书馆服务的十大理由：

- 在很多情况下，图书馆的使命本就是服务社群，包括越来越多的多元文化、多元语言社群；
- 多元文化与多元语言的图书馆服务能确保服务和获取信息的平等；
- 在全球化与跨国界的交流和旅行更为方便的时代里，个体需要了解其他文化、语言和民族，这有助于提高对不同体验的审美水平，加深对人生的认识；
- 通过多种语言和各种渠道进入到不同用户群体的信息，促进了他们对社会的民主参与；
- 信息在人类的遗产以及其他方面丰富了人类的文化，并促进对其他经验和观点的理解，也为社会的和谐发展做出了贡献；
- 不同的语言信息和通过不同用户社区推进不同程度知识活动的渠道，有利于新知识和新技能的传播，以确保社会所有领域获得平等的机会；
- 世界知识、创新表达形式、文化习俗都以不同的格式和语言被记录着，因此，多元文化的收集应为所有人的访问提供便利；
- 学习中的创造性、工作和解决问题方式的不同会产生新的见解和意见，这可能会促进新的创新方式、行为方式和问题解决方式的出现；
- 关于图书馆多元文化社区的信息表明，社区成员和他们的文化是有价值的；

● 图书馆是知识和娱乐共存的空间，也是提供文化和多语种服务的空间，集合成为一个社会空间，使人们团结在一起。

第三节　国际图联与联合国教科文组织
多元文化图书馆宣言——实施方案

IFLA/UNESCO Multicultural Library Manifesto—Implementation Kit

国际图书馆协会联合会，2012

1. 绪论

提供多元文化图书馆服务的十大理由

(《多元文化社区：图书馆服务指南（第3版)》附件B引文略)

目的

用《国际图联与联合国教科文组织多元文化图书馆宣言》指引各图书馆通过一系列针对性的服务和战略来迎合自身所在社区的独特文化需求和语言需求。《实施方案》旨在响应"宣言"中的原则和行动纲要，在规划、应用、发展方面为图书馆提供帮助，促进多元文化服务的发展和进步。

方法

《实施方案》解释说明《国际图联与联合国教科文组织多元文化图书馆宣言》各部分的内容，通过一系列问题、模板和策略帮助图书馆更好地理解、应用并促进适合本地区的多元文化服务。研讨会纲要和手册有助于各图书馆更好地向图书馆专业人士及其客户传达《宣言》中的重要内容和多元文化服务目标。

多元文化社区：图书馆服务指南

(《多元文化社区：图书馆服务指南（第3版)》中《多元文化主义》和《多元文化图书馆服务》的引文略)

《实施方案》是对由国际图联多元文化人群图书馆服务组编写的《多元文化社区：图书馆服务指南》（2009年，第3版）的有力补充。《实施方案》中收录了《指南》中推荐的诸多方法。

需要强调的是,《指南》中包含了加拿大、丹麦、爱沙尼亚、挪威、英国和美国等国家最佳实践的具体实例。

《指南》全部内容见 https://www.ifla.org/publications/multicultural-communities-guidelines-for-library-services-3rd-edition。

其他资源

《宣言》对如下国际图书馆员协会和图书馆联合会/联合国教科文组织的倡议进行了有力补充:

● 国际图书馆员协会和图书馆联合会/联合国教科文组织《公共图书馆宣言》,见 https://www.ifla.org/publications/iflaunesco-public-library-manifesto-1994。

● 国际图书馆员协会和图书馆联合会/联合国教科文组织《学校图书馆宣言》,见 https://www.ifla.org/publications/iflaunesco-school-library-manifesto-1999。

● 国际图书馆员协会和图书馆联合会《因特网宣言》,见 https://www.ifla.org/publications/node/224。

国际图联提供一系列附加指南、宣言和出版物,对《国际图联与联合国教科文组织多元文化图书馆宣言》中所列目标和战略进行了补充和说明。如需查看国际图联出版物完整清单,请访问:https://www.ifla.org/ifla-publications。

在过去10年中,许多图书馆和事业单位开发了众多资源,以支持多元文化图书馆服务。这些附加资源包括:

● 《图书馆的多元文化主义:(非精简版)书目》(Donna L. Gilton博士,2002年),见 http://www.uri.edu/artsci/lsc/People/Gilton/multiculturalism.pdf。

● 《多元文化资源和服务工具包/工具包资源与多元文化》(加拿大图书馆和档案馆,2005年),见 http://www.collectionscanada.gc.ca/obj/005007/f2/005007-300.1-e.pdf(英语)、http://www.collectionscanada.gc.ca/obj/005007/f2/005007-300.1-f.pdf。

● 《社区专属图书馆工具包》(合作项目:图书馆与社区的联合,2008年),见 http://www.librariesincommunities.ca/resources/Community-Led_Libraries_Toolkit.pdf(法语)。

● 《社区专属服务理念工具包》(埃德蒙顿公共图书馆,2012年4月修订版），见http://www.epl.ca/sites/default/files/pdf/CommunityLedService-PhilosophyToolkit.pdf。

网上有很多与多元文化群体直接相关的主要资料，Europeana门户网站（http://www.europeana.eu/portal/）便是一例。通过该门户网站，您可以查看全欧洲的数字化图书及其他信息资源。

2.《宣言》序言

文化的多样性

为贯彻实施《国际图联与联合国教科文组织多元文化图书馆宣言》，我们鼓励各图书馆先认真学习和思考《宣言》中"文化多样性"和"多元文化主义"的定义。

（《国际图联与联合国教科文组织多元文化图书馆宣言》的引文略）

该定义引用了《世界文化多样性宣言（2001版）》的相关内容。

各图书馆可从该定义入手，去评估它们目前所服务的（或日后将覆盖到的）社区的文化和语言构成。可思考以下一些基本问题：

- 我馆当前提供的文化服务有哪些？
- 我馆所在社区的哪些现有文化服务是本可以由我馆提供的？
- 我馆可使用哪些服务或信息资源及语言来了解这些文化？

服务多元社区

《宣言》序言同时还描述了多元文化背景下的图书馆职能。它揭示了一个道理：图书馆对文化多样性的认识促使其提供各种针对性的服务并制定各种针对性的战略。

（《国际图联与联合国教科文组织多元文化图书馆宣言》的引文略）

对图书馆文化团体和语言群体进行初步分析后，可以思考一些相关问题，加深我们对现有的以及潜在的服务、项目和信息资源的基本了解：

- 对于我馆提供过的或可能提供的文化，请列举部分当前可以享用的服务、项目或信息资源。

- 对于我馆提供过的或可能提供的文化，请列举部分日后可能会享用到的服务、项目或信息资源。

图书馆也可以采用公共咨询法，即向地方政府、提供多元文化服务的机构、社区组织或图书馆团体的个人会员请教。公众咨询法的实例：详见《多元文化社区：图书馆服务指南》的《满足用户需求》一节。

（《多元文化社区：图书馆服务指南（第3版）》中《对多元文化社会中服务不足的群体》的引文略）

3. 原则

《国际图联与联合国教科文组织多元文化图书馆宣言》的基本原则是："我们全球社会中的每一个人都有权获得全方位的图书馆与信息服务。"为推进该权利的落实，《宣言》确定了提供多元文化的服务、信息与使用渠道时所应遵循的四项原则。

- 为社区全体成员服务，而不是实行基于文化和语言遗产的歧视。

在上文与《宣言》序言部分有关的章节中，我们向图书馆提供了一种推行"社区分析和需求评估"的通用方法和模板，用来确定社区身份和需求信息的基本范围（包括用户和非用户）。

- 以适宜的语言和文字传播信息。

图书馆可以了解到当地的文化和语言群体，他们所理解的语言和文字体系以及他们可能用到的材料、方案和服务的范围。

- 提供各种能反映所有社区情况及其需要的资料和服务。

谨记：应特别关注多元文化社会中常处于边缘化境地的群体，即少数民族、寻求庇护者和难民、持临时居留证者、移民工人以及原住民群体。

- 聘用的人员能反映社区的多样性，并接受过培训，可与不同社区进行协作，并为其提供服务。

图书馆在扩充馆藏、招聘员工或对多元文化服务项目进行投入时，这些原则还可以提供长期参考。

人员编制方面须做到公平、公正。这是执行《宣言》最根本的要求。

确保所有员工充分了解《宣言》及其原则，进而使各图书馆在日常工作中能深入贯彻这些原则。

关于其他要点,请参阅《多元文化社区:图书馆服务指南(第3版)》中的《多元文化图书馆原则》。

4. 多元文化图书馆服务的使命

我馆的使命是什么

《国际图联与联合国教科文组织多元文化图书馆宣言》确定了多元文化图书馆服务中的十项"使命"。这些使命确定了多元文化图书馆在实施多元文化项目和服务过程中需要关注的具体方面或其工作目标。也就是说,"使命"解释了图书馆提供多元文化服务的特定原因。

(《国际图联与联合国教科文组织多元文化图书馆宣言》对"使命"的引文略)

肩负使命

明确的使命可以提高图书馆的工作要求。作为落实《宣言》的部分工作内容,我们鼓励图书馆起草并实施一份《使命陈述》。这些《使命陈述》务必清晰、准确地阐明提供多元文化服务的原因。

《使命陈述》务必简洁、易懂,方便图书馆员工、图书馆社区成员等的理解。

- 审查《宣言》中描述的使命,记录适合您当前服务的关键词或概念,或您所在图书馆希望实施的多元文化服务的类型。要考虑到您的多元文化服务和信息、读写能力、教育和文化等问题之间的联系。

《多元文化社区:图书馆服务指南(第3版)》中的《多元文化图书馆的角色和目的》一节的描述也对《使命陈述》的编写有参考价值。

(《多元文化社区:图书馆服务指南(第3版)》对《多元文化图书馆的角色和目的》的引文略)

- 使用您记录的一些关键词起草《使命陈述》。谨记:使命陈述的内容务必简洁,用易懂的语言描述您所在图书馆提供多元文化服务的原因。
- 咨询图书馆员工、访客、社区成员的意见,确保所起草的《使陈述》简单易懂，对您所在图书馆的目标进行实际表述。

● 将《使命陈述》纳入您所在图书馆的工作要求中。即向员工和图书馆所属社区正式传达《使命陈述》的内容，并将声明内容纳入正式文件和出版物（如图书馆的网站）。

实例

多元文化服务下的图书馆使命可能会随着时间的推进而不断变化，从而与社区新需求、图书馆不断提升的能力和不断丰富的资源相适应。

每年对《使命陈述》进行检查，以评估该使命的执行情况，并为更好地执行来年的新使命做出相应调整。

以下是图书馆《使命陈述》范围的实例：

● 我馆作为信息中心，获取并提供以社区相关语言的信息。
● 我馆旨在提供学习材料和可以促进文化对话的学习项目。
● 我馆旨在在数字环境下为具有不同文化背景的社区使用、理解和交流文化信息提供帮助。

5. 管理和运营

《国际图联与联合国教科文组织多元文化图书馆宣言》倡导图书馆将多元文化服务作为工作重心，而不能将其视作额外的、补充的服务。为了在图书馆日常工作中充分体现这些服务功能，多元文化服务中必须体现图书馆的战略和运作规划。最好能采用经核准的多元文化服务政策对这些服务进行支持。

（《国际图联与联合国教科文组织多元文化图书馆宣言》的引文略）

规划和政策模式范围很广泛。例如，正式的政策文件一般包括以下内容：

标题	诸如"多元文化服务政策"之类的正式政策
实施日期	政策批准或生效的日期
目的	政策中确定的特定服务、运营决策或目标

（续上表）

背景	相关背景信息，如"社区分析和需求评估"的结论
内容	政策的具体细节，例如：提供多元文化网络资源的正式途径；多元文化下的人员编制方法；丰富馆藏的承诺；多元文化项目纲要等
角色与职责	负责政策实施工作的员工/部门的职位名称，从职位最高者一直列到主要操作人员
评估与检查	确定评估活动的日期和范围，以确保评估活动达到预期结果，对政策进行定期更新
定义	政策中使用的核心术语的定义列表
联系信息	如果存在政策相关问题，应联系员工或业务领域的负责人

应注意，所有政策均须以书面文件形式提供。具体工作的履行程度也可以体现图书馆的政策（例如：图书馆员工按上级要求获取以各种指定语言编写的相关资料）。

无论这些计划和政策是正式还是非正式、是简单还是详细，相关人员均须知情。"决策模板"旨在帮助图书馆做出英明的决策。这属于图书馆规划和政策发展活动的一部分。模板涉及以下内容：

● 确定需要对哪些问题做出决定；
● 描述现有规划或政策背景；
● 记录与图书馆文化社区、资源和其他重要因素有关的要点；
● 做出一个决定供上级审批，并制定相关计划或政策来实施这个决定。

对于常规考虑因素和多语言和多元文化资源下各种管理政策的特定要求，请参见《多元文化社区：图书馆服务指南（第3版）》。

（《多元文化社区：图书馆服务指南（第3版）》中《馆藏管理政策》的引文略）

该《指南》还提供了解决馆藏建设问题的详细方法：
● 资源范围；
● 多语种馆藏建设和维护；
● 书目管理；

- 藏书标准；
- 采购率；
- 提供电子图书资源。

6. 核心行动

《国际图联与联合国教科文组织多元文化图书馆宣言》确定了《核心行动》的内容，旨在使图书馆的各项运作能体现其多元文化服务的使命，包括：

- 馆藏建设；
- 资源分配；
- 推出项目；
- 信息访问；
- 宣传活动。

(《国际图联与联合国教科文组织多元文化图书馆宣言》中《核心行动》的引文略)

图书馆可以利用实施方案中提供的策略和工具包，使这些核心工作与自己的业务直接挂钩。

该清单促使图书馆使用并评估《宣言》中《核心行动》对应实施方案中的信息、战略和工具包。

通过系统地使用工具包，图书馆可以充分了解多元文化服务在图书馆运作中有多重要，充分了解哪些方面有待进一步的规划、行动以及了解。

7. 人员

(《国际图联与联合国教科文组织多元文化图书馆宣言》的引文略)

《国际图联与联合国教科文组织多元文化图书馆宣言》明确了图书馆员工和图书馆所服务的文化社区之间的重要关系。为确保这些群体之间产生巩固且成效卓著的关系，《宣言》推荐持续推进职业发展，并通过社区文化与语言功能提升员工实践的质量。

图书馆员工职业技能

(《国际图联与联合国教科文组织多元文化图书馆宣言》的引文略)

(《多元文化社区：图书馆服务指南（第3版）》中《图书馆馆员的技能》的引文略)

国际图联的《多元文化社区：图书馆服务指南（第3版）》列出了值得推荐的《图书馆员工工作技能》。

重要的是，该清单强调了交流的积极性，例如：确保多元文化社区的成员了解就业机会，并知道如何将他们的技能与多元文化图书馆服务的目标保持一致。

对于在职和潜在的图书馆员工，了解图书馆多元文化服务的目标和机遇可以从《国际图联与联合国教科文组织多元文化图书馆宣言》专题会议入手。

8. 资金、立法与网络

(《国际图联与联合国教科文组织多元文化图书馆宣言》的引文略)

《国际图联与联合国教科文组织多元文化图书馆宣言》实施过程中涉及的政府机构和其他决策机构会接触到很多机会和方法，这取决于图书馆馆藏以及相关政府机构的形式和职能。

国际图联的《多元文化社区：图书馆服务指南（第3版）》提供了关于"国际最佳实践"的信息，包括有关图书馆服务和多元文化问题的国际立法、战略性政策和特定项目等实例。

- 加拿大：《多元文化法案》，见 http://laws-lois.justice.gc.ca/eng/acts/c-18.7/。
- 丹麦：《图书馆服务法》，见 http://www.bs.dk/publikationer/english/act/index.htm。
- 爱沙尼亚：《公共图书馆法》，见 http://www.wipo.int/wipolex/en/details.jsp?id=11072。
- 挪威：《图书馆改革计划2014》，见 http://www.biblioteki.org/repository/PROJEKT%2018/Inspircje/Library%20Reform%202014.pdf。

- 英国："欢迎来到你的图书馆"，见http://www.welcometoyourlibrary.org.uk/。
- 美国：《欢迎你，陌生人：公共图书馆建立地球村》，见http://www.centrecountyreads.org/sites/centralpalibraries.org/files/ws_toolkit.pdf。

我们还鼓励图书馆传播《宣言》并举办研讨会，以理解多元文化图书馆服务的既定目标并支持该目标的实现。

9.《宣言》的落实

(《国际图联与联合国教科文组织多元文化图书馆宣言》的引文略)

(《多元文化社区：图书馆服务指南（第3版)》中《多元文化图书馆服务的推广》的引文略)

《国际图联与联合国教科文组织多元文化图书馆宣言》鼓励大家熟悉文件原则和行动，并就此进行沟通和交流。

国际图联同时也在制作概要视频，协助宣传《宣言》的要点和多元文化服务的目标。您可以在国际图联在线网站"国际图联多元文化图书馆服务分部"页面（https://www.ifla.org/mcultp）观看该视频。

第二章 美国图书馆行业协会多元文化政策

美国图书馆协会（American Library Association，以下简称 ALA）是全球历史最悠久的图书馆协会，也是美国乃至世界图书馆行业的领导者，为美国图书馆行业发展提供管理和政策指导。ALA 将公平获取（Access）、多样性（Diversity）、教育和终身学习（Education and Lifelong Learning）、知识自由（Intellectual Freedom）、服务（Service）等作为其核心理念，围绕这些理念延伸了一系列多元文化服务领域的政策和方针。

为了推进多元化理念，ALA 下设的多元委员会近年来致力于在《ALA 政策手册》《战略规划》等关键性、政策性文件中增加对多元文化概念的诠释。《ALA 政策手册》最新版于 2013 年 1 月由 ALA 委员会修订，其中《ALA 政策手册 B：立场和公共政策声明》（*ALA Policy Manual Section B: Positions and Public Policy Statements*）对图书馆核心价值、道德与竞争力、多样性、公平获取、国际关系、图书馆服务与义务等 11 个方面 80 项条款进行了阐述。涉及多元性概念的条款有 5 个方面共 12 项，这些条款充分体现了"平等、多元、包容"的理念。《美国图书馆协会战略方向》（*American Library Association Strategic Directions*）是 ALA 系列管理规划之一，于 2015 年由美国图书馆协会理事会正式批准通过，并于 2017 年更新。此规划明确了 ALA 的使命、核心价值观以及未来 3～5 年的主要行动领域。与 2015 年的规划相比，2017 年新版规划增加了多样性与包容性计划。由此可见，多元理念受到当代美国图书馆行业管理者的高度重视，被写进政策性管理与指导文件中，未来将在实际服务工作中贯彻落实。

除了管理性文件和政策，ALA 还针对特殊多元群体及部分多元服务领域制定了服务与推广指南。《美国面向西班牙语用户的图书馆服务指南》（*Guidelines for Library Services to Spanish-Speaking Library Users*）就是一份专门针对西班牙语社区用户的服务指南。该指南最初由 ALA 参考与成人服务部董事会于 1988 年 1 月通过，2006 年由参考与用户服务协会参考服务科西班牙语图书馆服务委员会修订，并于 2007 年经董事会批准。同年获批的还有

《美国多语种馆藏发展与服务推广指南》(*Guidelines for the Development and Promotion of Multilingual Collections and Services*)。在这两份指南中,前者主要从馆藏、规划、服务与社区关系、人员及设施四个方面针对西班牙语目标用户进行服务指导;后者则将目标服务人群拓展到所有多元群体,从上述四个方面对多语种馆藏服务进行专门指导。虽然两份指南在结构和内容上存在相似之处,但侧重点明显不一样。2015年12月,ALA民族与多元文化信息交流圆桌会议执行委员会批准了《美国图书馆移民人群延伸服务指南》(*Guidelines for Outreach to Immigrant Populations*),该指南在前述指导方针的基础上,新增对目标人群的定义,并加入社区评估与社区参与的内容,可以看作是对前面两项指南的综合与升级。

从上述政策来看,美国图书馆行业多元服务领域已经形成一套比较完善的政策体系,既有宏观层面的政策手册和战略规划,也有针对特殊群体与具体服务内容的指南与方针,可以为美国图书馆行业的服务与计划提供依据和支持。

第一节 美国图书馆协会政策手册 B：立场和公共政策声明（节选）

ALA Policy Manual Section B: Positions and Public Policy Statements (Excerpts)

美国图书馆协会，2013

……

B.3 多样性

美国图书馆协会（ALA）提倡"人人有权平等获取信息"，认识到需要持续加强对我们所服务的社区多样性的认识和反应能力。ALA 认识到全民对获取图书馆和信息资源、服务及技术的迫切需求，尤其是存在以下情况的人士：存在语言或识字相关障碍；经济窘困；被文化或社会孤立；存在身体或精神障碍；存在种族主义思想；因外貌、种族、移民身份、宗教背景、性取向、性别认同以及性别表达而遭受歧视；未能在教育、就业或住房等方面获得公正待遇。

图书馆可以并且应该在促使各类民众充分参与民主社会建设方面发挥重要的作用。但是，为了实现这一目标，图书馆必须利用各类资源和策略。在队伍建设上，图书馆需要制定具体的招聘、培训、发展、提升和晋升计划，从而留住并增加为多元文化群体服务的图书馆工作人员。在美国图书馆协会以及图书馆的服务和运营工作中，我们必须不断努力将"多样性"这一理念纳入计划、活动、服务、专业文献、产品和继续教育之中。

B.3.1 政策目标

美国图书馆协会将通过以下方式实现这些目标：

（1）促进消除图书馆和信息服务的所有障碍。

（2）提倡出版、开发和购买体现多样化人群中正面榜样的资料、资源和展品。

（3）为支持平等教育和就业的现有立法计划提供全额资助，探索除奖学金、研究金和助学金以外的其他资金来源，以吸引来自不同背景的人员投身图书馆事业。

（4）为图书馆人员提供培训机会，使其具备所需的技能，以便为不同的人群提供有效服务，并能够筹集资金来提升不同社区的图书馆服务质量。

（5）提倡将针对不同人群的计划和服务列入各类图书馆的预算之中，而不是仅仅通过私人捐款或联邦资金等软性捐款来支持这些活动。

（6）提倡向图书馆人员、资源、设施和设备提供充足的资金，以便为不同人群提供公平的图书馆服务。

（7）通过敦促地方、州和联邦政府以及私营部门提供充足的资金，促进对不同社区图书馆资源的补充和支持。

（8）在社会各个阶层之间，特别是在不同社区内，提升重视图书馆资源和服务的公共意识。

（9）通过鼓励社区需求评估，促进输出措施的制定。

（10）通过提供更多专业和领导力发展机会，促进不同人员的职业发展。

B.3.2　打击种族主义

自1936年以来，美国图书馆协会一直致力于打击任何因种族、肤色、民族血统或出身而对目标群体进行排斥或限制的态度、行为、服务或项目。

ALA还认识到，制度上的种族不平等在社会中根深蒂固，同时这种观念通过社会机构进一步深化，并且通过政策、惯例、行为、传统和结构进一步延续下去。此外，由于图书馆是大社会的一个缩影，并在其服务的社区中发挥着重要且独特的作用，因此，图书馆必须设法提供一种不存在种族主义的环境。在这种环境里，所有人都会得到尊敬和尊重。

B.3.3　打击偏见、成见和歧视

美国图书馆协会积极以各种项目和资源致力于打击图书馆行业和图书馆用户群体中因种族、年龄、性别、性取向、性别认同、性别表达、信仰、肤色、宗教背景、民族血统、母语或残疾等原因对个人和团体存在偏见、成见和歧视的行为。《关于偏见、成见和歧视的决议》中没有对资料审查、删除或限制性标示等进行任何授权。如果行动和方案旨在提高图书馆用户对各种问题和状况的认识，且不涉及任何宣传要素，则不会与《图书馆权利法案》发生冲突。这两份文件尊重所有图书馆用户自由使用图书馆的权利，并且不会受到机构内部的压力或审查。

此外，ALA认为，反对种族主义、偏见、成见和歧视的斗争需要持续

进行，并且必须延伸到所有成员之中。

具体而言，美国图书馆协会和图书馆将会：

（1）力求促进所有人公平参与协会的决策过程，并努力创造一个人人都受欢迎的环境，将"多样性"作为一个集体目标。

（2）鼓励协会成员、图书馆、供应商和利益相关方实施反种族主义政策，明确组织对参与者、工作人员和成员的期望。

（3）通过监督、评估和倡导人权以及涉及公平的法律、法规、政策和实践，从更广泛的层面支持社会中的反种族主义工作。

因此，美国图书馆协会将尽量充分考虑所有种族群体的权益，并将其反映在政策、程序、计划以及与工作人员、成员、利益相关者和整个社区的关系之中，从而重申其宗旨：致力于实现全人类的多样性、包容性和相互尊重。

B.3.4 美洲原住民主题

我们鼓励 ALA 及其部门在使用或创建以美洲原住民为题的插图、图像、程序或公开宣传之前与美洲印第安人图书馆协会进行磋商。

B.3.5 具有包容性和文化竞争力的图书馆及信息服务的目标

文化能力的定义包括：对多样性的接受和尊重；在文化方面的持续自我评估；对知识、资源和服务模式的持续开发，以有效满足不同人群的需要。文化能力对图书馆和信息服务公平提供服务至关重要，因此，美国图书馆协会敦促图书馆工作人员承诺遵守以下指导方针：

（1）为确保向每个社区成员或组织提供公平服务，必须重视对所有图书馆工作人员进行培训和继续教育，以提高其对多样性的认识和敏感度。

（2）注意获取和提供符合不同社区教育、信息和娱乐需求的资料。

（3）将识别和消除文化、经济、读写能力、语言、物理、技术和感知方面的障碍，以避免这些障碍限制人们对图书馆和信息资源获取的努力作为优先考虑的工作并持续推进。

（4）创建图书馆服务和物流运营，确保所服务社区可以快速获取所需信息。

（5）多样化的员工队伍对提供合格的图书馆服务至关重要。应齐心协力招聘并留住图书馆各级岗位上的多样化人才，并为每一位员工提供职业发展机会。

（6）为发展并加强图书馆为各类民众提供的图书馆服务，应鼓励多样

第一部分　图书馆多元文化服务政策选编

化、未被充分代表的社会背景的图书馆馆员在美国图书馆协会和其他专业图书馆组织中发挥积极作用。

B.3.6　为满足多元化社会的需求而进行的图书馆和信息学教育

美国图书馆协会将通过认证委员会，鼓励寻求认证或重新认证的图书馆和信息学研究生课程，以确保学生群体、教职人员和课程设置满足美国所有人对历史和信息的多样化需求。我们将特别鼓励这些项目与服务于不同人群的地方图书馆和社区组织开展合作。

……

B.4　公平和准入

B.4.1　平等权利修正案立法

美国图书馆协会支持妇女在职业和整个社会中的平等地位。为此，该协会：(a) 支持实施于1977年11月在休斯敦召开的全国妇女大会上修订的国家行动计划；(b) 通过就业实践政策，支持在工作场所平等对待妇女；(c) 避免在ALA出版物中使用性别成见术语，由此支持消除此类术语；(d) 支持在图书馆学校认证标准和指南中执行平权行动政策，以此支持遵守此类政策。

B.4.2　免费获取信息

美国图书馆协会主张，对于提供图书馆信息服务的公共机构而言，收取信息服务费用和税费（包括利用最新信息技术的服务）是不公平的做法。

美国图书馆协会应努力使从公共资金中获得主要支持的图书馆和信息服务机构向所有人免费提供服务，并利用最新技术，以确保对信息的最佳获取。同时，协会也积极宣传其对"平等获取信息"的立场。

……

B.8.6　青少年图书馆服务

B.8.6.1 青少年服务

美国图书馆协会认识到，图书馆和社会的未来取决于青年人为企业、政府、父母和其他领导层承担成人责任的准备情况。如果没有接触到高质量图书馆的机会（如公共图书馆和学校图书馆），儿童和年轻人将无法发挥自身或社会潜能。ALA 致力于通过学校和公共图书馆来支持和开拓适用于青少年的资源和服务。

……

B.9.7 包容性和相互尊重

美国图书馆协会重视、尊重并赞同所有图书馆工作人员的贡献与参与。ALA 积极推动协会的包容性，并传达有关各类图书馆职业的图片和信息。ALA 为所有图书馆工作人员提供服务和发展机会。

美国图书馆协会确信，对于员工的生产力、士气和学习能力而言，包容性和相互尊重至关重要。图书馆模范雇主应该为所有图书馆工作人员创造具有语言包容性和发展机会的组织文化。

第二节 美国图书馆协会战略方向(节选)

American Library Association Strategic Directions (Excerpts)

美国图书馆协会,2017

使命

美国图书馆协会的使命是"为图书馆与信息服务,图书馆事业的发展、宣传和提升提供引领,促进学习型社会建设,确保社会全体的信息获取权"。

核心组织价值

……
建立开放、包容、合作的环境。
……

主要措施领域

……

多样性

图书馆在赋予不同人群充分参与民主社会的能力方面发挥着至关重要的作用。在图书馆员工队伍建设方面,需要制定各种招聘、培训、发展、提升和晋升计划,以留住并增加各类图书馆工作人员,使人员构成与我们服务的多样化社会相对应。在美国图书馆协会及各图书馆的服务和运营中,应不断努力将"多样性"这一理念纳入计划、活动、服务、专业文献、产品和继续教育之中。

教育与终身学习

ALA 为全体图书馆馆员和受托人提供职业发展和教育等多种机会；协会将通过各种类型的图书馆和信息服务来促进全民终身学习。

信息与图书馆服务的公平获取

ALA 充分认识到全民对获取图书馆和信息资源、服务及技术的迫切需求，尤其是存在以下情况的人士：存在语言或识字障碍；经济窘困；被文化或社会孤立；存在身体或精神障碍；存在种族主义思想；因外貌、种族、移民身份、居住条件、宗教背景、性取向、性别认同以及性别表达而遭到歧视；未能在教育、就业或住房等方面获得公正待遇。

……

文化素养

ALA 认识到，在当今全球化信息社会中，人们查询和有效利用信息资源的能力至关重要，因此，ALA 将协助并敦促各图书馆帮助儿童及成人不断提高个人所需的技能，包括阅读及使用各种技术的能力。

……

战略方向

……

平等、多样性和包容

美国图书馆协会深知公平、多样性和包容（EDI）影响着协会成员之间、图书馆事业以及图书馆服务群体的方方面面。这就需要处理、消除偏见并变革整个组织以及整个图书馆行业内的政策、结构。ALA 将通过自身及会员的行动营造出更平等、更包容且更多样化的社会。

目标

（1）以史为鉴，致力于帮助协会和各图书馆所服务的社区消除各种边缘化和代表性不足的问题。

（2）在构建多元、包容的专业领域方面加大 ALA 及其盟友的工作力度。

（3）帮助全面理解公平、多样性和包容的概念，认清这些概念的交叉性和复杂性。

（4）让全体 ALA 成员参与到各自的组织生活当中。

（5）提供资源与支持，促使图书馆和馆员有效倡导全民融入社区生活。

（6）将 ALA 确立为重要发言人，为信息政策所有领域中平等、多样性和包容的价值观表达意见。

（7）为不同的呼声和见解提供一个安全且充满尊重的空间。

策略

（1）提供职业发展机会，以解决平等、多样性和包容方面的问题。

（2）在 ALA 的联盟中积极倡导对平等、多样性和包容的关注。

（3）在倡导平等、多样性和包容价值观的基础上开展全国性的宣传活动，让全体 ALA 成员在其工作场所、社区及其他地方倡导平等、多样性和包容。

（4）收集、编写并传播与平等、多样性和包容有关的研究资料。

（5）审阅信息管理政策的定位和战略，并予以必要的修改，使平等、多样性和包容的表述清晰化。

（6）和图书馆与信息学（LIS）专业研究生课程项目配合，在 LIS 专业课程及各科目主题事务中提高对平等、多样性和包容的重视程度。

（7）在 ALA 的各个部门（包括 ALA 分会）加强招聘、导师培训和交流，发展、扩大协会的分支机构（包括其联署机构和分会），为协会及整个专业领域打造多元化和包容性的领导层。

（8）确保将平等、多样性和包容价值观融入所有继续教育当中，涉及图书馆行业及其实践各方面，包括 ALA 大会和 ALA 分部会议。

（9）开发具有针对性的继续教育项目，特别侧重于理解并解决各种无意识偏见、权术钻营、微歧视、白人特权及其他与平等、多样性和包容相关的问题。

（10）批判性地审视平等、多样性和包容在整个协会内部得到解决和协调的方式。

……

第三节 美国多语种馆藏发展与服务推广指南

Guidelines for the Development and Promotion of Multilingual Collections and Services

美国图书馆协会，2007

1 绪论

美国历来是一个吸引全球大量移民的国家。尽管一些图书馆已经建立了馆藏和相关规划来满足母语为非英语的图书馆用户的需求，但是，鲜有国家能够在全国范围内采取行动来系统化地满足这些需求。此外，传统图书馆服务仍不能满足语言类学生、外国学生或双语公民等图书馆读者的多语种需求。

图书馆有责任为其所在社区的所有成员提供公平服务，不分种族、文化或语言背景。为民族、文化和语言群体提供图书馆资料不应被视为"附加"或"额外"服务，而应作为每个图书馆服务的组成部分。图书馆应制定将多语种服务纳入其整体工作计划的指标、目标和政策。这些指南应作为服务和资料提供情况的评估范本。

2 资料的收集和选择

图书馆应为社区中的每个民族、文化或语言群体提供有效、平衡和实质性的馆藏服务，为所服务的群体采购语言和方言等方面的资料。

图书馆应将资源的需求和可用性视为确定馆藏资源开发水平的重要因素。由于某些语种资料出版量较少或难以获得出版物，因此，图书馆无法为各种语言版本提供相同数量的资料，资料的装订和纸张质量也可能与美国、加拿大和其他地方通常购买的质量不同。图书馆有必要通过国外的小型出版社、出版商、书店和附近的书店、会展和书展进行采购。

2.1 选择水平

2.1.1 图书馆提供的资料主要应与其服务的目标民族、语言或文化群体相关。

2.1.2 对基础资料的选择将基于社区分析、需求评估和统计数据，例如，美国人口普查，适当辅以小组讨论、访谈和问卷调查。

2.1.3 图书馆提供的资料应适合用户兴趣和需求，具有代表性的主题、文学体裁、地理区域和时间段。为了提供信息并促进跨文化意识和理解，对于反映社区各文化群体兴趣和经历的图书馆资料，还应提供英文和原语种，由来自社区中有代表性的各个种族、语言和文化群体的作者提供。

2.2 类型

2.2.1 图书馆应获取各种类型的资料，其中可能包括印刷品、音频、视听文献和计算机软件，以适应不同的读者需求。当印刷品稀缺或识字资料需求量大时，应重点获取非印刷资料，如录音和视频。

2.2.2 图书馆应为母语为非英语的读者提供识字资料，包括带识字软件的电脑。

2.2.3 图书馆应提供语言学习资料，鼓励传统语言的保留，并为社区所有成员提供学习或查阅其他语言的机会。还应提供所有类型的资料以帮助大家把英语当作第二语言来学习，包括面向具有特定语言背景的学习者的资料。

2.3 书目访问

以原始语言和脚本为所有资料编目，提供英语和原始语言的书目访问。

2.4 物理访问

2.4.1 图书馆应确保多语种馆藏资源分开摆放在易见的位置，便于社区获取。

2.4.2 图书馆应展示高度合适易见的指示标识，并采用使用图书馆多语言馆藏资源的主要语言群体的语言。

2.4.3 图书馆应以目标语言提供表格、通知、信息手册和其他印刷材料。

2.4.4 图书馆应通过访问、标识和适当的技术等方式提供明确的指示说明，并在必要时提供管理员协助，以帮助听力、视力和身体上有残疾的社区成员获取各类资料。

2.5 馆藏维护

2.5.1 馆藏政策应允许采购复本资料，以便所有语言的实物馆藏充足。

2.5.2 图书馆应定期评估过期和磨损的资料，以确定报废或提供给社区组织的档案馆或特殊收藏馆或其他适当的群体。

2.5.3 图书馆应采取保护措施（如重新装订），以修复一些用得多且仍然有效的磨损资料。还应促进、鼓励和赞助保存与当地民族、语言和文化群体遗产相关的原始资料。

2.5.4 图书馆不应将需求单独作为馆藏发展的决定性因素。对多语种馆藏的低需求可能是由于过去馆藏、服务或宣传不足所致。

3 规划、服务和社区关系

图书馆应提供并积极推动面向社区各族群的多语种服务和规划。

图书馆应提供与普通公众同级别、同标准的多语种服务。图书证申请、馆际互借信息、欢迎手册和其他信息应采用图书馆用户的首选语言。

图书馆应与目标种族、语言和文化群体的社区领导人建立联系。在较小或较分散的群体中，集中型或合作型图书馆是提供资料和服务的最佳手段，可在提供充足的资料和服务的同时最大限度地提高效率并降低成本。

3.1 文化多样性

3.1.1 由于服务对象可能具有不同的文化背景，因此，在制定计划和服务时必须考虑每种特定文化的情况。

3.1.2 双语化程度、特定群体对语言文化认同感的保留程度以及社会融合或同化程度也将决定图书馆对某一特定族群的服务水平。这些群体的部分成员可能仅希望他们能够被视为美国人，而不是一个族群的成员。

3.2 规划和营销

3.2.1 图书馆应指引开展面向目标民族、语言和文化群体的社会和文化社区活动。合适的例子有民族音乐会、展览以及传统艺术和手工艺展示等活动。

3.2.2 图书馆应以族群的首选语言和英语开展项目和宣传工作。在推广图书馆服务时，应考虑目标群体的敏感性和期望。

3.2.3 图书馆应为英语学习者提供设施，开设并推广将英语作为第二语言的识字班和课程。

3.2.4 图书馆应让英语能力有限的读者知晓图书馆网站的存在。应建立图书馆主页的镜像站点，将内容翻译成图书馆用户的首选语言。重要的社区活动也应以图书馆用户的首选语言在图书馆网站上发布。

3.3 延伸服务

3.3.1 图书馆应为那些不能亲自使用图书馆的读者提供多语种服务和资料，包括居家读者、在惩教机构和医院的读者。

3.3.2 在图书馆外用户熟悉的场所（如工厂、民族组织会议室和礼拜场所）举办延伸活动。

3.3.3 通过参与或发起地方活动参与社区生活，例如，节日、纪念活动以及与该地区各个种族、语言和文化群体相关的其他文化活动。与媒体、社会服务机构和社区组织建立非传统的合作关系。促进社区中各个种族、语言和文化群体的信息传播。

3.4 信息和参考服务

3.4.1 图书馆应以最常用的语言提供参考和信息服务。此外，还应特别针对新移民群体提供服务。

3.4.2 图书馆应以所有语言提供与英语用户相同级别的馆际互借服务。

3.4.3 图书馆应提供关于多元文化和多语种地方资源的参考和转介服务。

3.4.4 必要时，图书馆应以适当的语言提供书目说明。

4 人员配备

- 图书馆工作人员应对英语能力有限的读者使用多种语言，以提供有效的服务。
- 图书馆应提供继续教育或员工发展计划，以提高工作人员的敏感度和文化、种族和语言意识，并提升其应对不同种族读者的能力。
- 具有语言和文化专业知识的图书馆工作人员应与其他工作人员、其他图书馆分享其专业知识，并应就其能力获得认可和经济补偿。
- 图书馆学方面的学校应宣传对多元文化和多语种图书馆馆员的需求，并积极从少数语言群体和少数民族群体中招募人员。这些学校应针对服务于种族、文化和语言多样性社会时所涉及的问题开设相关课程。

第一部分 图书馆多元文化服务政策选编

第四节 美国面向西班牙语用户的图书馆服务指南

Guidelines for Library Services to Spanish-Speaking Library Users

美国图书馆协会,2007

面向西班牙语用户的图书馆服务可能会较为复杂:国籍、地区和文化差异导致社区内存在错综复杂的状况。例如,在说西班牙语人群中的墨西哥人、波多黎各人、古巴人和其他西班牙语人群之间存在着显著的语言和文化差异。正确认识并响应这些差异是本指南的一个主要主题。虽然该委员会注意到用于该目标人群的专门词语很多,但没有选择使用过时的限制性词汇"西班牙裔",而是使用"西班牙语人群"一词,来涵盖组成这个多样性社区的众多用户。

全国拉丁美洲人和西班牙语人群图书馆和信息服务促进会(REFORMA)在编制本指南时发挥了一定作用,并在整个修订过程中给予意见,一名委员会成员担任了 REFORMA 的联络员工作。

尽管本指南由对服务西班牙语图书馆用户存在职业兴趣的人士编写,但适用于所有需要向西班牙语人群提供服务的图书馆人员。从这个意义上说,本指南是一本基本的初学者手册。对于一名图书管理员来说,如果其就职的中小型机构已经意识到服务区域内西班牙语人群的需求,那么本指南尤为适用。与所有指南一样,本指南旨在帮助开展该项服务并提醒馆员对目标人群进行专业性关注。

1 馆藏与资料选择

美国各个西班牙语社区在英语和西班牙语的语言技能和能力方面各有不同。这些社区的成员具有多样化的需求,并有权获取满足这些需求的资料。图书馆可使用标准规范辅助选择图书馆资料。为了最大限度地为这些社区开展系统性馆藏资源开发工作,图书馆应制定并定期更新西班牙语馆藏资源的开发政策。

1.1 有效性

面向西班牙语用户的图书馆资料应符合所服务社区的教育和娱乐需求。

图书馆应提供适当的相关文化资料以满足社区中各种具有代表性的用户群体的需求和兴趣。

1.2 语言

馆藏还应包含双语资料。针对这些社区主要用户群体所代表的国家,要突显来自这些国家的出版商所提供的书刊。馆藏还应包含来自西班牙语社区和国家的标准西班牙语书刊。在采购翻译作品时,图书馆应仔细查看所用的语言,以确保对原作品的准确性和忠实度。

1.3 书目访问

对图书馆馆藏的书目访问应在公开目录中包含西班牙语主题标题,以方便对西班牙语和双语材料进行定位。图书馆还应提供本地制作的访问和识别辅助工具,包括西班牙语清单、参考书目和使用终端书目说明资料。

1.4 类型

收集所有类型的资料,包括印刷和非印刷资料。所有阅读类型的资料都应被收藏,无论是教育性的还是娱乐类的。使用互联网上可用的电子资源来对传统的印刷和视听资料进行补充。

1.5 选择

1.5.1 西班牙语资料的选择应遵循既定的馆藏资源发展规程。应查阅一般和专门的评估工具。

1.5.2 除西班牙评论出版物和流行的西班牙语期刊外,图书馆还应定期审查西班牙语资源、邮件列表服务、网站和其他互联网资源,以确定哪些资料可被纳入馆藏。

1.6 利用供应商获取西班牙语书刊

图书馆应仔细选择并评估供应西班牙语资料的供应商。图书馆应把来源国和所服务的社区纳入考虑范围。为了获取西班牙语资料,图书馆应与供应商建立良好的业务关系,不断探索不同的方式和服务。图书馆应支持当地西班牙语书店,并将其视为重要的信息和资料来源,并持续对其服务进行评估和选择。

1.7 通过赠送和捐赠促进对西班牙语馆藏的支持

图书馆应与当地社区团体合作,以选择、获取、评估和筛选西班牙语馆藏。通过赠送、交换和捐赠的方式鼓励当地对图书馆馆藏发展的支持。在评估这些资源时,图书馆应以赠送和捐赠政策声明中所包含的正式标准作为参考。当确定是否将赠送或捐赠品添加到馆藏时,应采用正常的选择标准。此外,部分资料不适宜向西班牙语社区图书馆或组织进行销售、交换或捐赠。对于这类图书,图书馆也应该收藏。

1.8 评估西班牙语馆藏资源

用于评估西班牙语馆藏资源的标准应符合图书馆的审查和维护政策。

2 规划、服务和社区关系

为了与支持多语种服务的 ALA 政策保持一致,图书馆应认真选择用于规划和服务的语言(双语或仅西班牙语)以及词汇、口音和具有细微差别的区域语言特征。图书馆的选择应反映出当地社区的特点。

2.1 文化多元性

为了解目标人群的组成和需求,图书馆应编制其拟服务的西班牙语社区概况。联邦人口普查数据、州政府统计数据以及对当地领导人、当地居民和其他社区组织进行访谈将有助于编制社区概况。有意义的社区概况将包括诸如性别、年龄、教育程度、语言技能和原籍国等信息。

2.2 规划

2.2.1 传统和非传统的创意规划可有效吸引和满足西班牙语社区的需求。由于任一特定机构内可用的西班牙语社区服务资源是有限的,因此,服务于目标人群的图书馆应与当地社区团体合作。这种合作可能包括分享计划成本、合作采购或联合(互惠)借用特权等。

2.2.2 在制定图书馆定位或服务方面的规划时,图书馆应意识到:在这一群体中存在着某些社会和经济力量的偏见,如移民或临时劳工方面。

2.2.3 图书馆所服务的西班牙语人群可能有多种经济和社会背景,这些因素促成了一种非常多样的文化。在制定计划时必须考虑每一种具有代表性的文化,并在规划内容中将其准确反映出来。

2.3 延伸服务

2.3.1 应持续访问和分析社区,促进图书馆规划和提供服务,进而满足社区需求。可通过以下行动促进目标的实现:参与服务于西班牙语社区的当地社区组织的工作;与这些组织建立伙伴关系,以制定并介绍图书馆计划和服务;将当地的广播和有线电视节目、公共服务公告、报纸和地区互联网提供商用作与目标人群进行交流的一种手段。

2.3.2 还应考虑不去图书馆的人。以富有创意的方式在各种场合利用活动、印刷品和宣传来吸引那些平时不怎么去图书馆的人。

2.4 跨文化理解

2.4.1 为了促进图书馆与代表当地多元文化的人群的合作，图书馆应积极促进跨文化交流与合作。

2.4.2 在传统节假日期间，安排艺术展览、舞蹈、音乐等文化活动，来弘扬西班牙语人群做出的贡献以及留下的文化遗产。

2.5 书目说明

提供西班牙语版的图书馆说明，突出双语格式或特定语言格式。

2.6 电子资源

2.6.1 为目标社区提供电子资源的访问服务和使用培训，包括全文数据库、在线资源和互联网访问。

为使用连上互联网的公共终端制定双语书面政策。

2.6.2 为西班牙语社区提供电子资源的访问服务和双语培训。

当可获得数字格式的西班牙语政府出版物时，提供相应访问服务。对于那些不太会使用计算机技术的用户来说，图书馆为他们提供各种格式的电子资源的访问服务显得特别重要。

3 人员

3.1 招聘

3.1.1 图书馆应在所有职位类别中招聘西班牙语图书馆工作人员，即图书馆馆员、辅助人员、文员和志愿者。

3.1.2 与就读过经美国图书馆协会认可的图书馆教育课程的西班牙语毕业生联系。

3.1.3 图书馆应广泛利用拉丁美洲图书馆组织的热线、少数民族招聘服务、当地西班牙语媒体及其他服务。

3.2 薪资

对于根据职位要求或实际情况需要使用西班牙语的职位，应聘用相关的双语雇员并给予相应的薪资。

3.3 馆员发展

3.3.1 鼓励所有职位级别的馆员的个人发展。

3.3.2 为所有馆员提供多样性培训。就面向使用西班牙语用户的图书馆服务召开研讨会,例如,西班牙语馆藏发展或关于西班牙、拉美裔和拉丁美洲文化不同方面(即音乐、作者等)的课程。

3.3.3 为非西班牙语的馆员提供学习该门语言的教育机会,包括:为所有馆员提供讲授基本西班牙语课程的老师;建立专业的语言学习资料馆藏,如书籍、磁带、录像带或计算机软件,以供馆员使用;提供支持或鼓励馆员利用已有支持条件,如社区大学课程的教育补偿;弹性上班时间,以便馆员参加与其工作不冲突的课程。

4 设施

通过位置、标识、建筑结构和外观,图书馆建筑应对其服务的西班牙语社区成员具有吸引力,且不会成为障碍。

4.1 内外装饰

图书馆应选择装饰品和图案来改进内外装饰,创造一种适合所服务的用户的氛围。多元文化海报和展品有助于营造一种温馨的环境。图书馆应尽量让所做的改动符合社区文化。

4.2 位置

4.2.1 图书馆应以便捷和战略性眼光对新图书馆进行选址,以吸引目标人群前往图书馆。在确定图书馆位置时,图书馆应以其是否邻近当地学校和公交站为依据。

4.2.2 图书馆应在西班牙语馆藏附近摆放舒适的座椅,以供喜欢在图书馆使用这些资料的用户使用。

4.2.3 图书馆应使西班牙语社区居民能够平等使用会议室,并制作双语传单详细介绍如何预订和使用会议室。可将这些传单分发给所在社区的西班牙语群体。

4.3 标识

4.3.1 图书馆应以一种显而易见的方式展示双语标志。在入口处展示西班牙语"欢迎"标志。注意使用西班牙语方言的特定措辞、用语和意义是否符合社区文化。

4.3.2 图书馆应尽可能使用国际非语言符号,如"信息"符号。

4.4 馆藏放置

在现有的结构中分配空间时,应确保用户一进入图书馆便可以看到并使用馆藏资源。

4.5 访问

对于一些有助于用户访问图书馆及馆藏的图书馆资料,应翻译成双语或西班牙语。这些文献包括:欢迎小册子、图书馆地图、图书馆使用指南以及图书馆资源列表。图书馆应允许西班牙语用户在资料发布之前提出意见。将图书馆印刷品分发给社区中服务于西班牙语人群的组织。

第一部分　图书馆多元文化服务政策选编

第五节　美国图书馆移民人群延伸服务指南

Guidelines for Outreach to Immigrant Populations

美国图书馆协会，2015

绪论

本指南旨在为图书馆服务和规划发展提供依据，促进新移民更广泛地融入和参与社会，同时保护和推广其独特的文化和语言遗产。此外，指南还探究了图书馆如何发现并深入了解移民群体为所在社区带来的文化多样性。

如果图书馆的服务对象是在美国居住多年但仅限于在较大的民族社区中进行活动和（或）经历过社会排挤的人群，也可采用本指南。这些人可能很少或根本没有参与到更广泛的社会环境之中，其英语能力有限，因此，与新移民具有相似的需求。

1. 定义

移民到美国的人士拥有多元的背景，英语水平及其与美国社会的关系也各有不同。在抵达美国之后，一些移民可能具有很好的英语水平，并且已参与到美国的社会、政治和（或）经济体系中，而其他移民则可能没有这些优势。图书馆首先应关注这些缺乏优势的移民，因为他们对图书馆提供的项目和服务有更大的需求。因此，在本指南中，"新移民"一词将指初来乍到、在外国出生的个人，他们对美国的社会、政治和（或）经济体系的融入和参与能力有限，很少说英语或不说英语。新移民可能包括但不限于：寻求庇护者、难民、临时或永久居民、移徙工人和流离失所者。

2. 社区需求评估

为了能够满足新移民社区的需求并主动规划预算、分配资源和安排图书馆服务的优先次序，图书馆首先需要识别社区的发展方式。该识别过程不仅需要利用图书馆的社区外联活动，还取决于图书馆收集、处理和吸收关于移民社区的新信息并做出相应调整的能力。图书馆应不断评估和分析社区，以帮助规划和提供图书馆服务，进而满足社区需求。

（1）详细了解您的社区——有各种公开可用的数据集可以向图书馆提供不同服务人群的概况。美国人口普查局通过各种交互式数据工具提供对社区级别数据的访问，包括 State & County Quick Facts 和 American FactFinder。国家教育统计中心提供各种工具以查阅州和国家学区数据汇总表。移民安置支持中心、非政府组织和社会服务机构也可以作为信息来源。您可了解您所在地区的政府部门是否已经发布对您有所帮助的数据集。

（2）注意用户在图书馆内查询或寻求帮助的信息，但切记，这只能反映人们对图书馆的既有期望。

（3）咨询与图书馆相关联的机构或图书馆所服务的社区（如当地非营利机构和政府机构），就图书馆可以帮助解决的重要社区问题听取他们的想法。

（4）应定期监测社区社交网络和当地媒体讨论的问题。

3. 馆藏资源发展

为了建立文化性强的图书馆馆藏，馆藏文献应支持新移民社区的信息需求，为实现公民娱乐和教育目的而培育文化素养，培养人们使用图书馆及其资源的愿望，帮助人们建立跨文化关系。新移民社区的馆藏建设工作不是只限于为图书馆收集书籍或计算机，而是为了让人们有机会使用它们。图书馆馆藏为以文化多样性为中心的知识共享、文化素养提升和社区建设提供了重要手段。

（1）从关于当地新移民社区的基本信息着手。对新移民用户及其阅读兴趣进行调查，调查图书馆工作人员对新移民文化和阅读兴趣的了解程度。

（2）图书馆应让新移民社区参与主题和类型的选择和决策，应成立一个包含移民社区成员的咨询董事会或委员会。

（3）图书馆应创建图书馆和读书俱乐部，并对出版著述、发表文章和撰写评述的新移民提供赞助。

（4）图书馆应与外国书店、出版商和分销商合作，选择多样化而不仅是最大量的文献。

（5）图书馆应制定多元文化馆藏政策。

4. 规划和服务

图书馆应成为移民进入并融入新社区的切入点。因此,面向新移民的规划和服务应集中于促进他们的融入和参与。如果可能,图书馆应与开展移民工作的当地组织和机构进行合作,这将会提高效率,防止社区计划和服务的不必要重复,并扩展图书馆可提供的内容。

(1) 除了基于文本的语言学习资源之外,图书馆还应提供积极的语言学习机会(如与他人交谈)。

(2) 图书馆应通过编撰休闲和娱乐信息来打造轻松的氛围。有些活动在移民人士的原籍国可能不常见,如游泳或骑自行车,因此,图书馆一定要说明在哪里可以学到这些东西,或就这些问题与当地组织进行协调。

(3) 图书馆应确保可提供和(或)可查阅与健康有关的信息,特别是关于妇女和儿童的,并以新移民所使用的语言提供健康资源。对于制定和推广共享计划,图书馆应与地方、州和国家机构(如全国医学图书馆网络)合作。

(4) 图书馆应通过创建让用户互相交流的空间,使其成为会面场所——非正式的谈话通常包含丰富的信息量,并且是练习语言的好方法。

(5) 图书馆应考虑提供与公民参与有关的课程和其他信息。

(6) 图书馆应采取措施支持数字素养培育,这对与工作和学校有关的活动以及与政府和其他官方机构的沟通越来越重要。与计算机和软件相关的基本词汇是我们都必须学习的内容。

(7) 在设计服务和拟定计划时,图书馆应注意群体内的差异(如性别、宗教、教育和其他相关可变因素)。

(8) 图书馆应考虑将图书馆服务和计划推广到各自的社区,因为新移民可能缺乏交通工具、对公共交通系统了解有限或面临交通成本的困扰。

(9) 图书馆应促进支持新移民的经济和职业目标的图书馆计划和资源,例如,语言学习资源(医学英语等)、求职者信息和简历编写、职业交流机会、小企业信息和课程、考试准备资料(托福等)以及关于学术和技术课程的信息。

5. 设施

易于使用、清洁和非机构化的设施会吸引一些可能本不习惯去图书馆的群体。图书馆用户在舒适的空间内走动、阅读和学习时会感到舒服自在。现代且洁净的空间恭候所有喜欢开放多彩空间、多元文化馆藏、多语种工作人员和文化计划的人的到来,特别是新移民群体。

(1) 图书馆应确保图书馆的空间足以容纳不断增长的用户,狭窄拥挤的图书馆会使用户非常扫兴。

(2) 图书馆应通过图书馆政策鼓励设施的扩建工作。如果您的图书馆没有足够资金建造新的阅览室,可以与当地和社区组织就共享空间事宜开展建设性对话。

(3) 图书馆应考虑图书馆用户的文化需求、个人需求及家庭需求。图书馆设施设计政策应该具有创新性和调节性,包括内饰和外观。

(4) 为鼓励创意理念和自由表达,图书馆应提供涂鸦墙、花园、家具和其他开放空间给大家使用,而不应设置过多的条条框框。

6. 人员

对移民人群提供服务的承诺会影响图书馆运营的各个方面,其中一个关键因素是员工。图书馆必须招募、安排并留住这些能够理解、尊重并与移民成功合作的员工。经过适当安排的一线图书馆工作人员将能够建立人脉、提供机会、赢得信任、确保安全,并且图书馆应提供移民所需的希望和支持。同样,图书馆高管应对员工要求有着更清晰的概念,并能更好地制定招聘、聘用、安排和留住这些关怀他人的合格图书馆工作人员的计划。

(1) 图书馆应关注于建立与不同个人或群体的联系,这需要时间进行联谊和社交,且随着关系的不断发展,图书馆还需要有长远的打算。

(2) 如果可能,图书馆应聘用与新移民群体具有相同或相似文化和语言背景的专业支持人员。

(3) 招募移民人士到图书馆董事会任职。图书馆应考虑为新移民提供在图书馆担任志愿者的机会。这一措施将为员工提供了解新文化和语言的机会,同时帮助图书馆与特定文化或语言群体建立关系。

(4) 图书馆应为移民群体举办图书馆之旅,并就移民社区感兴趣的问题举办公开讲座。

（5）图书馆应与其他社区机构的同行一起建立图书俱乐部，以了解更多关于社区移民的信息。在图书馆举办一系列关于移民问题的圆桌讨论会。

7. 社区参与

社区参与是外联服务的核心，主要是关于所采取的外联服务方式，其重点是与新移民（包括个人和群体）建立信任和互利关系。在许多情况下，图书馆工作人员应通过与其他接触新移民和（或）向新移民提供服务的社区团体和组织建立起合作和伙伴关系来建立和发展联系。这些社区团体和组织可能包括但不限于：学校（K-12、学院和大学）、社会服务机构、英语作为第二语言的组织、礼拜场所和其他社区组织。对于更成熟的团体来说，其他的合作切入点还包括与社区领导建立关系，对民族媒体渠道加以利用。

图书馆应制定相关计划让整个社区（特别是移民社区）了解图书馆的服务，有必要花时间创建一个清晰的宣传信息，确保所有图书馆工作人员都知道并理解这一信息。

（1）图书馆应以英语和当地社区移民的母语提供计划和宣传，可请合作伙伴在整个社区分发资料。

（2）让英语能力有限的用户了解图书馆网站的存在。图书馆应设置主页的镜像站点，以图书馆用户的首选语言对内容进行翻译，并应用图书馆用户的首选语言在图书馆网站上提供重要的社区活动预告。

（3）在图书馆以外用户较为熟悉的地点（如社区中心、民族和宗教组织）开展延伸活动。

（4）通过参与或发起当地活动，例如，与该地区各种族、语言和文化群体有关的节日、纪念活动和其他文化活动，参与社区生活。

（5）图书馆应与目标民族、语言和文化群体的社区领导人建立联系。在小型或广泛分散的群体中，集中或协作方式是提供资料和服务的最佳手段，在提供充足资料和服务的同时能最大限度地提高效率并降低成本。

（6）相互尊重。了解您的移民社区，并让您的移民用户了解您和您的图书馆。

（7）创建一个共同的愿景。共同合作开发一个您和您的社区团体都感兴趣并符合共同目标的项目。

第三章 澳大利亚图书馆行业协会多元文化政策

澳大利亚图书馆界对多元文化服务的关注由来已久,1982年的"澳大利亚规则"(《多元文化公共图书馆服务标准》)是全球范围内首个图书馆多元文化服务规范,为国际图联制定相关服务指南奠定了基础。此后,澳大利亚图书馆与信息协会(Australian Library and Information Association,ALIA)等组织又先后推出了与多元文化群体相关的一系列服务标准及指南。

在介绍相关标准文件之前,需要先对澳大利亚多元文化政策所针对的对象进行阐释。2001年以前,澳大利亚联邦政府曾采用"非英语背景"(Non-English Speaking Background,NESB)这一表述来概括多元文化政策针对的群体,2001年之后则多用"文化及语言多样化"(Culturally and Linguistically Diverse,CALD)的概念。澳大利亚图书馆界的相关文件亦多采用"文化及语言多样化"群体的表述。这类群体是指那些在文化、语言、宗教等方面与主流英语社会不同的人群,主要是指移民,也包括难民等特殊群体。原住民群体在澳大利亚并未纳入多元文化政策的范畴,各级政府和公共图书馆针对原住民服务均有专门的方针和政策。由于本书研究的多元文化服务是宏观、广义的概念,本章将同时介绍澳大利亚图书馆界针对文化及语言多样化群体和原住民群体制定的服务政策。为了表述的方便和统一,本书将在案例中直接用移民群体来代表澳大利亚特有的CALD群体。

针对文化及语言多样化群体的多元文化服务规范主要由ALIA负责制定。ALIA于1990年出台首部面向澳大利亚国内所有公共图书馆的服务规范《迈向优质服务:澳大利亚公共图书馆服务目标及标准》(Towards a Quality Service: Goals, Objectives and Standards for Public Libraries in Australia)。2010年,ALIA出台了第二部相关服务规范——《超越优质服务,巩固社会结构:澳大利亚公共图书馆服务标准指南》(Beyond a Quality Service: Strengthening the Social Fabric—Standards and Guidelines for Australian Public Libraries),并于2012年再版。这部规范包含12条标准和20项指南,其中第15—19项

第一部分　图书馆多元文化服务政策选编

指南均是针对特定群体的内容，针对文化及语言多样化群体和原住民群体的规范分列其中。上述规范在过去 10 余年都是澳大利亚各级公共图书馆、议会及当地政府参照和执行的标准。

现行最新服务规范是 ALIA 与澳新①国家和州立图书馆联盟（National and State Libraries Australasia，NSLA）② 于 2016 年颁布的《澳大利亚公共图书馆指南、标准及成果评估》（*Guidelines, Standards and Outcome Measures for Australian Public Libraries*）。该规范对 2010 年的规范进行了提升和更新，包含 15 条标准、16 项指南和 6 类成果评估指标。值得注意的是，新规范不再强调特定群体的概念，而是要求图书馆在提供服务时考虑所有群体的诉求，因此，其中不再单列针对多元文化群体的服务标准，而是提供一系列一般性、普适性标准，在涉及多元文化群体时予以强调。澳大利亚公共图书馆多元文化服务规范从"特殊化"走向"普通化"，并不意味着对特定群体的关注度减弱，而是要求图书馆在制定相关制度及规划时全面考虑，将多元文化服务意识渗透到每项服务当中。

原住民群体多元文化服务规范主要来自 ALIA 和 NSLA 在 2007—2014 年颁布的政策。这些服务规范从国家层面出发，提出相应的目标和措施，从理论和实践两个方面指导澳大利亚公共图书馆和信息服务机构规划面向原住民和托雷斯海峡岛民的服务。

ALIA 于 1995 年发布《图书馆、信息服务和原住民》（*Libraries and Information Services and Indigenous Peoples*），随后在 2006 年和 2009 年分别进行修订。该政策提出，在协会总体目标框架下，ALIA 鼓励图书馆和信息服务部门与原住民用户进行交流，重点从决策、资源、就业和活动 4 个方面满足原住民在信息和知识方面的需求。同年，ALIA 还发布了《原住民和托雷斯海峡岛民图书馆、档案馆和信息中心服务协议》（*The Aboriginal and Torres Strait Islander Protocols for Libraries, Archives and Information Services*），并于 2006 年和 2012 年进行修订。协议针对 12 个问题进行阐述，包括机构的治理和管理、机构运营的内容和视角、知识产权保护、文献的访问权和使用权、文献的描述和分类、特殊文献资料的处理、人力资源管理和专业发展、文献资料的复制和返还、数字环境下的工作方向等。这份协议以其先行性和

---

① 一般指大洋洲的地区，如澳大利亚、新西兰和邻近的太平洋岛屿。

② 自 2018 年 7 月起，该组织更名为 National and State Libraries Australia，即澳大利亚国家和州立图书馆联盟。

基础性得到澳大利亚国内图书馆、档案馆和信息服务机构的普遍认可，其中体现的平等、包容和合作精神为其他机构发布与原住民和托雷斯海峡岛民相关的图书馆政策奠定了思想基础。

NSLA 在 2007 年发布的《原住民与托雷斯海峡岛民图书馆服务和馆藏国家政策框架》（National Policy Framework for Aboriginal and Torres Strait Islander Library Services and Collections）是 NSLA 发布的原住民与托雷斯海峡岛民图书馆服务政策的基础文件，在此基础上，NSLA 在 2013 年发布《与社区合作：图书馆与原住民和托雷斯海峡岛民社区合作实践指导方针》（Working with Community: Guidelines for Collaborative Practice Between Libraries and Aboriginal and Torres Strait Islander Communities，以下简称《方针》），为图书馆与原住民和托雷斯海峡岛民社区的合作提供帮助。《方针》在前言部分首先阐明政策的目的在于协助图书馆工作人员与原住民和托雷斯海峡岛民以及社区接洽，建立互惠互利的关系。秉承这一理念，《方针》详细阐述了社区协商的基础知识，包括解释"社区"的概念、提出协商的原则、介绍社区协商整体情况等。由于与社区协商是一个持续的过程，因此《方针》还从前期调研、初步联系、后续联系、拜访或面谈准备、了解社区和后期跟进共 6 个方面进一步讨论了接洽或协商过程中的具体行动。

2014 年，NSLA 发布《国家对原住民和托雷斯海峡岛民图书馆服务和馆藏的立场声明》（National Position Statement for Aboriginal and Torres Strait Islander library Services and Collections），取代了《原住民与托雷斯海峡岛民图书馆服务和馆藏国家政策框架》。新政策旨在促进国家、州和领区图书馆逐步采取行动，实现面向原住民和托雷斯海峡岛民的图书馆服务和馆藏发展计划。此外，该声明还对 3 份已颁布的国家和国际政策予以认可，提出聚焦图书馆发展中的关键领域，进一步提升图书馆服务优秀标准。同年 7 月，NSLA 与澳大利亚第一语言协会共同发布《澳新国家和州立图书馆联盟（NSLA）图书馆原住民和托雷斯海峡岛民语言服务和馆藏声明》（Aboriginal and Torres Strait Islander Language Services and Collections in NSLA Libraries），指导国家、州和领区图书馆收集、保存原住民和托雷斯海峡岛民的语言资料。根据政策，NSLA 承认原住民和托雷斯海峡岛民对文献的知情权、对管理的参与权、对获取和利用资源的决定权，并提出了希望实现的 7 个共同目标。

澳大利亚图书馆的原住民和托雷斯海峡岛民服务规范既有把握宏观方向的政策和文件，也有针对实践工作的指导方针。此外，在国家层面的政策框架内，各级机构出台了更多以具体工作内容为主题的政策文件，鼓励、指导和规范图书馆的原住民和托雷斯海峡岛民服务。

第一节　超越优质服务，巩固社会结构：澳大利亚公共图书馆服务标准指南（第2版，节选）

Beyond a Quality Service: Strengthening the Social Fabric—Standards and Guidelines for Australian Public Libraries (2nd edition, Excerpts)

澳大利亚图书馆与信息协会，2012

……

G16 为多元文化社区提供服务

16.1 目标

确保图书馆馆藏资源和服务满足文化及语言多样化群体（CALD）的需求。

16.2 指导方针

本指导方针适用于多元文化人口较多的地方政府，并不一定与所有图书馆的服务相关。

图书馆应建立社区代表参与机制，用以识别不同社区对图书馆服务的需求、期望和偏好。

图书馆在制定多元文化服务计划时应参考和利用社区的综合数据。

图书馆应建立综合规划制定机制，涵盖与多元文化相关的内容，并配置适当的人力、资源和计划。

图书馆应制定多元文化政策，并将其整合到图书馆整体的政策结构之中。

多元文化相关技能是整体服务计划制定过程中不可忽略的一部分，并且应该反映在图书馆的职位描述和招聘程序之中。

通过培训、绩效评估、组织支持等方式，图书馆员工应具备为多元文化群体发展提供针对性服务的技能和能力。

图书馆应对多语种馆藏和服务进行分配,以满足多元文化群体的需求。

根据对特定文化需求和趋势的了解,当至少1 000名居民将一种语言作为其在家中使用的主要语言时,图书馆应配备该语种的馆藏资源。当讲一种特定语言的人群超过1 000人时,图书馆应提供该语种的报纸和杂志;当该人群超过5 000人时,除了报纸和杂志外,还应提供一系列热门书籍和视听资料。

在购买小语种资料时,图书馆应考虑与邻近的图书馆服务部门合作,包括开展语言专藏和图书馆之间的批量借阅,以此扩大读者的选择面。

图书馆的服务和馆藏应反映本地社区概况,并响应居民在社区咨询过程中提出的需求。

当多元文化人口超过当地人口总量的1%时,图书馆应建立英语作为第二语言(ESL)的馆藏。

图书馆应为多元文化群体使用馆藏提供方便,例如,配备双语员工、提供第一语言目录和标识等。

图书馆或其董事会的沟通计划应包含符合地区人口情况的多元文化沟通策略,并对反映多元文化需求的资源配置水平加以规定。

为了满足不同读者的需求,图书馆应建立一系列正式和非正式的监测机制,监测结果可用于辅助正在进行的计划制定过程。

图书馆至少每两年进行一次正式的用户调查,以评估图书馆在满足读者需求方面的成功程度。

图书馆须将读者的多元文化背景情况完全融入正在进行的规划和日常运营之中。针对多元文化群体开展的活动应清晰可辨、可以衡量,并成为图书馆主流活动的组成部分,这些活动可包括:学龄前儿童的多语种故事活动、英语语言课程、教育研讨会和文化庆典。

注:不同语言群体的语言和文化水平、使用图书馆的倾向以及图书馆相关资源的配备情况存在较大差异。

第二节 澳大利亚公共图书馆指南、标准及成果评估（节选）

Guidelines, Standards and Outcome Measures for Australian Public Libraries (Excerpts)

澳大利亚图书馆与信息协会，2016

……

G1 确保图书馆服务的普遍可获取性

A. 提供安全可靠的公共场所，欢迎每一个人的到来

……

图书馆具有包容性，为社区的所有成员提供服务，包括有特殊需求的读者以及来自不同文化和语言背景的读者。

……

G2 反映社区需求和愿望，让社区参与图书馆服务规划

……

B. 让社区参与图书馆服务规划

图书馆应欢迎社区成员、相关理事会、社区服务推广组织（如青年服务组织、文化及语言多样化群体组织）参与图书馆战略方向和服务规划的制定，在以下方面提供建议：
- 提供哪些图书馆服务（如馆藏、活动、延伸服务）；
- 在何处、何时提供图书馆服务；
- 如何提供图书馆服务；
- 如何评估图书馆服务；

……

G2.1 针对目标群体的服务

2012年制定的《超越优质服务，巩固社会结构：澳大利亚公共图书馆服务标准指南》针对目标群体提供了具体的指导意见，包括图书馆服务的设计、发展和提供等内容，文中的目标群体主要包括：

- 澳大利亚原住民群体；
- 多元文化群体；
- 残障人士；
- 儿童及青少年群体（包括0～12岁的儿童及13～18岁的青少年）；
- 老年人群体。

2016年的指南对原指南进行了加强，形成了较为具体的建议，这些建议围绕促进读者和社区群体参与图书馆服务规划的制定，并关注社区内所有群体的不同需求等展开。这些建议主要与以下内容相关：

- 邀请特定读者群体的代表参与图书馆活动的规划、设计和检查；
- 明确并分析特定读者群体的需求；
- 馆藏资源建设政策；
- 活动项目的设计和实施；
- 为读者提供图书馆设施和服务的实体访问途径和数字访问途径；
- 馆员的能力、综合与专业发展；
- 为图书馆馆藏、活动和服务提供资金，分配资源。

在向澳大利亚原住民以及在原住民人口众多的地区提供服务时，公共图书馆应特别重视以下事项：保护原住民的传统文化遗产和口述传统；原住民拥有其知识的所有权；建设原住民社区文化保存场所。

在为文化及语言多样化群体（CALD）提供服务时，图书馆应特别重视以下事项：在文化及语言多样化群体聚集的地区，应购买小语种馆藏资料；制定多语种沟通策略；开展多语种活动（如多语种故事会）。

第三节 图书馆、信息服务和原住民

Libraries and Information Services and Indigenous Peoples

澳大利亚图书馆与信息协会，2009

ALIA 目标

- 为了全体澳大利亚人民的利益，也为了文化、经济和民主的繁荣发展，应促进信息和思想的自由传播。
- 推广并完善各类图书馆和信息机构所提供的服务。
- 确保信息提供人员具有较高的素质，培养他们的职业兴趣和职业抱负。

原则

为了实现"让信息自由传播"这一目标，图书馆和信息服务部门必须与原住民用户进行交流，解决由澳大利亚原住民的本土知识、亲身体验和急切需求所引发的问题。

声明

澳大利亚图书馆和信息协会希望建立一个尊重这片土地的主人、尊重原住民遗产、为全体人民提供正义和公平的团结统一的澳大利亚。

协会认识到，图书馆和信息服务部门在协调过程中发挥着重要作用，包括鼓励原住民参与协调、审查相关政策和举措，必要时与原住民协商修订政策和措施。

协会认识到原住民文化的多样性，认为原住民参与规划和决策将促进这种多样性在图书馆和信息服务中得到适当体现，协会将通过主导促进民众参与来履行这一承诺。

图书馆和信息服务部门在向原住民提供服务、管理与原住民文化和社区相关信息时应注重以下 4 个重要领域：
- 将原住民纳入决策和政策制定过程，确保做出的决策具有文化相宜性，并酌情让原住民参与图书馆和信息服务的管理和运作。
- 信息资源的提供、管理和服务供给要体现文化多样性，与信息获取和服务供给有关的所有决定都要考虑文化相宜性，该项工作要与社区代表进行磋商。
- 为了体现就业公平，原住民应有机会从事各级或各领域的图书馆和信息服务工作。原住民工作人员应有机会接受教育和培训，追求自己的职业理想。
- 举办跨文化交流活动，为双向学习提供机会。活动应反映原住民的多样性，并与当地原住民社区协同制定计划。

图书馆和信息部门的各项实践必须接受相关政府的政策和法律以及针对原住民的图书馆、档案馆和信息服务协议的指导。

国外公共图书馆多元文化服务政策与案例编译文集

第四节 原住民和托雷斯海峡岛民图书馆、档案馆和信息中心服务协议（第12版）

The Aboriginal and Torres Strait Islander Protocols for Libraries, Archives and Information Services (12th edition)

澳大利亚图书馆与信息协会，2012

1. 治理和管理

服务于原住民和托雷斯海峡岛民或拥有涉及原住民和托雷斯海峡岛民的内容或想法的资料的图书馆、档案馆和信息中心，应确保原住民和托雷斯海峡岛民有权参与它们的治理、管理和运营。这些图书馆、档案馆和信息中心应做到：

（1）承认原住民和托雷斯海峡岛民是澳大利亚原来的土地所有者和管理者。

（2）确保原住民和托雷斯海峡岛民在董事会和委员会等治理和咨询机构中拥有相应的成员资格。

（3）确保原住民和托雷斯海峡岛民真正参与相关政策的有效制定、采纳和执行。

（4）建立能对政策实施情况进行监督和评估的有效机制。

（5）促进组织变革以适应从原住民和托雷斯海峡岛民的视角考虑问题。

2. 内容和视角

图书馆和信息中心拥有的大量记录、书籍、图片等资料包括了对原住民和托雷斯海峡岛民人民、文化和经历的多角度描述。大型机构有责任确保其馆藏的综合性、包容性和全面性。小型机构可以重点收集专门领域的文献。为了适当应对原住民和托雷斯海峡岛民及相关事宜，各机构应考虑以下策略：

（1）就馆藏资源的开发和管理事宜，以适当的方式持续咨询原住民和托雷斯海峡岛民社区。

（2）通过向原住民和托雷斯海峡岛民征集材料来实现馆藏资源的平衡。

（3）政府档案的管理可向相关政府机构进行咨询，应就原住民和托雷斯海峡岛民的材料内容和适当的获取政策向政府机构提出建议。

（4）宣传推广馆藏内容和获取方法，并向用户解释不同情况下获取馆藏应符合的条件。

（5）促进原住民和托雷斯海峡岛民知识中心的发展。

3. 知识产权

著作权法保护各种记录、书籍和其他文献资料的作者和出版商的利益，被记录者的利益不受著作权法保护，但文化所有者的主要利益应得到承认。组织机构应做到：

（1）提高对文化记录相关内容的保护意识，加强文化意识培育。

（2）对原住民和托雷斯海峡岛民的文化和知识产权进行专业确认，对他们申请文化和知识产权提供咨询。

（3）寻求包括名誉权等在内的多种方式保护原住民和托雷斯海峡岛民的文化和知识产权。

4. 访问权及使用权

原住民和托雷斯海峡岛民常在其出版的关于图书馆和其他资源中心的文章中指出，自在感最重要。如果工作人员和蔼可亲，原住民和托雷斯海峡岛民就不会对外来的英美体系望而却步，也不会因为不知道如何查找信息而感觉低人一等。组织机构应做到：

（1）通过与原住民和托雷斯海峡岛民进行咨询以确定合适的资源和服务。

（2）尽可能多地聘用原住民和托雷斯海峡岛民，特别是在图书馆和档案服务点。

（3）持续聘用原住民和托雷斯海峡岛民作为联络员，与组织机构所服务的社区开展合作。

（4）鼓励员工和用户建立积极关系，确保资源的可访问性。

（5）在原住民和托雷斯海峡岛民社区推广图书馆、知识中心、档案馆和信息中心。

（6）鼓励原住民和托雷斯海峡岛民利用机构设施作为会议地点或资源。

（7）让原住民和托雷斯海峡岛民参与到图书馆、档案馆和信息中心的规划、设计和布局工作中，创造友好、适宜的环境。

5. 描述和分类

标引术语、主题词和分类系统为在图书馆、档案馆和信息中心检索资料提供了便利，但是过时的、不准确的或者模糊的术语会给访问带来障碍。为了改善访问体验，机构应：

（1）使用国家原住民主题词表描述原住民和托雷斯海峡岛民及其事务相关的资料。

（2）促进对标准描述工具和元数据的适当改进，制定计划对使用了不当主题词的文献进行重新编目。

（3）引入可以利用地理、语言和文化标识符描述资源的分类系统，以此提高对文献的访问率。

（4）向当地、州及全国范围的原住民和托雷斯海峡岛民咨询图书馆、档案馆和信息中心对资料的描述、编目和分类方法。

（5）请原住民和托雷斯海峡岛民对与他们和其社区有关的资料进行描述和注释。

6. 保密、神圣或敏感的资料

图书馆、档案馆和信息中心的部分资料具有保密性和敏感性，出于监管、商业、安全或社区管理等原因，对这些资料的访问可能受到一定的限制。注意不要混淆保密、神圣或敏感的原住民信息和被认为对原住民和托雷斯海峡岛民造成冒犯的资料。本协议第 7 条将指导如何处理可能冒犯原住民和托雷斯海峡岛民的资料，机构视收藏的文献和服务的社区可选择适当的管理方法。为了对这些材料建立有效的管理流程，各机构应当采取以下措施：

（1）在确定这些材料和制定合适的管理规范时，应向原住民和托雷斯海峡岛民进行咨询。

（2）通过建立有效的机制促进磋商和实施的过程，包括与地方、州和国家各级的相关组织进行联络。

（3）参与组建由图书馆和档案馆高级管理人员和原住民代表构成的咨询团队。

（4）通过回顾馆藏调查和对当前文献进行检查，确认是否存在保密、神圣或敏感的资料。

（5）每一个被任命为指定联络员的原住民和托雷斯海峡岛民都是机构及相关社区之间的特定联系人。

（6）根据需要对合适的存储和观看设备提供有限访问。

（7）确保工作人员和用户清楚所有获取文献的条件，在实践中贯彻落实。

（8）确保保密、神圣或敏感的资料在数字化环境中得到适当的管理。

7. 带有冒犯性的内容

图书馆、档案馆和信息中心应该承认，其馆藏可能包含冒犯原住民和托雷斯海峡岛民的资料。这些资料可能具有种族主义、性别歧视、诽谤、辱骂、冒犯等性质。许多案例反映的是历史情况，但也有的涉及当代社会。图书馆、档案馆和信息中心有责任保存和开放这些文献记录，同时必须对现存的冒犯性资料采取合适的应对措施。考虑其服务的社区背景，各机构应该：

（1）对本馆馆藏可能对原住民和托雷斯海峡岛民造成的冒犯程度保持意识。

（2）就敏感材料向原住民和托雷斯海峡岛民征求意见，制定有效的咨询策略。

（3）向原住民和托雷斯海峡岛民征求意见，制定策略妥善处理带有冒犯性的材料。

8. 员工

将原住民和托雷斯海峡岛民纳入组织机构，可以改变组织文化，使全体成员受益。因此，各机构应该：

（1）在每个机构的人员构成中反映用户或社区的人口组成情况。

（2）采取切实措施招聘原住民和托雷斯海峡岛民，提高原住民和托雷斯海峡岛民的素质。这一职责要求聘用方、教育机构和专业团体积极主动地开辟就业渠道和晋升通道。

（3）在任命原住民和托雷斯海峡岛民时，承认他们此前在其他领域所接受的培训和已获取的资格认证。

（4）适当让原住民和托雷斯海峡岛民参与员工选拔工作。

（5）确保原住民和托雷斯海峡岛民员工得到相应的培训和支持。

（6）通过指导和培训等支持政策，优化原住民和托雷斯海峡岛民员工进入管理岗位的途径。

（7）承认原住民和托雷斯海峡岛民员工的文化需求，并做出回应。

（8）制定和实施跨文化意识项目，确保所有的员工对文化多样性保持友善的态度和敏锐的感觉。

9. 发展专业实践

图书馆、档案馆和信息中心应确保员工做好应对原住民和托雷斯海峡岛民事务、接待原住民和托雷斯海峡岛民用户及员工的准备。图书馆、档案馆、信息中心、教育机构和专业团体应采取以下做法：

（1）确保图书馆和档案馆各个层面的教育和培训课程充分覆盖原住民与托雷斯海峡岛民事务、用户和员工等主题。

（2）为每位员工提供文化意识培训，特别是面向公众服务的工作人员。

（3）对与原住民和托雷斯海峡岛民相关的文献，在文献编目、资源采购、格式转换、馆藏管理和其他领域提供合适的专业实践模式。

（4）在课程设计和实施方面，确保原住民和托雷斯海峡岛民有参加教育和培训项目的机会。

（5）通过积极鼓励、导师制度和研究假期等方式，为接受档案和图书馆教育的原住民和托雷斯海峡岛民学生提供支持。

10. 对原住民和托雷斯海峡岛民及其事务的认识

图书馆、档案馆和信息中心有助于增进原住民和托雷斯海峡岛民与非原住民群体之间的相互理解。为实现这一目标，各机构应该：

（1）积极发挥教育功能，提高非原住民群体对原住民和托雷斯海峡岛民及其文化和事务的认识。

（2）积极获取原住民和托雷斯海峡岛民及其相关组织创作的作品。

（3）通过口述历史、编制索引、记录复制计划和在线传播等方式突出与原住民和托雷斯海峡岛民有关的内容和观点。

(4) 通过定制导读、检索帮助、巡展、网站宣传和展览会等方式提高公众对与原住民和托雷斯海峡岛民有关的馆藏的认识和使用。

11. 原住民和托雷斯海峡岛民社区档案的复制和返还

档案馆与图书馆通常收藏有由原住民和托雷斯海峡岛民社区编写、关于原住民和托雷斯海峡岛民社区或由原住民和托雷斯海峡岛民社区录入的档案原件。社区可能会特别重视特定档案,要求获取复件以供使用和保存。部分档案可能由于盗窃或欺骗而脱离社区管控。为了解决这个问题,各机构的做法应包括:

(1) 对原住民和托雷斯海峡岛民社区要求获取档案复件的行为表示理解并予以配合。

(2) 依据协商情况,同意将档案原件返还给原住民和托雷斯海峡岛民社区,或为其提供复本。

(3) 寻找持有被返还记录的复件的许可,但如果请求被拒绝,则不须复制这些记录。

(4) 帮助原住民和托雷斯海峡岛民社区设计、提供和运营知识中心以保存返还的档案文献。

12. 数字环境

原住民和托雷斯海峡岛民馆藏包含越来越多出于保存或提高使用率而经由数字化项目生成的数字资源或原生数字资源。数字化可以实现文化遗产的虚拟返还,因此,机构不需要返还实物。但对原住民文献进行数字化给机构带来了一些复杂的问题和挑战,例如,机构需要对包含原住民敏感知识的文献设置不同的访问条件,机构和社区应解决原住民和西方知识系统下因不同的知识产权概念而引发的争议。为了解决这些问题,各机构应该:

(1) 为原住民知识、创意和经验选择可持续的资源格式、描述方法、获取方式和保存策略。

(2) 推行数字化和数字存取,以此作为促进对原住民和托雷斯海峡岛民社区返还资料的方法,同时也可以为下一代保留财富。

(3) 向原住民和托雷斯海峡岛民社区咨询网站应包含的内容。

(4) 避免在网站或检索目录中出现疑似保密的、神圣的或敏感的内容。

(5) 确保对文献的数字化处理和保存方式遵守了与原住民和托雷斯海峡岛民的文化协议。

(6) 与原住民和托雷斯海峡岛民合作，促进数字资源的创建、收集和管理工作。

(7) 提醒馆藏使用者在网络环境中共享数字内容的潜在好处和风险。

第五节 与社区合作：图书馆与原住民和托雷斯海峡岛民社区合作实践指导方针

Working with Community: Guidelines for Collaborative Practice Between Libraries and Aboriginal and Torres Strait Islander Communities

澳新国家和州立图书馆联盟，2013

前言

《原住民与托雷斯海峡岛民图书馆服务和馆藏国家政策框架》旨在指导国家、州和领区图书馆机构在原住民和托雷斯海峡岛民图书馆服务与馆藏计划中的行动，该框架将原住民和托雷斯海峡岛民的利益、需求和想法视为制定任何政策或举措的核心。

根据该政策框架，澳新国家和州立图书馆联盟（NSLA）的图书馆致力于与原住民和托雷斯海峡岛民合作，为图书馆和信息部门确立科学、合理的发展方向和工作日程。

制定《与社区合作：图书馆与原住民和托雷斯海峡岛民社区合作实践指导方针》是为了协助图书馆界与原住民和托雷斯海峡岛民及社区建立互惠互利的关系，帮助图书馆工作人员与原住民和托雷斯海峡岛民以及社区接洽，进而寻求服务和馆藏的扩展和强化。图书馆或社区均可以发起合作，但无论由哪一方发起，所有项目或计划都应该本着互利的原则，通过有意义的互动和互惠开展。

协商是一个持续的过程，有助于所有参与者平等地考虑原住民和托雷斯海峡岛民的声音和意见。协商过程需要协商者建立相互尊重的关系，表现出分享、学习和磋商的意愿。为了确保图书馆的计划和服务可以满足原住民和托雷斯海峡岛民的需求，图书馆需要在一定程度上建立社区权属关系和合作伙伴关系。

本指导方针旨在指导图书馆与原住民和托雷斯海峡岛民及社区的接洽工作。这些指导方针并不是绝对的，在使用时应考虑当地情况。原住民和托雷斯海峡岛民以及社区之间有很大差异，深思熟虑的准备和研究是了解这些差异的关键。

社区

我们可以通过许多不同特征来识别原住民和托雷斯海峡岛民社区。从城市到乡村再到偏远地区，从传统到现代，这些社区呈现出复杂多样的特点。一些可以帮助我们识别特定社区的特征包括：

（1）地点。社区可能位于城市、农村或偏远地区。

（2）实体性。社区可能有一个具体的地理位置——以实体或法定边界为分界；也可能是一个隐含概念，即一群人因共同的语言、文化或历史等因素而联系在一起，不受地点限制。

（3）语言。社区可能包含共用一种语言或使用多种语言的人。

（4）身份和亲属关系。社区可以使用不同层次的联系和亲属关系来建立身份，例如，部分人群可以被统称为"土生土长的居民"，也可以被确切地称为"原住民或托雷斯海峡岛民"。一个社区可能包含来自多个宗族和种族或者同一宗族和种族的亲属关系。

（5）文化习俗。社区的信仰和习俗从过去绵亘到现代，社区内的个体在一系列的信仰和习俗中占据了一定地位。

（6）土地联系。社区可能居住在与其有着传统联系的土地、通过迁移和世代占据而与其相联系的土地、与其没有传统联系但定期前往的土地，或者是已经与居住地失去了所有的传统联系。

（7）治理。社区可能有许多层级的治理。除联邦、州/领区或地方政府外，还可能具有原住民理事会、董事会或法人团体。该理事会或董事会可能在很多方面与地方政府相似，也可能与当地政府平行行事，可制定细则规范社区准入以及在社区内的行为。

可能存在不同层级的原住民理事会和董事会、参考团队和咨询委员会。即使在一个管辖区域内，这些平行的管理层级也并非只有单一的等级模式，可能因社区而异。传统的土地所有者在许多社区的治理中发挥着重要作用，根据原住民地权等规定他们被视为土地的合法拥有者。除了正式的治理结构，还可能存在社区长老委员会等传统结构。

（8）起源。社区以多种方式产生。

● 城市中的社区，即城市区域内一块土地的所有权被转移给原住民组织，如新南威尔士州和昆士兰州从前传道区或保留地上的社区；

● 完善的社区和设置在偏远地区的分站,如位于西澳大利亚州的 Noonkanbah 或 Jigalong;
● 位于昆士兰州的土地信托(DOGIT)社区、分站以及两个郡——Aurukun 和 Mornington 岛;
● 位于原住民牧民地产或租赁地产的社区。

(9)共同的历史。社区还可以指具有共同历史的人群,例如,居住在传道区、保留地或儿童之家的人群。这些人可能并非同一地区出生或使用同种语言,且现在分散在不同的地理区域,但基于他们在一个机构中的共同经历,在讨论与该机构相关的记录和材料时,他们将会被视为"利益群体"。

(10)服务。管理机构、非政府组织可以提供服务,原住民社区运行服务和计划也可由原住民医疗或法律服务、原住民旅游或媒体组织等提供。

尊重原住民知识

NSLA 认识到,尚未有保护原住民知识的法律机制可以处理习惯法与西方知识产权制度相互交叉的问题①。

原住民和托雷斯海峡岛民是他们知识和文化的管理者和拥有者。在图书馆和社区内,他们对原住民和托雷斯海峡岛民馆藏的发展做出了重大的贡献。

与原住民和托雷斯海峡岛民合作可以实现原住民相关历史和文化知识的双向共享。

确认过程

社区协商和协作需要时间和耐心。

与原住民和托雷斯海峡岛民进行协商时,我们需要考虑和理解许多因素。部分因素是常见的,但很多社区会制定自己的协议和指南以便与外部组

---

① Terri Janke:《我们的文化,我们的未来:关于澳大利亚原住民文化和知识产权的报告》,Michael Frankel & Co Surrey Hills,1998 年;Terri Janke:《关注文化:知识产权与传统文化表现形式的案例研究》,日内瓦世界知识产权组织(WIPO),2002 年,参见世界知识产权组织网站(http://www.wipo.int/tk/en/studies/cultural/minding - culture/index.html)。

织和个人进行接洽，访客需要认识并尊重这些因素。

与大型城市中心的综合社区合作时，我们应考虑接触一个向政府提供建议并与政府合作的法定机构，如 ACT 原住民和托雷斯海峡岛民选举产生的机构。多人聚居的城市中心区域会有具体的原住民组织机构，例如，位于 ACT 的联合 Ngunnawal 长老理事会，位于艾丽丝泉（Alice Springs）的 Lhere Artepe Aboriginal Corporation。

在各级政府工作的原住民和托雷斯海峡岛民可能有促进联系的意愿。政府机构可能已经制定了关于社区参与的指导方针，也可以通过原住民和托雷斯海峡岛民已有的联系更广泛地与社区进行接洽。他们可能与社区组织具有一定的联系或已经建立了某种关系，例如，Councils of Social Service 或 Australians for Native Title and Reconciliation（ANTR）。由原住民和托雷斯海峡岛民管理的服务机构也能促成联系。如前所述，灵活和善意将有助于找到正确的途径。

部分偏远社区具有自己的协商协议，这些协议应该得到尊重和使用。原住民居民理事会、土地理事会或董事会可能会制定细则来规范社区准入以及在社区内的行为，因此，应通过这些机构进行接洽。对于设有注册理事会或管理机构的社区，可通过 the Office of the Registrar of Indigenous Corporations（ORIC）获取联系信息。

由于家庭责任和权力高于核心家庭单位，原住民社区内的决策和讨论涉及最大限度的参与和代表权。这可能意味着个人（特别是长老）、大家庭和社区组织都需要被纳入协商和谈判过程之中，且需要时间去吸收和讨论应提供或提议的内容。

我们要认识到，并非所有的联系都可以通过电话、电子邮件或传真实现。在某些情况下，要进行互相尊重且有意义的对话的唯一方法就是拜访个人或社区。

本指导方针在一系列简单行动后就社区协商的基础知识进行了概括。这些行动并非总是从最初的步骤开始，也并不一定按顺序进行，但在建立新项目或探索新领域时，无论这些项目是由图书馆发起还是由社区发起，我们都应尝试涵盖所涉及的每个方面。

应采取的行动将从以下 6 个主题讨论：

1. 调研

了解您将接洽的社区是至关重要的。每个州和地区的情况会有所不同,当寻求建立互惠互利的关系时,了解社区特征的细微差别将是关键。

(1) 调研所接洽的社区或组织,包括其历史和背景。例如,它的目的是什么?它的商业计划、战略计划和愿景声明是否提及社区发展、学习和文化素养等内容,或与您的商业计划是否有共同之处?请找到将您所在组织的目标与社区目标联系起来的方法。

需要考虑的事项包括:您或您的组织在过去是否与该社区有过接触?是否有来自其他机构的报告,可以让您深入了解该社区及其与外部机构合作的历史?该社区有什么特点,这些特点的细节是什么?例如,如果该社区具有明显的族群特色,则包括哪些族群?了解该社区的治理结构,因为这会对合作带来影响。反思该社区是否适宜协商或协作。

(2) 明确您的联系目的和目标。

(3) 了解当前存在的所有协议。

2. 初步联系

与社区进行初步沟通应围绕将要启动的项目,明确建立关系或进行有意义对话的原因、内容和方式。重要的是,这也是与社区建立关系的第一步。

(1) 应该明确项目的目标、成果和时间框架,这有助于确定项目中联系的适当节点。

(2) 寻求与对方联系的最佳途径,例如,确认对方是社区办公室、郡或土地办公室、组织或个人,以及是否通过电子邮件、传真、信函或电话进行联系。还应确定正式函件应该发送至何处,应该由谁亲自接收。接收人可能是首席执行官、主席、财务官员或其他部门或个人。

(3) 确保您沟通的内容简明扼要。许多联系人很忙,进一步的细节可以在建立初步联系后进行沟通。

(4) 如果您通过电话进行初步联系,请说明您将会发送正式信函或电子邮件以确认你们所讨论的内容,并在数周内再次致电以确保收到信函。注意记下初次联系的人员的姓名。

注:由于家庭和文化因素,社区人数和入住率可能会波动。您可能在初

步联系期间与某个人交谈,然后由于其他情况,您可能需要与其他人重新开始该过程。因此,建立联系需要时间和耐心。

3. 后续联系

一旦您和社区达成项目互惠互利的共识,在沟通过程中就应保持相互尊重,谦恭有礼。

(1) 通过发送正式函件详细说明先前的对话和项目,以供特定人员考虑,可附上任何相关的资料或物品(您可能还需要将该函件发送给其他适当的人员,如社区主席或其他政府机构)。

此外,如果可能的话,您可附上一份传单,以通俗易懂的英文简要说明该项目,并在社区内展示,例如,健康中心、学校、社区办公室等。

注:偏远的社区可能需要通过飞机递送邮件,因此,送达往往需要一些时间,请耐心等待。

(2) 在发送信函后,应通过电话跟进以便再次讨论项目。确保社区有机会反馈意见,就其他关心的事宜或想法寻求进一步的建议。

(3) 保持尊重。积极倾听,并给社区成员回应的机会。不要急于协商。社区可能需要数周来考虑信息并做出回应。

(4) 确定应将哪些人纳入协商过程,需要哪些人对谈判或审批进行授权。这些人可能大不相同,但都是重要的角色。

(5) 与社区合作以取得互惠互利的成果,发展稳固的合作关系。这项工作需要花费时间,还可能需要多次反复,确保每个人都充分了解情况。

(6) 应对会议进行妥善记录,包括会议议程和会议纪要。议程应在会议之前分发,并在会议之后分发会议纪要——这可以让那些无法出席会议的人了解信息。

注:必须与社区、组织或个人经常保持联系。定期的电话、电子邮件或传真信函将有助于确保成功的双向沟通。

在项目开发的这一阶段,应与社区和已有的合作伙伴进行协商,着手制定项目的实施时间表。

4. 拜访社区或面对面访谈的前期准备

亲自拜访社区之前,您需要对社区有一定程度的了解并做出计划,需要了解所有关于行为和沟通及对社区表示尊重等方面的协议。在决定访问之前,您应了解每个社区的要求。

(1) 尽早讨论预期访问的日期。考虑你们的会面是否与另一个社区活动重合,如长老会或理事会会议或聚会。

询问在所安排的时间是否有其他的访问,如 Centrelink、其他部门或非政府组织是否安排了访问,如有则尽量避免同时访问。

(2) 对部分社区而言,您可能需要在访问前获得书面同意或官方许可,这可能需要来自首席执行官、主席或其他授权的社区代表的电子邮件。

(3) 如果需要出差,在商定日期之后,应尽快安排交通和住宿,因为这些服务可能会受到限制。

(4) 如果前往偏远社区,可以找到有关该社区服务的信息,例如,住宿、燃料供应情况、食品供应(社区商店)等。若安排前往多个偏远社区时,应考虑天气状况,如是否会因雨季而影响出行。

(5) 在访问前的一周,致电对方确认是否可以按原计划进行拜访。其他社区因素可能会影响预期访问(如社区活动、葬礼等)。在前一天再次确认,并记住您需要灵活应对,因为当您到现场时可能会发生意想不到的事情。

注:对任何社区进行访问,都应提前做好计划并制定应急计划,以应对不可预见的情况。最重要的是,个人应保持灵活应对的态度。

5. 了解社区

各个社区的情况各不相同,因此应当寻找有关您所访问社区的特定协议的指南作为指导。

以下是一些常见的注意事项,但并非适用于每一种情况:

(1) 礼貌地介绍自己。说明您来自哪里(组织、地区或城镇)以及您在社区中开展的业务。

(2) 首先进行一般性对话,花时间来了解社区。

(3) 询问在社区中是否有任何行动限制,包括您应该避免的敏感区域。

(4) 保持诚实和真诚的态度,建立信任感。

(5) 确定您之前是否曾与该社区的成员合作,或认识某个社区成员。

(6) 注意可能存在敏感的社区关系,有些人可能无法一起工作。

(7) 表示尊重。着装和举止得当。如有可能,穿上具有识别性的衣服,如公司衬衫或佩戴徽章。

（8）认真聆听，不要强加解释。尊重并了解沉默的含义。较年轻的社区成员可能会自由表达意见，尝试确保长老会清楚理解正在讨论的内容。考虑每个人所说的内容，应理解每种不同的观点。

（9）注意肢体语言。社区之间的敏感度有所不同。例如，交叉手臂、与说话人保持目光接触可能会被一些社区认为是不礼貌的。避免任何可能会被视为盛气凌人的行为，如在一边侧脸而站。

（10）灵活调节以应对不断变化的情况。

（11）社区在尽量平衡多个项目时可能有其他优先事项，对此应表示尊重。

（12）要意识到，社区内的个体常处于巨大压力之下，无法参与许多事务。

（13）考虑语言问题。在很多情况下，英语不是第一语言。尽量不要使用技术术语、类比、俚语或任何形式的混杂语言或克里奥尔语。

（14）与偏远原住民社区进行业务往来通常是一种非常不同的经历，这一过程在很大程度上受社区当前优先事项的制约。该优先事项可能与为您设定的访问议程不同。在一个社区内经常会遇到一些不同的议程，您所计划和准备的会面可能会被另一个议程或一组优先事项所取代。您需要灵活应对。

6. 跟进

社区协商工作需要时间和耐心。

（1）为充分考虑请求或建议预留时间。

（2）项目可能会要求您重新拜访社区或由社区成员来访问您。建议在可能的情况下，将回访纳入项目时间表。考虑如何提供帮助，包括提供经济支持。

（3）通过诸如电话、拜访、电子邮件、传真、信函等沟通方式维持联系、维护伙伴关系和持续开展合作。

（4）考虑其他相关事物。是否有该社区可能感兴趣的其他项目？该社区是否有兴趣与您认识的其他个人或团体合作？

（5）确保记录所有沟通事宜和所有问题。保存您的接洽记录有助于未来的规划以及开发新的合作关系。

（6）为项目制定一致同意的时间表，包括图书馆和社区的短期和长期时间表。

（7）与社区和其他重要合作伙伴共同监测并跟踪项目进展。

在项目或接洽结束时，可开庆功会，庆祝所取得的成果，向所有参与其中的人员致谢，并对社区中各种业务关系表示敬意。务必要做到：

● 感谢社区对项目的发展和顺利完成所做的贡献；

● 邀请社区参与反馈过程并提交相关报告；

● 确保社区作为项目参与者有权获取其所创建的全部资源、物品或作品（如海报、传单、宣传材料、展览品等）；

● 为与社区建立持续的工作关系而创造机会——无论是与图书馆还是其他组织。

第六节 国家对原住民和托雷斯海峡岛民图书馆服务和馆藏的立场声明

National Position Statement for Aboriginal and Torres Strait Islander Library Services and Collections

澳新国家和州立图书馆联盟,2014

前言

澳新国家和州立图书馆联盟(NSLA)认可原住民和托雷斯海峡岛民是澳大利亚原来的所有者和管理者。此外,NSLA也承认,剥夺原住民和托雷斯海峡岛民的土地,驱散和迁移其社区,削弱传统习俗和语言的影响力,以及将儿童与其家人分离等一系列问题导致了几代家庭与传统家园、语言和文化失去联系。图书馆和信息部门是原住民和托雷斯海峡岛民获取资料和资源的重要渠道,这些资料和资源反映了他们的过去,也可助力他们的未来发展。NSLA承诺遵守国家和国际公认的协议,确保原住民和托雷斯海峡岛民可以获取馆藏和服务,并确保馆藏和服务符合他们的需求和希望。

本立场声明旨在指导国家、州和领区图书馆等机构在原住民和托雷斯海峡岛民图书馆服务和馆藏计划中采取持续推进的行动。本声明将原住民和托雷斯海峡岛民的利益、需求和想法视为制定任何政策或举措的核心。本立场声明鼓励重要领域的发展,根据公认协议提升服务提供和馆藏维护的最佳实践标准。

立场声明

NSLA认可以下国家和国际协议以及政策框架:
- 由原住民和托雷斯海峡岛民图书馆、信息和资源组织发布的《图书馆、档案馆和信息服务协议》①；
- 由联合国发布的《原住民权利宣言》②；
- 由 NSLA 发布的《社区合作指南》③。

NSLA 将着力提升图书馆和信息部门的优秀标准，重点关注以下关键领域：
- 原住民和托雷斯海峡岛民有权了解与他们文化、语言和遗产相关的馆藏。
- 原住民和托雷斯海峡岛民有权决定如何使用和获取反映他们历史、文化、语言和想法的遗产资料。
- 将原住民和托雷斯海峡岛民纳入各级决策过程，以便图书馆和信息部门确立科学的发展方向，确定合适的工作日程。
- 制定政策促进图书馆和信息部门对原住民和托雷斯海峡岛民的招聘，稳定现有原住民和托雷斯海峡岛民工作人员。
- 制定政策促进工作人员提高文化能力，包括对原住民和托雷斯海峡岛民用户的了解和认识。
- 制定政策将可用的馆藏资料复本返还给文献所有者，以此保护和复兴其文化和语言。

---

① http://aiatsis.gov.au/atsilirn/protocols.php.
② http://www.un.org/esa/socdev/unpfii/documents/DRIPS_en.pdf.
③ http://www.nsla.org.au/publication/working-community-guidelines-collaborative-practice-between-libraries-and-aboriginal-and.

第七节 澳新国家和州立图书馆联盟（NSLA）图书馆原住民和托雷斯海峡岛民语言服务和馆藏声明

Aboriginal and Torres Strait Islander Language Services and Collections in NSLA Libraries

澳新国家和州立图书馆联盟，2014

该声明由澳新国家和州立图书馆联盟（NSLA）与澳大利亚第一语言协会（First Language Australia，FLA）协商制定，与《国家对原住民和托雷斯海峡岛民图书馆服务和馆藏的立场声明》（NSLA，2014年）相关联。本声明旨在指导国家、州和领区图书馆机构采取持续推进的行动，收集和保存与原住民和托雷斯海峡岛民语言有关的资料和资源。

NSLA将澳大利亚第一语言的恢复视为一种提升社区福祉，增强社区能力和适应性，提高对原住民和托雷斯海峡岛民文化和历史的认识和理解的成熟而有效的方法。

NSLA图书馆馆藏包含重要的语言材料，其中很多内容尚未被确定且被隐藏，或无法被原住民社区访问。NSLA图书馆承认：

● 原住民和托雷斯海峡岛民有权了解与他们自己的文化和遗产有关的语言材料。

● 原住民和托雷斯海峡岛民社区作为语言管理人，在制定政策和措施方面起着核心作用。

● 原住民和托雷斯海峡岛民有权决定由社区管理的或需要从文化角度考量的语言资料（秘密的、神圣的、悲伤的）的使用和获取规定。

NSLA将在整个图书馆和信息行业里推行最佳实践，实现以下共同目标：

● 在图书馆馆藏中识别出原住民和托雷斯海峡岛民的语言资料。

● 把将语言资料提供给所属社区作为首要任务，根据公共认可的协议提供给更多社区。

● 通过在本地和共享目录中使用共享描述符和升级的书目元数据识别

资料和资源。

● 将 Trove 作为澳大利亚图书馆和其他文化机构的馆藏、资源和数字内容的共享和免费访问目录，并通过社交媒体和数字志愿者活动（如标引、评论和修改报纸文本）将其作为吸引用户的平台。

● 对已发表和未发表的原住民和托雷斯海峡岛民语言资料进行数字化处理；在文化许可的前提下，实现通过单个 NSLA 目录和 Trove 的访问。

● 收集由原住民和托雷斯海峡岛民社区创作或为他们创作的原生数字语言资料。

● 与 FLA 合作，使原住民和托雷斯海峡岛民社区参与并支持对语言资料的创建、收集和意识提升活动，包括非 NSLA 图书馆所拥有的资料。

第四章　加拿大图书馆行业协会多元文化政策

加拿大公共图书馆在多元文化服务方面主要遵循和参考加拿大图书馆协会（Canadian Library Association，CLA）、加拿大图书馆协会联合会（Canadian Federation of Library Associations，CFLA）以及加拿大国家图书档案馆（Library and Archives Canada）所颁布的政策规范。

加拿大图书馆协会于1946年成立，2016年解散，期间作为加拿大图书馆群体代表，负责制定、更新和维护图书馆政策条例和指导方针，促进加拿大图书馆行业的持续发展。加拿大图书馆协会曾于1987年通过《加拿大图书馆协会对语言少数群体和少数族裔群体提供图书馆服务的立场声明》（*Canadian Library Association Position Statement on Library Services to Linguistic and Ethnic Minorities*），支持国家图书馆、省级和地方各级图书馆努力应对和满足多语种和多元文化人口的复杂需求。2008年发布的《加拿大图书馆协会关于多元性和包容性的立场声明》（*Canadian Library Association Position Statement on Diversity and Inclusion*）强调多元化是加拿大文化的核心，不论种族、性别和宗教等如何，公民都应拥有平等权利，图书馆致力于给予所有人宽容和理解，平等服务每一个读者。这一声明作为加拿大图书馆行业的核心价值，直到现在仍得到大部分公共图书馆的认同和遵守。

2015年年初，加拿大图书馆协会执行委员会与多位图书馆协会代表开始商讨图书馆行业协会的未来规划，经过提案、讨论和投票，最终决定成立加拿大图书馆协会联合会，取代原有的加拿大图书馆协会。加拿大图书馆协会联合会基本沿袭原协会的行事准则，与多元文化服务工作相关的目标包括：面向各类图书馆宣传多元文化服务，推进与加拿大原住民的和解工作，加强加拿大图书馆行业在相关问题上的合作；更新和维护图书馆的指导方针和政策条例。加拿大图书馆协会联合会在2015年出台了《多元文化社区的图书馆服务》（*Library Services to Multicultural Communities*），并于2016年修订。该政策肯定了图书馆在保护和宣传多元文化方面的重要作用，提出图书馆应从馆藏、服务、政策、社区合作和人力资源建设等角度着力，增强对多元文化社区的服务和支持。

在这两个协会之外，加拿大国家图书档案馆作为加拿大一个新型的国家学术机构，致力于保存和传播知识，搜集和收藏加拿大各种形式的文化遗产，促进加拿大经济、社会和文化的发展。2003 年，加拿大国家图书档案馆发布《加拿大多元资源与服务工具包》（*Multicultural Resources & Services Toolkit*），旨在帮助图书馆开发多语种馆藏，发展多元文化服务。《加拿大多元资源与服务工具包》首先介绍了发展多元文化馆藏可以参考的指南和文件，并为有意向开展该项工作的图书馆提供行动模板；指南通过网页设计指导、技术使用说明和系列资源列表等形式，对图书馆设计多语种网页和推广多元文化网络资源提供指导。

加拿大国家原住民图书馆协会（National Aboriginal Library Association，NALA）在 2016 年发布了《国家原住民图书馆协会三年业务计划》（*Three-Year Business Plan*），从文化素养、原住民人口、协会发展、建设环境、业务进展、财务情况和行动方针这 7 个方面对加拿大原住民图书馆的下一阶段发展进行详细规划。

纵观以上服务规范，一方面，多元文化服务方面的规范多为纲领性文件，可以为各级公共图书馆因地制宜制定本馆政策奠定基础。另一方面，由于原住民群体的服务较为具体，因此，原住民服务方面的文件既有宏观的规划，也有细致的实践指南，以便公共图书馆为原住民推出更具针对性的文化和信息服务。

第一节 加拿大图书馆协会对语言少数群体和少数族裔群体提供图书馆服务的立场声明

Canadian Library Association Position Statement on Library Services to Linguistic and Ethnic Minorities

加拿大图书馆协会,1987

双语框架内的加拿大多元文化政策不仅鼓励民族文化群体在全国范围内保存自己的文化和价值观,而且认可这些群体对加拿大文化遗产做出的贡献。

加拿大国家、省和地方各级图书馆应努力应对多语种和多元文化人口的复杂需求,加拿大图书馆协会(CLA)关于多元文化图书馆服务的政策旨在支持这些图书馆的行动。

加拿大图书馆协会认为:

● 加拿大所有公民均可平等获取能满足自身需要的图书馆资料和服务,无论语言、文化背景或原籍国。

● 所有图书馆应体现加拿大社会的多元文化性质,其为用户群体提供的馆藏资源和服务应与这种性质相匹配。

● 所有图书馆均应制定明确的政策,说明其为多元文化用户群体提供的服务范围。

● 提供多元文化图书馆服务是各级政府的共同责任,而直接提供多元文化图书馆服务则属于市一级的政府责任。

● 加拿大公共图书馆在为社区居民提供多元文化服务所发挥的特殊作用得到了广泛认可,它们不仅在满足多元化的加拿大人群的需求方面发挥着独特作用,在促进跨文化理解并建立和谐共融社会方面也发挥着重要的作用。

第二节 加拿大图书馆协会关于多元性和包容性的立场声明

Canadian Library Association Position Statement on Diversity and Inclusion

加拿大图书馆协会,2008

加拿大图书馆协会(CLA)认为,多样性和多元化社会是我们国家认同的核心,图书馆有责任为认可多样性和促进社会融合的文化建设做出贡献。

图书馆力求提供具有包容性的服务,不论传统、教育、信仰、种族、宗教、性别、年龄、性取向、性别认同、身体或智力能力或收入如何,加拿大的图书馆都承认并积极肯定其所服务对象的尊严。

图书馆认识到,接受差异会使个人和集体的价值观发生冲突。图书馆致力于促进宽容和理解。图书馆将会采取行动,以确保人们在享受服务时不受任何他人企图强加的价值观、习俗或信仰的影响。

第三节 多元文化社区的图书馆服务

Library Services to Multicultural Communities

加拿大图书馆协会，2016

加拿大国家级、省级和地方各级图书馆通过对多元文化人口的复杂需求做出响应，充分肯定了多元文化的价值和益处。通过反映和支持文化和语言多样性，图书馆在保护多元文化社区的特性和价值方面起着重要作用，同时承认了这些社区对加拿大文化遗产做出的贡献。

为了表明其致力于服务多元文化社区，图书馆应：

● 确保社区成员能够公平利用图书馆馆藏、项目和服务，并且这些内容能满足他们的需要；

● 通过馆藏、项目和服务反映加拿大社会的多元性；

● 制定服务于多样和多元文化社区的政策；

● 致力于根据社区意见和不断变化的社区需求持续建立和调整馆藏、项目、服务和政策；

● 聘用反映社区多样性的员工。

加拿大公共图书馆在满足越来越多元化的加拿大人的需求并促进跨文化理解中承担着关键的作用。作为民主公共空间的提供者，公共图书馆的独特定位是：成为社会凝聚和社会变革的媒介。

为了积极支持多元文化主义，加拿大的图书馆将加强与其服务的多元社区的联系，并以一种有意义和民主的方式满足这些社区的需求。

第四节 加拿大多元资源与服务工具包(节选)

Multicultural Resources & Services Toolkit (Excerpts)

加拿大国家图书档案馆,2003

1 简介

欢迎使用帮助图书馆开发多元文化或多语种馆藏资源和服务的专用工具包。该工具包内含大量有助于解决图书馆馆藏资源建设、网页设计、语言等各种问题的资源。

工具包内含:
- 概述图书馆如何开发多元文化或多语种馆藏资源的模板或小册子(流程、清单);
- 为建设多语种或多元文化资源,可用于确认和注解关键网络资源的文件;
- 加拿大多语种出版商、批发商和分销商的完整列表,包括完整描述和联系信息。

相当一部分加拿大人不用法语、英语或原住民语言交流,而是采用其他语种。加拿大各地的图书馆每天都为需要其他语种信息和资料的群体提供服务。许多图书馆提供这类资料,但预算的限制和获取其他语种资料时所面临的重重困难妨碍了大多数图书馆进一步开发这些重要馆藏资源。尽管如此,由于大多数图书馆已经联网,能为用户提供网上资源,因而能够向使用其他语种的读者提供重要的在线馆藏资源。加拿大国家图书档案馆在发展图书馆多元文化馆藏资源时认识到:因特网和网络的使用使多元文化馆藏资源传递方式发生了范式转变,同时也使加拿大各地图书馆用户所能接触到的信息量发生显著变化。

当前,网上多元文化电子内容的状况使图书馆提供多元文化图书馆服务和访问其他语种信息和电子内容的渠道呈指数级增长。图书馆在提供这类服务时的主要功能之一就是评估、选择适当的电子内容,并提供链接。因此,工具包含有大量附有注释的链接:

- 用于建设多元文化图书馆服务和馆藏资源的各类指南；
- 关于建设多元文化图书馆服务和馆藏资源所需技术的使用手册；
- 网上多元文化电子内容摘选；
- 对部分已开发多元文化网络内容的图书馆的介绍和链接；
- 其他语种资料的批发商和供应商名单。

2 开发多元文化馆藏资源

加拿大人口在语言和文化上的融合情况正发生日新月异的变化，信息技术最近也有不少新发展，这就需要并催生出发展多元文化图书馆馆藏资源的新方法。加拿大统计局在报告中指出，2001年人口普查结果显示"随着越来越多母语不是英语或法语的外籍人士移民加拿大，加拿大社会使用多种语言的趋势日益明显"。在此次人口普查期间，加拿大民众所使用的语言超过100种。据报道，2001年，约有5 335 000人（占人口总数的18%，即每6个人中有1人）的母语不是英语或法语。该群体的增长速度比母语为英语或法语的群体的增长速度更快。

在语言和传统方面，加拿大民众由四大群体组成：原住民、母语为法语的群体、母语为英语的群体和使用其他语种的群体。图书馆有责任为这些群体提供服务，为他们使用馆藏资源提供便利，以满足这些群体的需求。

加拿大多元文化图书馆服务的用户基本上来自多元文化群体和社区，而多元文化社区的构成也比较复杂，包括：

- 新来的移民和居民；
- 久居于此的移民人口；
- 移徙工人；
- 对全球化社会感兴趣的个人——跨国公民或世界公民；
- 第二代或第三代移民；
- 对不同文化视角资料或非英语、法语、原住民语言资料感兴趣的个人。

本节将介绍目前公认的多元文化图书馆馆藏资源开发指导方针，提供相关链接以及图书馆多元文化馆藏资源发展模板。

2.1 图书馆多元文化馆藏资源发展指南

关于多元文化图书馆服务的发展有4份重要的在线指南：

- 《多元文化社区：图书馆服务指南（第3版）》(*Multicultural Com-*

munities: *Guidelines for Library Service, 3rd Edition*)，国际图联文件，2009年修订，见本书第一章。

● 《多语种资料收集和发展指南及图书馆服务》(*Guidelines for Multilingual Materials Collection and Development and Library Services*)，美国图书馆协会文件，1990年6月颁布，获取链接：http://www.ala.org/ala/rusa/rusaourassoc/rusasections/rss/rsssection/rsscomm/spa nishspeaking/rev_guidelines.doc。

● 《信息世界：在加拿大公共图书馆打造多元文化馆藏资源和项目》(*A World of Information: Creating Multicultural Collections and Programs in Canadian Public Libraries*)，加拿大国家图书馆文件，1994年颁布，获取链接：http://www.nlc-bnc.ca/publications/6/index-e.html。

● 《面对多元性：维多利亚公共图书馆多元文化服务指南》(*Responding to Our Diversity: Multicultural Service Guidelines for Victoria Public Libraries*)，澳大利亚维多利亚公共图书馆委员会，2001年7月颁布，获取链接：http://www.openroad.net.au/mcl/archive/guidelines2001.pdf。

《多语种资料收集和发展指南及图书馆服务》，1990年，美国图书馆协会（ALA）

美国图书馆协会编制这些指南，旨在"促进多语种图书馆服务和馆藏资源的建设和维护"。

该指南建议，如"国际图联"指南提出的，"在小规模或广泛分布的群体中，采用集中管理或合作式图书馆运作模式提供文献和服务最为合适，因为这种方式可以最大限度地提高效率、降低成本，同时可以确保提供充足的文献和良好的服务"。

该指南于1990年发布，因此未能反映因特网和万维网对多元文化图书馆服务的影响，不过第二节"馆藏资源和资料遴选"为发展多元文化服务提供了一套行之有效的原则和指导方向。本工具包的附件B引用了该指南第2节的内容。

关于书目查找，该指南指出，"图书馆应按照资料本身的语言文字对所有资料进行编目，并以英文和资料本身的语种提供主题查找"。该建议非常重要。图书馆在线目录需包含多元文化元素，这将大大增强这些资料的实用性。

《信息世界：在加拿大公共图书馆打造多元文化馆藏资源和项目》，1994 年，加拿大国家图书馆

加拿大国家图书馆编制该手册"主要是为了帮助城镇图书馆馆员与可能使用图书馆多语种馆藏资源的民族文化少数群体建立持久联系"。该手册简要介绍了加拿大的多元文化主义，并就如何与少数民族社区接触提出建议。

第二章概述了如何通过现有人口统计数据和信息得知多元文化社区的概况。该章以 1991 年人口普查资料为基础，提供民族文化社区的一些基本资料。虽然所用数字已过时，但该方法对于 2001 年人口普查公布的数据依然有用。

该手册没有提供关于发展多元文化馆藏资源的详情。

《面对多元性：维多利亚公共图书馆多元文化服务指南》，2001 年7 月，澳大利亚维多利亚公共图书馆委员会

维多利亚公共图书馆编制的多元文化服务指南意义重大。维多利亚公共图书馆在 1982 年编制的指南内容构成国际图联（IFLA）和美国图书馆协会（ALA）指南的基础。随着 2002 版指南的发布，维多利亚公共图书馆继续在世界范围内的多元文化图书馆服务中发挥引领作用。

澳大利亚的这份指南体现了对多元文化图书馆服务的最新思考。这些指南在很大程度上也反映了目前加拿大多元文化图书馆服务规划的现状，因为这些指南"旨在反映公共图书馆服务中的现状……并将信息技术、日益明显的多元性和不断变化的社区期望值进行整合"。

该指南的第一部分概述了多元文化图书馆服务的现状，并提出多元文化图书馆服务开拓框架。指南强调了一个十分重要的基本理念："拥有多元文化馆藏资源不等同于提供多元文化服务。"

这份指南对定义和术语进行了严格审查，并强调在发展多元文化图书馆服务时需要"高度敏感，既要考虑现实情况，又要考虑政治因素"。

该指南中最重要的成果便是提出了矩阵或结构化的清单，这些清单可以为图书馆规划和提供多元文化服务提供帮助和选项。

该矩阵分为四个阶段：
- 第一阶段——需求确认；
- 第二阶段——服务规划；
- 第三阶段——服务计划实施；

- 第四阶段——服务评估。

本工具包（第2.2节）中提供的多元文化图书馆馆藏资源发展模板即是基于《面对多元性：维多利亚公共图书馆多元文化服务指南》的部分内容而来。

2.2 多元文化馆藏资源开发模板

以下模板是以2.1节的4份指南为基础。

步骤一：通过环境摸查确定当地可能使用多元文化图书馆服务的多元文化群体情况

加拿大每个社区的人口结构都不尽相同，一些社区有大量多元文化人口，部分社区的人口在文化背景方面相对单一。大都市人口呈现国际性特征，往往由几个大型文化群体和许多小型社区组成。小型社区往往只有一两个主要语言群体以及几个代表着其他社区的小群体。随着全球形势的变化和移民模式的调整，来自不同国家的新一轮移民来到加拿大，将形成新的语言和文化群体，并最终融入加拿大多元文化和国际化格局中。

要为所有社区的多元文化人口提供合理服务，需要了解他们是谁、有多少人以及他们对图书馆服务的需求。掌握这些信息很重要。环境摸查旨在确定哪些多元文化人口居住在图书馆服务区，并准确了解被服务群体的概况。

关于图书馆服务群体的母语和族裔情况，加拿大统计局提供了相关报告。通过该报告，可完成对社区基本情况的摸查，图书馆也能借此了解社区的主要语言或文化群体。通过本地信息采集（特别是当接触图书馆服务区域内处理移民事宜以及与移民人士打交道的多元文化团体与组织、接触ESL课程和类似组织时），可以有效收集基本信息。每个图书馆都应该考虑建立和维护社区多元文化组织和机构的记录，这样的记录对持续提升多元文化图书馆的服务大有裨益。

步骤二：进行需求评估，确定多元文化社区对图书馆和信息的需求

提供图书馆多元文化服务的前提是：了解图书馆服务区内构成多元文化社区的多元语言文化群体对图书馆和信息的需求以及享有的优先权。

评估社区内种族、语言或文化多样性群体的图书馆需求可作为常规图书馆需求评估工作的一部分。也可以与这些团体协商，进行单独评估。所用工具与一般图书馆需求评估工具相同，包括：

- 调查问卷（馆内调查或将问卷以邮件形式发送给社区多元文化组织）；
- 访谈；
- 焦点小组讨论；

- 室内观察（包括对图书馆自动化系统中得到的流通数据和其他使用量数据进行分析），可利用图书馆多元文化馆藏清单简化这一步骤。

需求评估流程应包括对以下数据的采集：
- 家庭中使用的语言；
- 图书馆资料的首选语种；
- 多元文化图书馆资料的首选类型；
- 图书馆当前使用的语言材料。

无论采用何种方法，要高效评估多元文化需求，关键在于图书馆和社区的积极参与。图书馆可以通过直接咨询的方式融入多元文化社区。

需求评估过程中融入多元文化社区也是从多元文化社区获得资金赞助、促进馆藏资源扩充的第一步。

步骤三：制定目标明确的计划，指导多元文化图书馆服务

根据环境摸查和需求评估的结果，在遵循本指南所述原则的前提下，图书馆可以制定目标明确的多元文化图书馆服务计划。计划应界定图书馆提供的多元文化图书馆服务的层次，指导图书馆工作人员提升多元文化图书馆服务质量，并向社区公开图书馆的这些服务计划。

多元文化图书馆服务计划应包含馆藏资源开发章节，该章节应包括以下内容：
- 明确阐述图书馆在获取馆藏资料、提供在线资源访问等方面的馆藏资源发展政策；
- 明确工作人员在多元文化馆藏采购中扮演的角色和承担的职责，包括实体文献和在线资源；
- 大致介绍资料的选择、采购、加工、编目和外借等流程；
- 培训参与发展多元文化馆藏的员工（见步骤四）；
- 提供预算分配或多元文化图书馆资料预算分配方案信息；
- 通过绩效考评和成果评估对馆藏资源发展过程进行考量；
- 安排计划实施日程。

步骤四：为负责采购多元文化馆藏资料的图书馆工作人员提供培训

多元文化图书馆服务计划应包括对相关图书馆工作人员的培训，其中包括针对负责发展多元文化馆藏的图书馆人员的培训。采购多元文化资源，无论是实体资源或电子资源，需要的专业知识和技能均高于一般图书馆采访所需的知识和技能。

关于针对采购多元文化馆藏资料的培训，需要提升以下方面的知识和认识：

第一部分 图书馆多元文化服务政策选编

- 在加拿大出版和分销的其他语种资料；
- 网上多元文化电子资源的来源；
- 与网上多元文化资源的评估、访问、使用及发展有关的事项、问题和方案；
- 跨文化交流。

步骤五：发展多元文化馆藏资源

一旦多元文化馆藏发展计划就位，下一步就是收集、编目和处理这些馆藏资料，以供公众使用。用户所需的图书馆资料各不相同，取决于多元文化社区中不同群体的喜好。资料通常有多种格式，包括书籍、期刊、录像、录音和 ESL（英语作为第二外语，编者注）文本。这些资料将用于从儿童到老年的各年龄段群体，并采用多种语言（包括罗马和非罗马字母）编制。

多元文化资料可以按照常规图书馆资料的采选方式采选，也可以按照多元文化服务特有的方式采选，包括：

- 从供应商和书店目录中挑选和购买；
- 通过走访书店获取资料；
- 通过供应商安排采购计划；
- 通过搜索书评查找被推荐的资料；
- 参加书展（关于书展的详情请见下文）；
- 向社区的管理机构征求意见。通过这种方式还可以获得该类机构的资料捐赠或捐款。最近，温莎公共图书馆（安大略省）和里士满公共图书馆（不列颠哥伦比亚省）采取这一方法取得了良好的效果。

> **书展**
>
> 对于负责多元文化资料采购的加拿大图书工作人员而言，通过参加国际书展采购馆藏资料属于一种比较新颖的做法。然而，这种采购深受澳大利亚和欧洲多元文化图书馆工作人员的喜爱。例如，丹麦中央图书馆移民文学部主任 Benedikte Kragh – Schwarz 指出：参加开罗书展是全面了解阿拉伯国家图书的最佳方式①。她代表丹麦图书馆参加书展，并购买他们所需的书籍。参观书展是获取书籍和深入了解阿拉伯文学和阿拉伯图书市场的理想途径。通过现场选择，可以获得高品质的图书资料，交付和管理也十分快捷和方便。

① Benedikte Kragh – Schwarz. Book Fairs：a marketplace for librarians, Newsletter：Library Services to Multicultural Populations, no. 1, fall 2002：1.3.

澳大利亚昆士兰州立图书馆工作人员 Robert Pestell 也认为：国际书展是获取多元文化图书馆资料的良好渠道①。Pestell 指出，书展是图书馆工作人员的好去处，因为在这里他们：

- 能够有机会了解各国最新刊物以及计划出版的刊物；
- 提供与出版社和图书销售商接洽的场所；
- 可以收集出版商的书目、海报和其他公开发行的资料；
- 提供采购渠道，最大折扣可达50%。

然而，在国际书展上高效采购图书资料并不容易。在2002年《国际图联面向多元文化人口的图书馆服务通信》（*IFLA Library Services to Multicultural Populations Newsletter*）秋季刊中，Pestell 对此给出了一些建议。

因为加拿大很少有书店和图书批发商为支持多元文化图书馆服务而存有各语种的图书资料，获得这些多语种书籍的最佳渠道就是参加国际书展。展销会还提供与广大国外供应商接触的机会。

部分较为重要的国际书展包括：

- 博洛尼亚儿童图书展；
- 法兰克福书展；
- 瓜达拉哈拉国际书展（拉丁美洲/西班牙书籍）；
- 津巴布韦国际书展（非洲出版的书籍）。

步骤六：开发多元文化图书馆资源的网络服务

因特网和其他新技术扫除了许多限制图书馆多元文化收藏发展的传统障碍。虽然因特网没有消除提供其他语种实体资料的需求，但它使图书馆在提供任何语言资料时都拥有便利的途径。它使图书馆能够提供一些难以以实体形式呈现却能通过网络提供的多语种资料。

能够提供多元文化服务的图书馆应利用网络资源建立有利于多元文化社区发展的电子资源库。图书馆应提供虚拟渠道，使用户能通过网站便捷访问全球多元文化资源。通过提供指向多元文化网络资源的链接就能实现该目的。图书馆网站须提供与社区人口组成相关的网络服务，包括：

- 多语种国际搜索引擎；

---

① Robert Pestell. The logistics of international book buying, Newsletter: Library Services to Multicultural Populations, no. 1, fall 2002: 8–9.

- 多元文化网络目录——特别是针对构成社区多元文化结构的小众语言；
- 多元文化参考资源；
- 与图书馆服务区内大型语言群体的来源国有关的信息链接；
- 指向机器翻译网站的链接；
- 使用社区主要语种说明图书馆服务和馆藏资源如何使用。

建有网站的图书馆至少须提供以下内容的链接：

- 诸如 onlinenewspapers.com（http://onlinenewspapers.com/）等站点，该网站提供全球数以千计报纸的免费访问；
- 诸如 yourDictionary.com（http://www.yourdictionary.com/languages.html）等网站，该网站提供 230 多个语种、1 500 多个在线词典的目录；
- 带有评论和建议的新型多元文化资料的精彩内容。

如今在加拿大，少数图书馆为多元文化图书馆服务网页的开发做出了卓越贡献。不必让加拿大所有公共图书馆都开发多元文化网页并重新进行少数图书馆已经着手的工作，而应该考虑通过分布、协调的方式建设多元文化网络服务系统。

步骤七：多元文化馆藏资源及资源建设过程的评估

遵循该模板的前六个步骤，图书馆将吸引社区参与图书馆多元文化服务的规划与实施，并确保项目的相关性乃至合法性，这使得监测和评估阶段更加容易。

评价多元文化图书馆服务和馆藏资源的方法有：

- 基于问卷、调查、投诉系统和讨论组的用户反馈和满意度评价；
- 统计数据分析，如流通数据分析，以确定多元文化馆藏资源的实际使用情况；
- 对多元文化图书馆服务计划中的效绩指标和成果进行评估。

对评估结果进行分析可以促进图书馆制定新版或修订版的多元文化图书馆服务计划，并对该计划中关于多元文化馆藏资源发展的内容进行相应修订或增补。

第五节 国家原住民图书馆协会三年业务计划（节选）

National Aboriginal Library Association: Three-Year Business Plan (Excerpts)

国家原住民图书馆协会，2016

……

三年业务计划

……

以提高加拿大人读写能力为目的的全民读书运动（National Reading Campaign，NRC）认识到发展原住民专属活动和服务的必要性。在有关资金的支持下，该组织将成立由原住民领袖组成的原住民委员会，为如何提高加拿大原住民的读写能力提供指导，并为对改善原住民文化具有重要意义的利益相关方提供支持。其中一项行动由国家原住民图书馆协会（NALA）设立。NALA 的宗旨是：借助读写和阅读计划、原住民图书馆馆员和专家的支持及图书馆发展，提高原住民的读写能力。这正是创始该组织的业务规划。

为制定本计划，项目组先后采访过原住民图书馆工作人员、原住民馆员、市政图书馆和相关项目的人员，并对利益相关方进行在线调查（43 人回复），审阅对人物背景的其他调查，并于 2016 年 2 月 29 日在新斯科舍的哈利法克斯第三届全民阅读运动原住民圆桌会议上举办研讨会。本计划也是委员会的一项前期行动，建立在拟建国家原住民公共图书馆组织的进展基础之上。

第一部分　图书馆多元文化服务政策选编

1 读写能力的重要性

……

在 NRC 的支持下,由原住民社区、政府、工业领袖和拥护者组成的原住民指导委员会倡导建立 NALA。

……

1.3 原住民图书馆及相关服务

1.3.1 图书馆

如今,加拿大约有 80 个位于保护区内的公共图书馆,它们主要分布在安大略省,这归因于《安大略省公共图书馆法》(*Ontario Public Library Act*),它承认了原住民图书馆的存在,并为其提供了部分资金。

在加拿大其他地区,原住民图书馆被视为基础设施,由联邦政府的 IN-AC 基础设施项目提供资金。基础设施资金用于供水、污水处理、学校和其他社区结构或系统以及现有基础设施的维护,但这一资助计划在过去几十年里没有得到长足的增长,因此,资金主要被用于优先项目上,如供水、污水处理、学校,图书馆并未作为优先发展项目。

在没有图书馆或文化和阅读资源中心的地方,社区必须从当地市立图书馆或移动图书馆服务中获得图书馆访问权限,或通过外包项目、私人资助者和债务融资者建立自己的图书馆。在不列颠哥伦比亚省,读写项目(Write to Read Project)为原住民社区捐建图书馆大楼、提供书籍和志愿者编目服务。并非所有省份或地区都已获得省政府、个人发起的活动(如"读写项目")、市政当局或图书馆的支持,以确保原住民成员获得图书馆访问权。

通常原住民社区图书馆都设立于社区会堂、办公室和文化中心内。对于没有图书馆(或相关机构)的社区,他们必须在综合社区计划(Comprehensive Community Plan, CCP)的框架内对图书馆或文化保护机构予以规划。在一般情况下,综合社区计划是由社区成员制定的,并设置了优先级,因此,社区成员必须了解图书馆和相关服务对社区的价值,从而使图书馆成为他们社区的一部分。

简而言之:
- 原住民社区需要图书馆,必须把它纳入社区计划;
- 原住民社区的基础设施建设资金被过多用于社区内的其他基础设施建设(如供水、住房)上,这意味着图书馆没有获得最优的资金安排;

- 原住民必须依靠私人捐赠和其他捐助来支持图书馆发展和运营。

当原住民社区中没有图书馆时，必须建立与当地图书馆的联系。可以直接与图书馆建立联系，也可以通过资助图书馆的市政当局来建立联系。如果没有图书馆或市政当局的安排，那些没有"本市地址"的原住民成员就没有进入图书馆的权限了。

……

3 组织概要

建立一个全国原住民图书馆协会，以提高加拿大原住民的读写能力，这对健康、就业、文化和生活质量等将产生积极的影响。下文将概述该组织的愿景、运作方式、相关人员组成、所提供的项目和服务以及在财务上的运作方式。

3.1 愿景和使命

在综合素养提升方法的影响下，该组织设定了愿景和使命。该愿景和使命以协作和授权为原则基础，通过建立强大的社区，提高知识储备、平等地位和文化素养，以支持人们的终生学习。

3.1.1 愿景

"我们的愿景是培育有能力的原住民读者，提升读写能力。"

该组织的建立是为了支持加拿大各地原住民和社区的发展，通过项目、服务、开发和分配文化资源、培训以及发展和维护文化保护机构等方式来倡导、促进、培养和支持原住民的阅读和素养。

3.1.2 使命

"我们提倡、鼓励与原住民、因纽特人和梅蒂斯居民和社区的合作，充分发挥他们的潜力，为此，我们将以优化资源、开展培训、发展并支持文化保护机构中的本土知识，以提升对原住民相关知识的获取。"

3.2 价值观和指导原则

"小行动会带来更大的成就。"

以"好人"传统为价值观的教育和传统的"七项祖父教导"内容，将指导组织的运作和决策，这七项教导包括：智慧、诚实、爱、勇气、谦虚、尊重、真理。

除了传统价值观的教育，NALA 还将受以下指导方针指引：
- 评估效率和有效性，打造枢纽地位。若某项目在其他地方已经存在，且可以与其建立合作关系，则不重复开发；
- 透明和负责；
- 平衡：精神、智力、情感、身体；
- 包容：涵盖所有年龄段，开展跨代阅读；
- 促进关系缓解；
- 热情：老人和年轻人都参与进来；
- 互惠；
- 信任和价值塑造；
- 创新。

3.3 目标

本组织制定的目标反映了上述愿景和使命。这些目标涉及提高原住民读写率的总体目标，同时也与促进阅读兴趣、保护原住民文化、建立网络和伙伴关系以及为这些目标提供资金等相联系。整体而言，该组织希望超越图书馆或读写组织的传统观念。

3.3.1 识字与阅读
- 认识阅读和识字的价值；
- 提高原住民的读写率；
- 提高原住民和非原住民政府对文化保护机构（如图书馆、博物馆、档案馆）中价值的认识；
- 提升对知识价值的认知；
- 增加原住民图书馆的数量，使原住民图书馆成为城市中原住民社区不可分割的一部分；
- 加强对图书馆馆员、相关知识管理人员和保护机构人员的认可；
- 增加本社区图书馆工作人员的人数。

3.3.2 原住民文化
- 对原住民文化和文化实践的保护和传播做出贡献；
- 促进文化融合。

3.3.3 网络与合作
- 开发网络与合作；
- 创造战略合作关系；
- 引入图书馆及其他图书馆事业部门；

● 支持社区驱动的特定项目。

3.3.4 资金的可持续性

● 获得长期的可持续性和相关性；

● 确保原住民知识维系者（如图书馆、图书管理员）获得持续的资金。

3.4 规划、服务和倡议

为了实现提高识字及阅读能力、保护原住民文化、建立网络和合作、保证资金的可持续性等4个目标，该组织将提供以下计划和服务（见表4-1）：

表4-1 计划和服务

具体内容	目标群体	识字与阅读	原住民文化	网络与合作	资金的可持续性
培训计划					
素养提升计划——家庭、成人和儿童	原住民社区、原住民	√	√		
文化保护机构项目——为文化保护机构开发和/或发现原住民知识项目	文化保护机构	√	√	√	
对培训师进行培训——传授原住民知识的高等教育项目	大专以上学校，图书馆馆员			√	
为图书管理员提供培训机会——特别是在原住民团体工作的管理员，通过培训，掌握如何创建一个"温暖"、热情的环境	图书管理员	√			
领导意识培训工作坊——提高公共图书馆为原住民服务的技能和知识	公共图书馆、利益相关方			√	

（续上表）

具体内容	目标群体	识字与阅读	原住民文化	网络与合作	资金的可持续性
真人图书馆项目——为了发展图书馆或知识中心，为能在社区内开展的活动制作宣传材料、收集资源和举办工作坊。内容包括：文化保护机构的价值与优点，如何创建、资助、运营，策划思路	原住民社区	√	√	√	
模范作者和模范读者项目或指导——老人和年轻人都能参与	原住民社区的老年人和年轻人、社区和图书馆	√	√		
原住民图书管理员认证项目——现有图书馆和专家项目的补充	图书管理员及相关专家	√	√	√	
活动和会议					
年度全体大会——与成员、董事会成员联系，收集成员的意见	相关成员			√	
原住民图书馆和知识保管者年度大会	成员和图书馆大众			√	
奖励支持——对领导力的认可以及在加拿大以创新的方式提高原住民的读写能力	所有人	√		√	

(续上表)

具体内容	目标群体	识字与阅读	原住民文化	网络与合作	资金的可持续性
地区网络搭建——建立网络、支持原住民图书馆馆员和作者、采取新举措。在公共图书馆和原住民文化保护机构内提供	所有人	√	√	√	
竞赛——提高原住民社区的阅读率（如阅读数量竞赛）	原住民及社区	√		√	
特殊活动——学校和社区关于如何开展公众阅读的点子（如读书营——在图书馆搭帐篷）	原住民社区、图书馆、文化保护机构	√	√		
工具、出版物和资源					
原住民图书馆的最佳实践——通过阅读、讲故事和建立原住民联系圈等提供文化实践信息	原住民社区	√	√		√
辅导计划和家庭作业俱乐部——如何建立辅导计划，如何推行资源或工具，如何在原住民社区普及这些计划	图书馆、原住民社区	√			
研究——涉及原住民识字率、原住民图书馆和文化保护机构、图书管理员和其他技术人员等主题	所有人	√		√	
公共图书馆的最佳实践——关于如何欢迎原住民、文化项目和实践等的指南	公共图书馆	√	√	√	

（续上表）

具体内容	目标群体	识字与阅读	原住民文化	网络与合作	资金的可持续性
信息和相关材料——原住民社区的图书馆和文化保护机构能做什么、计划思路、资金来源、附加材料等	原住民社区	√	√	√	√
宣传材料——关于图书馆职业和其他专门主题	原住民	√			
项目拨款和资源资金——呼吁为原住民读写提升计划和图书馆项目提供资金支持	原住民社区、原住民和公共图书馆				√

4 环境

……

4.1 服务对象概况

主要服务对象

本组织的主要目标是提高文化素养和阅读能力，因此，主要服务对象是原住民社区，包括原住民图书馆馆员和相关专家、教育家（以及原住民教师助理）、普通大众（读者和作者）、原住民图书馆/学校/其他文化保护机构。

加拿大有140万原住民，占加拿大总人口的4.3%。原住民的出生率是加拿大主流居民的1.5倍，在2006—2011年增长了20%。到2017年，预计原住民人口的中值年龄是27.8岁——比加拿大人的相应指标小了13岁。在原住民中，有56%生活在城市中心，其中曼尼托巴、埃德蒙顿和温哥华是原住民最多的三大城市。

就原住民图书馆而言……加拿大大约有80个第一民族图书馆。这些图书馆主要位于安大略省，该省在其《公共图书馆法》中承认了第一民族图书馆。在其他省份和地区中，原住民的图书馆服务通常是机构办公室基础设施的一部分（如机构大厅、社区中心或文化中心），因为它们的文化资源和其他重要文件被保存在文化图书馆和档案馆中。在加拿大，有超过600个原住民安置社区。

尚不清楚原住民图书馆馆员和专家的人数。

二级服务对象

二级服务对象被定义为非原住民社区，由公共图书馆和相关组织、非原住民图书管理员和相关专家、市政当局、政府和行业或企业组成。

……

4.2 利益相关者和相关组织

……截至2005年，国家原住民文化素养联合会（National Indigenous Literacy Association，NILA）已存在数年，但由于无法获得资金资助而未能持续下去。它的任务是提高原住民的读写能力。

……

素养提升和图书馆

- 加拿大图书馆联盟（Canadian Library Federation，前身为加拿大图书馆协会）；
- 省级图书馆联盟（Provincial Library Associations），例如，英属哥伦比亚省图书馆协会（BCLA）、原住民利益集团、阿尔伯塔省学校图书馆协会；
- 文化组织，早期素养提升计划；
- 英属哥伦比亚大学iSchool原住民课程；
- 公共图书馆；
- 图书馆组织；
- 省级图书馆组织；
- 图书馆、档案馆、博物馆协会；

- 国际原住民图书馆组织、文化保护机构。

……

5 业务描述

国家原住民图书馆协会主要是支持加拿大原住民图书馆和图书管理员的团体，下面对其治理模式和会员系统予以描述。

治理模式

最初的一年里，将设立一个由至少 5 名 NRC 原住民委员会成员组成的工作组，该组将负责监督本机构的建立。他们将代表原住民文学社区，包括原住民图书馆馆员、档案管理员、出版商、作者和文化保护机构的经营者。

工作组的责任范围如下：
- 获得从原住民社区建立组织的授权；
- 获得其他利益相关者的合作和支持；
- 确保第一年和未来多年的融资；
- 主办第一届开放的全国原住民文化会议；
- 准备和实施国家原住民素养提升计划；
- 注册组织机构，包括准备章程和规章制度；
- 邀请承包商或执行董事参与组织项目；
- 培养读写意识、图书馆意识和阅读意识。

该组织一旦成立，将由包括 9 名区域和相关素养提升或图书馆职业机构代表组成的董事会管理。
- 六个区域（略）。
- 三大机构或职业：可以是以下的任何一种：图书管理员、文化保护机构、图书馆运营部门、档案管理员、原住民学校、原住民助理教师等。

行政人员将由主席、联合主席、财务主管和秘书组成，他们将持有由工作组确定的传统原住民文化头衔。

本组织的小组委员会职位如下：
- 财务；
- 市场营销、通信、利益相关者关系；
- 会员服务；
- 业务发展；

- 特殊项目。

行政人员将每月召开一次电话会议,全体董事每季度召开一次会议(两次面谈、两次电话会议)。

……

支持团队和小组

对这个组织的成功而言,至关重要的因素是与资助者和利益相关者保持良好的关系。在最初的几年里,这个角色的大部分工作将落在工作小组身上,然后是执行董事和执行官。为了支持筹款,需要聚集一批备受尊敬的、公认的、积极参与的原住民素养提升领袖和图书馆社区领袖,组成一支支持队伍。将从原住民国民大会、国家图书馆组织、国家读写组织、公认或著名的原住民作家和个人中挑选领导人。支持者的作用是协助组织接触资助者和有影响力的组织,并呼吁增加资金支持。

5.1 组织的历史

在全民读书运动的支持下,该倡议为它的新组织获得了支持。该组织的前身为国家原住民公共图书馆组织(National Aboriginal Public Library Organization,NAPLO),曾与原住民国民议会成功达成一项谅解备忘录。通过全民读书运动,道明银行为原住民项目及委员会提供了资金,该委员会完成了三次全国圆桌会议、原住民文化素养研究项目、阅读调查,并发起了一项榜样运动。圆桌会议提升了对提高原住民读写率的重视,并建立起提高原住民读写率和图书馆领导间的联系网络。

5.2 会员资格

组织一旦成立,会员资格将分为三类:读写从业者、原住民利益相关者联盟和盟友。

……

第二部分

国外公共图书馆多元文化服务案例

第五章 美国公共图书馆多元文化服务

美国具有鲜明的移民国家特征，由美国原住民和阿拉斯加原住民构成的本土居民仅占总人口很小一部分，超过99%的人口由移民及移民后裔构成。自1776年以来，来自世界各地的移民涌入、碰撞和融合，使美国成为名副其实的"民族大熔炉"。美国的"多元文化"，实际上是建立在多种族人口基础上的、全民性的"多元文化"。截至2017年1月，美国人口总数达到3.24亿，主要集中在美国东西大洋沿岸地区和五大湖区，即美国东岸北部政治经济文化中心如华盛顿特区、纽约、波士顿等，美国西岸的加州阳光地带如洛杉矶、旧金山等，五大湖区的一些大型城市如芝加哥等。美国不仅接纳来自世界各地的移民，也接受他们带来的语言，美国国民日常使用语言包括英语、西班牙语和中文等，因此，美国也被称为"语言大熔炉"。在家庭日常沟通中，使用人数过百万的语言有8种（见表5-1）。根据区域分布，大约有1/3的移民住在美国的西部（35%），1/5的移民住在东北地区（21%），多个拥有大量移民及移民后裔的大城市分布在这两个典型地区。

表5-1 美国使用人数超过100万的家庭常用语言（截至2016年）

语言	占比	使用人数（单位：百万人）	能同时流利使用英语（单位：百万人）	不能同时流利使用英语（单位：百万人）
英语（唯一掌握语言）	约80%	237.80	—	—
西班牙语	13%	40.50	23.90	16.60
中文（包括普通话、粤语等）	1%	3.40	1.50	1.90

(续上表)

语言	占比	使用人数（单位：百万人）	能同时流利使用英语（单位：百万人）	不能同时流利使用英语（单位：百万人）
塔加路语（包括菲律宾语）	0.5%	1.70	1.20	0.50
越南语	0.4%	1.50	0.60	0.90
阿拉伯语	0.3%	1.23	0.77	0.46
法语	0.3%	1.21	0.96	0.25
韩语	0.2%	1.09	0.51	0.58

在美国，得到认可的公共图书馆应具备以下特征：
- 由财政税收支持；
- 有管理委员会；
- 对所有人开放；
- 读者来去自由；
- 州立法认可；
- 服务不收取费用。

鉴于国内多语种、多移民的情况，美国公共图书馆的服务呈现出与城市人口组成相适应的特点，这种多元化在移民聚居地区的公共图书馆中表现尤为突出。综合考虑城市人口的多元性和当地公共图书馆服务的代表性以及影响力，本章将考察纽约、洛杉矶、旧金山、芝加哥和波士顿5个城市的公共图书馆多元文化服务情况。一方面，在移民及移民后裔聚居人口最多的前20个大城市中，纽约排名第一，洛杉矶第二，旧金山第四，芝加哥第五，波士顿位列第十九。由此可见，这5个城市聚集了一定规模的多元人群，对公共图书馆的多元文化服务确有需求。另一方面，这5个城市的公共图书馆是美国公共图书馆领域的突出代表：纽约公共图书馆体系包括纽约公共图书馆、布鲁克林公共图书馆、皇后区公共图书馆，是全美最大的图书馆系统；波士顿公共图书馆是全美第一家公共图书馆，在美国公共图书馆史上具有特别地位；芝加哥公共图书馆被誉为"世界上最大的公共图书馆"，芝加哥同时也是美国图书馆协会总部所在地；洛杉矶公共图书馆的藏书量在全美排名第三；旧金山公共图书馆则是美国多元族群聚居地图书馆的典范。因此，对这5个地区公共图书馆的多元文化服务进行分析，在一定程度上可以反映出

第二部分　国外公共图书馆多元文化服务案例

美国公共图书馆多元文化服务的情况。另外，由于美国原住民居住分散，开展原住民特色服务的图书馆与上述案例重合度低，本章将在最后一节专门介绍美国公共图书馆原住民服务，与5个城市公共图书馆案例一起为读者呈现美国公共图书馆针对多元族群服务的面貌。

国外公共图书馆多元文化服务政策与案例编译文集

第一节 纽约市公共图书馆体系多元文化服务

1 纽约市多元文化背景

1.1 多元群体概况

纽约市位于美国纽约州东南部大西洋沿岸,全市总面积1 214.4 平方千米,是美国第一大城市及第一大港口。纽约是美国人口最多的城市,也是多族群的聚居地,拥有来自97 个国家和地区的移民,在此使用的语言多达800 余种。

根据2010 年美国人口统计局的人口普查数据,纽约总人口为8 175 133人,其中44% 为白人,28.6% 为拉丁裔,25.5% 为黑人,12.7% 为亚裔,0.7% 为美国原住民。纽约有近37% 的人口出生于海外。截至2011 年,纽约最主要的10 个海外出生人口来源地为多米尼加共和国、中国、墨西哥、圭亚那、牙买加、厄瓜多尔、海地、印度、俄罗斯及特立尼达和多巴哥。

1.2 多元文化政策

建设公共图书馆服务体系是一个庞大、长期的民生工程,完善而全面的法律是最基本的保障和支撑。从最初的《图书馆服务法》(Library Service Act)注重图书馆在基层的拓展,到《图书馆服务与建设法》(Library Service & Construction Act)注重图书馆自身服务环境的提升,再到《图书馆服务与技术法》(Library Service and Technology Act)注重对信息技术的投入,各法律规范关注的重点都是当时美国公共图书馆事业最为薄弱的环节,对公共图书馆的发展起到极大的推动作用。在这种立法理念的影响下,纽约州公共图书馆服务体系在法律政策、标准规范和发展规划方面都较为成熟。

纽约州公共图书馆的建设与发展由纽约州州立图书馆(New York State Library)所设的图书馆发展署负责,该署是纽约州图书馆相关法律政策的执行者,也是各项标准规范实施情况的监督者。1999 年,该署与纽约图书馆协会共同制定了适用于全州所有公共图书馆系统的《纽约州公共图书馆法》(Public Library Law in New York State),并于2006 年修订。该法规明确规定

了图书馆体系内的服务对象和服务均等性等内容,其对多元文化群体的关注,主要包括以下 3 方面的内容:

● 公共图书馆服务体系范围内的所有个体,不分年龄、贫富、社会地位,都能免费使用该体系内的所有资源;

● 公共图书馆服务体系范围内的所有个体,不分年龄、贫富、社会地位,都可以免费申请读者卡,并直接获取该体系中的所有资源;

● 居住在服务体系范围内却得不到图书馆服务或服务需求未能得到充分满足的人群,要保证他们能获取图书馆资源。

2 纽约市公共图书馆服务体系概况

纽约市公共图书馆服务体系由纽约公共图书馆(New York Public Library)、布鲁克林公共图书馆(Brooklyn Public Library)以及皇后区公共图书馆(Queens Library)3 个独立的公共图书馆系统组成(见表 5-2)。

纽约公共图书馆的服务范围为布朗克斯(The Bronx)、曼哈顿(Manhattan)和斯塔顿岛(Staten Island),3 个行政区总人口为 850 万,其中超过 1/3 为移民。纽约公共图书馆系统拥有 1 个中心图书馆——纽约公共图书馆、4 个研究型图书馆和 88 个分馆,其中包括 1 所盲人和残疾人图书馆和 3 所专业馆。2014 年,纽约公共图书馆系统的实体馆藏超过 5 500 万册。

皇后区是纽约人口第二大行政区,也是全球种族最为多元的城市辖区。全区总人口 230 万,大约有 47.8% 的居民出生在国外。皇后区公共图书馆有 62 个分馆,7 所成人学习中心和 2 个家庭阅读识字中心。2015 年,皇后区公共图书馆馆藏超过 840 万册,全年馆藏流通总量达 1 350 万册。

布鲁克林区位于长岛西端,是纽约人口最多的行政区。总人口 250 万,其中 40% 为移民,因此该区的文化、社会和种族也颇为多元。布鲁克林公共图书馆下辖 58 个分馆,拥有 400 多万册实体馆藏和 70 万件数字资源,2016 年馆藏流通总量达到 1 490 万册。

表 5-2 纽约市公共图书馆体系概况

服务概况	馆名称		
	纽约公共图书馆	皇后区公共图书馆	布鲁克林公共图书馆
服务区人口(万人)	850	230	250

(续上表)

服务概况	馆名称		
	纽约公共图书馆	皇后区公共图书馆	布鲁克林公共图书馆
分馆情况	88个分馆， 4个研究中心	62个分馆， 7所成人学习中心， 2个家庭阅读识字中心	58个分馆
注册读者量（万人）	200	97.20	70
馆藏量（万册）	5 500以上	840	400
年流通量（万册）	2 380	1 350	1 490
年读者访问量（万人）	1 730	1 120	870
年活动量（万场）	11.05	5.20	6.40
年活动读者参与量（万人）	210	88.40	100
备注：数据年份	FY17①	FY15	FY16

3 纽约市公共图书馆体系多元文化服务实践

3.1 行动计划

为保证图书馆顺应时代发展，提供便利的服务，《纽约州公共图书馆法》要求纽约州所有公共图书馆在成立之初即制定基本规划，此后根据自身情况以五年为期制定发展规划，须包括3方面的内容：明确图书馆体系与成员之间的职责、责任和义务；告知成员图书馆体系的任务、目标、预期结果及评估方法；制定图书馆体系满足社区、区域和全州服务所需要的方案。

纽约市三大公共图书馆体系最新的五年计划覆盖2017—2021年，其中，"目标与效果"部分对多元文化人群的服务做出了详细说明，归纳起来主要有以下3个方面：

---

① FY：Fiscal Year，此处指美国公共图书馆财政年度，一般为当年7月1日至翌年6月30日。

- 成人读写项目（Adult Literacy）

纽约市三大公共图书馆体系在针对特殊读者群体服务时都将提高成人读写能力放在首位，从目标、预期效果、评估方法以及计划这4个方面进行详细说明，制定了合适的发展目标和行动计划。纽约公共图书馆以使母语非英语的读者熟练掌握英语为目标，一方面提供英语学习资源 ESOL（English for Speakers of Other Languages）课程，以使学习者提高英语读写能力；另一方面持续评估和更新 ESOL 项目，根据学习者需求提供深层次服务，如公民指引服务和基于技术的学习服务等。皇后区公共图书馆计划在未来五年安排更多 ESOL 语言课程，让成人学习者有更多学习机会，更快提高英语读写能力。为了配合这一措施，皇后区公共图书馆在五年计划里还提出通过建立专门对外英语教学（TESOL）培训中心增强 ESOL 师资力量。布鲁克林公共图书馆则侧重于通过创新项目、小组指导和一对一的咨询服务，从基本读写能力、信息素养培训和职业规划等方面为成人学习者提供指导，帮助成人学习者实现个人教育和就业目标。

- 延伸服务计划（Coordinated Outreach）

在 2017—2021 年五年服务计划中，三大公共图书馆体系将针对不同文化背景、不同种族的人群提供延伸服务。为了让拥有不同文化背景的群体更多关注和利用图书馆资源，纽约公共图书馆在丰富多语种馆藏方面制定目标，同时提供一系列教育、信息和多元文化项目。皇后区公共图书馆计划进一步加强"新公民项目"，通过实施一系列信息、文化和教育活动及服务，帮助新移民和想要成为美国公民的人群融入美国社会，分享他们的民族和语言遗产。布鲁克林公共图书馆的移民服务计划和目标更为具体：一是实施集中语言计划，改善英语不熟练的移民访问图书馆的途径；二是增加布鲁克林区域内移民获取公民身份的机会，提高公民的参与度。

- 其他特色服务计划

对黑人的文化研究也是纽约公共图书馆的特色服务之一。纽约公共图书馆在 2017—2021 年服务计划中专门提出针对非洲和非洲移民历史的保护及学术研究项目，计划通过设在林肯中心的朔姆堡研究中心（Schomburg Center）进行黑人文化研究。研究中心一方面将保存非洲后裔在全球的经历记录和资源，另一方面为学术研究和教育提供帮助。为实现这一目标，计划还对朔姆堡研究中心的空间改造和资源整合等工作的预期目标提出了要求。

3.2 资源建设

3.2.1 实体馆藏建设

纽约公共图书馆目前馆藏总量超过5 500万册,包含图书、CD和DVD等多种格式文献。从主题来看,馆藏涵盖100多个主题,如口音和方言、女性研究、棒球、计算机科学、戏剧和美国历史等,其中还包含"移民""犹太"等体现多样性文化的分类主题。从语言来看,文学和语言收藏中心入藏了以100多种语言和方言编写的书籍。黑人文化研究专藏作为纽约公共图书馆的三大特色馆藏之一,有超过1 000万件资料,大部分是黑人留下的手稿资料,具有代表性的藏品包括名人手稿和废奴资料等,此外还有部分音乐光碟和录音带。该专藏文献记录和反映了美国及世界各地的黑人生活经历,可用于公众对非洲后裔历史和文化的研究。

皇后区公共图书馆馆藏总量840万册,包括100万册综合性学科资料、800余种期刊和杂志及部分专业索引和摘要等。在皇后区公共图书馆的国际信息中心可以查阅到43种语言的文献,包括中文、韩语、西班牙语、意大利语和土耳其语等。成人馆藏被划分为12类专题,其中特设非裔美国人专题,专门收集非裔美国人的小说作品。图书馆还提供非裔美国人研究作者卡特·G.伍德森(Carter G. Woodson)的作品参考集和19种国际语言馆藏借阅服务。收藏于休斯社区图书馆和文化中心的黑人遗产资料是皇后区公共图书馆的特色馆藏之一,可供借阅的黑人遗产资料数量居纽约市之首。纽约公共图书馆黑人文化中心的文献侧重于全球黑人的生活经历,皇后区公共图书馆的黑人遗产资料中心则关注非裔美国人的文化遗产,如他们的传记、艺术作品或文学作品等。

考虑到布鲁克林区40%的人口为移民,布鲁克林公共图书馆的语言与文学部收藏了包括西班牙语、俄语、中文和希伯来语等30多种语言的文献。在特色资源方面,布鲁克林黑人文艺复兴数字档案是布鲁克林公共图书馆视听资源的亮点之一,主要收集1960—2010年黑人艺术和文化方面的光盘资料。布鲁克林公共图书馆的另一特色是由图书馆开发的主题资源包,即由图书馆工作人员根据主题从馆藏中挑选出合适的文献资料,整理打包提供给有需要的读者,例如,"社会与文化信息包"就收集了关于德国、意大利以及布鲁克林地区移民的资料。

3.2.2 数字资源建设

纽约公共图书馆提供包括照片、流媒体视频、电子书等多种形式的数字馆藏,其中,美国犹太人委员会口述历史资源是最具特色的馆藏之一。该收藏是纽约公共图书馆多诺特犹太分部组织的犹太人口述历史项目"祖父母"的成果，包含从20世纪60年代开始对2 250位各行各业犹太人的采访，包括约10万页的文字记录和6 000小时的录音带，其中350个转录本已被扫描和数字化。在这一系列的采访中，除了对名人的单独访谈，还有一系列特定主题采访，如美国犹太妇女的成就、美国犹太人运动、大屠杀幸存者经历和美国的苏联犹太人移民等。

皇后区公共图书馆面向读者开放的多元文化数字资源包括以电子书为代表的电子资源和主题数据库。电子资源覆盖英语、中文、西班牙语、俄语4个语种，其中中文电子资源颇受重视，关于中国主题的电子书约有2 000多种。主题数据库有两大特色：一是丰富的语言学习数据库，包括3个西班牙语数据库和多个英语学习数据库，包含BBC英语和语言学习系统等；二是非裔美国人数据库，如记录非裔美国人经历的数据库和非裔美国人在线作品集。

布鲁克林公共图书馆拥有数十个数据库，其中历史与地理专题包含非裔美国人和美国印第安人数据库，艺术和艺术历史专题下可以检索到多元文化研究数据库，包括中国电子杂志数据库、中国大百科全书数据库等资源。

3.3 多元服务

3.3.1 多语种服务

纽约市三大公共图书馆系统官方网站均提供多语种导览服务。纽约公共图书馆网站不但提供英语、中文、西班牙语、俄语、阿拉伯语和德语等22种语言的导览，还就图书馆法律、本馆使用规则、网络安全等内容为用户提供14种语言的翻译版本。皇后区公共图书馆的网站提供英语、中文、韩语、法语、西班牙语和俄语的导览服务，并为使用这些语种的用户提供一站式查询服务，用户可以根据图书馆整理的链接访问有关文化、艺术、生活等门类的主流网站。布鲁克林公共图书馆网站主要提供西班牙语、俄语、法语和中文服务。

各馆在服务过程中还会根据实际需求提供富有特色的多语种服务。纽约市公共图书馆针对不同语种人群进行相应语种的馆藏推荐。皇后区公共图书馆在活动项目中，会根据活动对象提供相应的语种服务，如移民援助以西班牙语和中文为主，"绿化西部皇后区"项目则提供阿拉伯语、中文和韩语等5种语言。布鲁克林公共图书馆特别为老年移民群体提供多语种服务。

3.3.2 英语学习服务

纽约市三大公共图书馆体系为了让移民更好地融入当地生活，提供免费的英语培训和丰富的英语学习资源，为英语学习者提供学习和练习机会。

英语学习课程以 ESOL 课程为中心，旨在帮助成年学习者提高英语水平。纽约公共图书馆在布朗克斯、曼哈顿和斯塔顿岛的 40 多个图书馆开设初级到高级 ESOL 课程，重点培养母语非英语的成年人的口语和听力，另外，还针对已有英语口语基础的成人开设提高英语阅读与写作能力的基础教育课程。皇后区公共图书馆将 ESOL 项目作为新公民项目的一部分，通过 ESOL 项目提供免费英语课程，每年吸引近 3 000 名学生参加。布鲁克林公共图书馆在 ESOL 课程的基础上，对已经取得大学学历的移民开设商业英语课程，通过小组授课的形式讲授实用商务写作、沟通和公共演讲技巧。除了多种形式的课程，三大公共图书馆体系还为英语学习者整理了丰富的在线学习资源，包括视听资源、语言学习数据库、商务英语主题资源以及与英语学习相关的网站。

为了让英语学习者有更多机会练习英语，三大公共图书馆体系还开展了英语会话练习课程和活动。在纽约公共图书馆和布鲁克林公共图书馆，对于已有英语基础或在免费英语学习班中具有中、高级水平的学生，可以参加"随到随学"英语会话课程。该课程组织学生观看视频，与志愿者进行会话交流，锻炼他们的日常会话能力。在皇后区公共图书馆，ESOL 学生除了参加有教师指导的会话小组，还可以通过线上学习或现场活动等多种方式灵活练习英语。

在英语学习服务中加入对图书馆或社会服务的介绍是三大公共图书馆体系英语学习服务的亮点。比如皇后区公共图书馆在英语课堂中加入对本馆服务的全面介绍，引导学生参观图书馆，鼓励他们申请读者证并利用图书馆的其他服务。布鲁克林公共图书馆在会话小组中对成人学员加入城市服务介绍，让学员更好地了解健康、教育、就业与社会服务方面的信息。

3.3.3 入籍与移民服务

纽约市入籍计划（New York Citizenship）是纽约市长移民事务办公室发起的新项目，在纽约法律援助组织的支持下，以纽约市三大图书馆体系中的 12 个公共图书馆为平台向移民提供免费服务。申请人可以在指定图书馆享受申请指引、一对一法律咨询以及财务咨询服务。在以上服务的基础上，纽约公共图书馆还提供公民考试资源、入籍测试练习、入籍资讯、相关政府机构和非营利组织目录，并基于相关资源举办一系列帮助公民准备考试的课程和活动。皇后区公共图书馆不但定期举办咨询会，在公民申请、公民福利和个人财务方面给予指导，还整理了区内免费或低价提供公民准备考试和办理入籍与移民服务的机构目录。需要参加公民考试的用户可以使用图书馆的电子资源、纸质文献与视听资源进行准备,资料语种包括英语、西班牙语、中文和韩语等。布鲁克林公共图书馆除了提供入籍指引与法律咨询等服务之外,还在馆内开设了公民考试准备课程和学习小组,提供包括英语学习、考试主题、入籍申请等方面的指导。

多元化移民签证,又称抽签移民签证或绿卡抽签,是美国政府基于《移民与国籍法》(Immigration and Nationality Act)的规定为特定国家举办的活动,每年提供50 000个名额,吸引符合资格的申请人移民美国。纽约公共图书馆会在网站上及时更新信息、表格和指引,部分分馆还提供数码照片拍摄和在线注册服务。皇后区公共图书馆的多元化移民签证服务与隶属市政府的移民事务部合作,为申请人提供信息、指引和最新准入国家及地区目录,部分分馆可帮助申请人进行照片扫描。

纽约市长办公室与联邦移民局合作,在曼哈顿、皇后区和布鲁克林的公立图书馆以及217个分馆建立"新美国人服务角"(New American Corner,也称"公民角"),旨在创设一个专门的空间,提供公民和移民方面的信息。纽约市公共图书馆公民角主要提供在线资源服务,新移民可通过网站链接访问美国移民局网站,获取有关公民考试和英语考试的资料。皇后区公共图书馆体系下62个分馆和7个成人学习中心都在建设公民角空间,建成的公民角除了提供公民考试资料和入籍申请服务外,还将开设各类考试课程。布鲁克林公共图书馆公民角的服务与其他体系类似,同样为公民与移民提供相关信息和学习资料。

移民法律援助(Immigration Legal Assistance)也是在政府的支持下,由各图书馆推出的一项重要移民服务。纽约公共图书馆的移民法律援助服务主要由Mott Haven Library的移民司法团提供,在网站以英语和西班牙语详细介绍法律援助的内容,包括合法移民咨询、入籍资料以及专家推荐等。皇后区公共图书馆有专业移民律师在入籍问题上提供一对一的法律援助,移民司法团提供入籍、临时保护、签证、驱逐出境、庇护或难民申请等问题的法律咨询。布鲁克林公共图书馆在4个分馆设立移民司法团,由他们为移民提供免费法律援助,并在上述服务基础上提供公民入籍援助。

皇后区公共图书馆在图书馆使用和个人生活两个方面为新移民提供帮助。一方面,皇后区公共图书馆针对新移民开设特色参考咨询服务,包括"网上中文问答"和"询问馆员"两个项目。"网上中文问答"由皇后区公共图书馆和上海图书馆合作推出,以上海图书馆的"网上联合知识导航站"

为平台,皇后区图书馆用户可得到来自上海地区公共、科研、高校等图书馆,新加坡国家图书馆,澳门中央图书馆,澳门大学图书馆以及香港岭南大学图书馆等机构的专家的咨询服务。"询问馆员"是西班牙语参考咨询服务,由西班牙语馆员在线回答有关当地服务和生活方面的咨询问题,并提供当地图书馆信息。同时,皇后区公共图书馆的新移民服务部与各族群社区组织及分馆合作,举办多种生活讲座和实用课程。课堂讲师由专业人士担任,讲授移民法、入籍申请、租屋权益、职业生涯规划、创业启蒙、子女养育和升学以及健康保健等方面的知识,活动和课程皆以英语和新移民语言双语呈现。针对数量较多的西班牙裔移民,皇后区公共图书馆还专门设立西班牙移民服务社区,提供包括健康、移民、住房等内容的信息服务。

布鲁克林公共图书馆为移民提供免费职业技能培训和就业计划,该项目由美国劳工部资助,对移民简历、面试以及就业给予一对一的指导。同时,图书馆内设有教育和就业信息中心,提供有关职业、工作、教育、考试等信息和咨询服务。在移民护照服务方面,中心图书馆设有官方指定的护照申请受理机构,可为移民办理护照申请服务。

3.3.4 特色活动和项目

三大公共图书馆体系在提供上述多元服务的同时,还注重为多元文化群体开展形式多样的特色活动和项目。

纽约公共图书馆的移民文化活动涉及文学、艺术、美食和手工等主题,形式包括讲座、分享会和故事会等。面向儿童的活动包括早教读写活动、多语种或双语儿童故事会、幼儿手工和幼儿游戏。学龄前儿童可参加双语阅读和家庭早教班等。面向青少年群体的活动通过发明家工厂、象棋培训、才艺表演节等项目培养他们的思维和创造力。面向成人的活动主要是体现各国特色的文化活动,如中国书法学习、中国象棋学习和粤语对话等。此外,每年4月17—23日是纽约的"移民传统周"(Immigrant Heritage Week),在此期间,纽约公共图书馆会在曼哈顿、布朗克斯和斯塔顿岛举办各类主题活动进行庆祝。2018年"移民传统周"举办了非洲移民传统日、电影放映、新公民与移民庆祝活动等。

皇后区公共图书馆在中心图书馆和社区分馆开展包括音乐、舞蹈、戏剧、诗歌朗诵和说故事等双语活动,涉及英语、中文、俄语、韩语和西班牙语等语种。其中特色项目有"文化链接计划"和"嘻哈音乐与文化"项目。"文化链接计划"邀请来自音乐、出版、戏剧、电影界的名人进行访谈和表演,引领读者享受世界级艺术和文化大餐。"嘻哈音乐与文化"项目则通过嘻哈音乐介绍、人物访谈、少儿培训、"31天不间断嘻哈"舞台表演等系列活动让大家认识、记录并庆祝嘻哈文化的变迁。

布鲁克林公共图书馆从文化推广和文化认同的角度出发,以"呈现世界"为主题举办各类艺术和文化活动,如与文艺工作者和学者对话、现采音乐、舞蹈、戏剧表演、电影放映和艺术展览等。多语种活动包括电脑培训、会话小组以及亲子故事会,涉及语言包括英语、中文、西班牙语、俄语、日语和乌尔都语等。具有代表性的项目是移民作家作品读书俱乐部和诗歌分享俱乐部,其中建设比较成熟的项目是"俄罗斯计划",包含了俄语学习课程、俄罗斯文学俱乐部、俄语电影赏析和俄罗斯音乐分享等。

第二节 波士顿公共图书馆多元文化服务

1 波士顿多元文化背景

建立于1630年的波士顿,位于大西洋沿岸,是美国东北部新英格兰地区最大的城市,也是美国最古老、最有文化魅力的城市之一。作为美国马萨诸塞州的首府,波士顿是全美人口受教育程度最高的城市,被誉为"美国的雅典"。以波士顿为中心所辐射的大都会区拥有超过100所大学,其中以哈佛大学、麻省理工学院和伯克利音乐学院等最为著名。

2017年,美国人口调查局发布的最新数据显示,波士顿常住人口约为69万人,人口密度为每平方千米5 368人,是全美人口密度第三大城市。根据2015年美国人口调查局的简报,波士顿的种族构成如下:白人占62.1%,黑人占24.7%,亚裔占9.1%,美国原住民占0.8%,两个或多种族来源的人口占3.1%。由此可见,波士顿人口呈现出多族群、多语言、受教育程度相对较高的特征。

2 波士顿公共图书馆体系概况

波士顿公共图书馆(Boston Public Library)是美国第二大公共图书馆,整个体系拥有超过2 370万件馆藏,藏书量仅次于美国国会图书馆和哈佛大学图书馆。

1851年,马萨诸塞州公布了征收图书馆建设税的法律文件。1854年,波士顿公共图书馆正式落成。1870年第一个分馆在东波士顿建立,同时也成为美国历史上最早的图书馆分馆。波士顿公共图书馆开创了多个全美"第一",例如,它是第一个由市民出资筹建的公共图书馆,第一个向普通市民开放借阅服务的图书馆,第一个为儿童开设专门阅读区的图书馆,第一个拥有分馆的图书馆以及第一个创立图书馆理事会制度的图书馆①。

波士顿公共图书馆体系包括波士顿公共图书馆总馆和分布在波士顿市内 12 个社区的 25 个分馆（见表 5-3），平均每 2 平方千米就有一个波士顿公共图书馆体系的分支机构。总馆与分馆在馆藏上各具特色，因地制宜地开展与读者群体相适应的服务。

表 5-3　波士顿社区分馆

社区	分馆
波士顿中心城区 Downtown Boston	北角分馆 North End
	南角分馆 South End
	西角分馆 West End
奥斯顿/布莱顿社区 Allston/Brighton	范尼优分馆 Faneuil
	布莱顿分馆 Brighton
	浩蓝-奥斯顿分馆 Honan-Allston
查理斯顿社区 Charlestown	查理斯顿分馆 Charlestown
多切斯特社区 Dorchester	亚当街分馆 Adams Street
	科德曼广场分馆 Codman Square
	菲尔德角分馆 Fields Corner
	哥浮厅分馆 Grove Hall
	劳尔·米尔斯分馆 Lower Mills
	奥派汉斯角分馆 Uphams Corner
东波士顿社区 East Boston	东波士顿分馆 East Boston
海德公园社区 Hyde Park	海德公园分馆 Hyde Park
多美尼加平原社区 Jamaica Plain	加纳利分馆 Connolly
	多美尼加平原分馆 Jamaica Plain
马塔潘社区 Mattapan	马塔潘分馆 Mattapan

---

①　波士顿公共图书馆理事会由一名主席和五名由波士顿市长委任的理事组成，每届任期为五年，理事会成员为文史、教育、经济界等领域的杰出代表，为波士顿公共图书馆的资金使用、建设和发展出谋献策。

(续上表)

社区	分馆
罗斯琳黛社区 Roslindale	罗斯琳黛分馆 Roslindale
罗斯伯里社区 Roxbury	德利分馆 Dudley
	伊丽斯顿广场分馆 Egleston Square
	帕克山分馆 Parker Hill
南波士顿社区 South Boston	南波士顿分馆 South Boston
西罗斯伯里社区 West Roxbury	西罗斯伯里分馆 West Roxbury

3 波士顿公共图书馆多元文化服务实践

在建馆之初，波士顿公共图书馆即奉行"波士顿公共图书馆为人民所建，是人民持续学习的场所"的原则，承诺对所有人开放。2011年颁布的《波士顿公共图书馆指南：战略计划》在特色馆藏建设总原则中提出："波士顿公共图书馆致力于发展和保存特色馆藏，为各行各业的公民展示和存留他们共同的文化遗产。"

3.1 多元文化资源建设

2013年通过的《波士顿公共图书馆馆藏发展政策》（*Boston Public Library Collection Development Policy*）提出，图书馆将通过收藏非英语文献，以满足多元文化人群的需求，重点关注被广泛使用、可进行采购、编目和获取的多语种文献。根据文献流通情况、多元人口组成和未来需求预测，波士顿公共图书馆体系重点收藏16种语言的文献，包括阿拉伯语、意大利语、中文、日语、法语、韩语、德语、波兰语、希腊语、葡萄牙语、海地语、俄语、希伯来语、西班牙语、爱尔兰盖尔语和越南语。多语种馆藏不仅有纸质文献，还有DVD、CD和数字资源等。

波士顿公共图书馆的多元文化馆藏可以满足读者不同层次的需求，一般流通文献满足普通读者对多元文化的基本阅读需要，部分特色馆藏可以帮助读者进行深入研究，如由联邦政府和州政府发布的官方文件，170万余件关于波士顿历史、美国内战、爱尔兰历史等主题的珍本和手稿。丰富而珍贵的馆藏资源不但使波士顿公共图书馆成为北美研究型图书馆协会的成员，也让波士顿公共图书馆跻身美国最重要的五所图书馆之列。

出于保存状况、馆藏安全和文献保护的考虑，波士顿公共图书馆大量多来源、多语种的历史馆藏珍本和孤本不提供开架阅览。为方便市民和研究人员获取和使用这些珍贵的文献，波士顿公共图书馆一直在推进馆藏数字化工作，截至 2017 年共有 32 900 件馆藏完成数字化。

3.1.1 多语种馆藏

波士顿公共图书馆总馆的"世界语言区"收藏了上述 16 种语言的文献资料，各个分馆根据其服务的社区人口，选择性收藏不同语种的文献。中心城区的北角区是意裔美国人的聚居地，因此北角分馆收藏了不少意大利语的馆藏文献。查理斯顿社区是爱尔兰裔及新兴移民的聚居地，因此查理斯顿分馆重点发展爱尔兰历史及爱尔兰语馆藏。多切斯特社区是越南裔、爱尔兰裔及其他少数族群混居的社区，因此社区内的菲尔德角分馆重点收藏越南方面的资料（包括 CD、期刊）以及爱尔兰文学类文献。奥派汉斯角分馆重点收藏波士顿本地及多切斯特社区的历史文化馆藏，其西班牙语馆藏呈逐年递增的趋势。科德曼广场分馆和哥浮厅分馆分别收藏非裔美国人的研究性历史文献和文学作品。西罗斯伯里社区的社区分馆侧重于爱尔兰历史文献。由于非裔美国人及加勒比国家移民多聚居于马塔潘社区，因此该社区分馆侧重西班牙语和法语馆藏。根据统计，6 个分馆藏有西班牙语馆藏，5 个分馆藏有阿拉伯语馆藏，3 个分馆藏有中文馆藏。馆藏语种最多的分馆是浩蓝—奥斯顿分馆，拥有中文、葡萄牙语、俄语、西班牙语 4 个语种的馆藏。

3.1.2 专题馆藏

波士顿公共图书馆对不同年代的文献进行专题整理并提供给读者使用，其中最具特色的专藏是蒂克纳西班牙语和葡萄牙语文学专藏与爱尔兰历史文化专藏。通过这些多元文化专藏，读者不仅可以了解到自己族群的文化源流，也可以更好地了解其他族群的历史文化，促使多元群体在相互了解中共生共长。

蒂克纳西班牙语和葡萄牙语文学馆设立在波士顿公共图书馆总馆的珍本图书区。该馆拥有 10 000 卷藏书，主要来自波士顿公共图书馆创始理事 George Ticknor 于 1871 年的遗赠，内容涵盖西班牙、葡萄牙和拉丁美洲的文学、历史、艺术、科学、法律和神学等。馆内藏书多为初版文献或手稿，具有较高的历史、收藏和研究价值。

此外，珍本图书区还入藏了超过 50 000 份与爱尔兰有关的出版物，内容涉及爱尔兰历史、法律、政治、戏剧、文学和艺术等，大部分是在 17—

20世纪期间完成的作品。有近1 000件小册子出版于1615—1880年，内容主要为爱尔兰议会的章程、审判报告、法律诉讼和罕见法律文本，生动反映了爱尔兰历史的多个侧面。其他重要资料还包括超过7 500本从18世纪到20世纪初发行的图书、小册子、期刊、报纸、照片和印刷品，可以直观展现爱尔兰政治运动的史实。值得一提的是，该区还特别收藏了诺贝尔文学奖得主、爱尔兰诗人谢默斯·希尼的500多件手稿和出版物，包括书籍、小册子、期刊文章和写作评论等。

3.2 多元族群服务

波士顿公共图书馆为多元族群开设的定制服务包括移民政策普及、英语读写普及、职业技能培训和多元文化交流。通过这些特色服务，包括新移民在内的多元族群不仅可以习得一定的谋生技能，还能更好地融入当地社会，实现从新移民到本土居民的角色转变。

3.2.1 移民政策普及

波士顿公共图书馆的移民资讯角向波士顿的移民和难民提供各类移民政策和信息，包括如何获得公民身份、公民援助资料以及财政授权等信息。同时，移民资讯角也提供非营利组织的法律援助资讯、公民课程、研讨会以及移民法律诊所等。波士顿公共图书馆还开设了公民入籍考试课程和学习小组，提供包括英语面试表达能力、申请面试以及入籍考试等方面的指导。

3.2.2 英语读写普及

由于美国以英语为通行标准语，新移民到达美国后需要为后续的学习交流和工作生活打下语言基础，因此，波士顿公共图书馆为新移民提供以ESL课程和英语在线课程为代表的英语入门和进阶类课程。通过线下与线上两种模式，已经注册为图书馆读者的新移民既可以到图书馆参加实体课程，也可以通过图书馆网站获取学习资源，自主学习和提高英语。

全美多个图书馆都开设有ESL的配套活动，波士顿公共图书馆将ESL活动的定义扩大，将所有以英语作为第二外语、以图书馆或网站作为媒介习得英语及其他语言的活动都纳入其中。波士顿公共图书馆的ESL课程包括ESOL剑桥大学英语对话组、ESL对话组和培训班、英西双语口语交流组等。ESOL剑桥大学英语对话组邀请母语为英语的志愿者带领年龄在20～34岁、母语为非英语的爱好者进行小组练习，对话组活动定期在浩蓝—奥斯顿分馆举行。ESL对话组和培训班鼓励成人英语学习者在非正式的、友好的团体环境中练习英语对话，帮助他们提高英语会话能力。西角分馆为母语为英语和母语为西班牙语的读者提供双向语言交流的场所和机会,参与者不仅可以学习对方的语言,也可以更好地了解对方的文化。波士顿公共图书馆提供的在线英语学习课程包括:英语快捷学习馆(Learning Express Library)、芒果语言(Mango Language)和Gale Courses、Little Pim等。在英语快捷学习馆中,用户可以在线上获取SAT、托福等英语考试的复习资料。在芒果语言里,用户选择自己的母语作为基准语进行英语学习。

3.2.3 职业技能培训

为了帮助多元族群和波士顿市民通过中短期学习获得一定的基础社交和谋生技能,波士顿公共图书馆开设了技能培训,帮助他们更快地融入社会生活。例如,波士顿公共图书馆在总馆和分馆开设计算机技能培训,帮助图书馆用户学习计算机硬件、互联网基础、发送邮件、使用社交媒体等基础知识和技能。另一个品牌课程"美国银行理财系列"由美国银行赞助,旨在为企业家和小企业主介绍美国商业社会运作中的借贷流程、投资政策、理财文化等金融知识。除此之外,波士顿公共图书馆还设置了在线求职服务专区和线下求职入门课程,新移民不但可以通过图书馆网站了解各种就业机会,还可以通过求职课程学习到面试礼仪和就业技能。

3.3 多元文化交流

波士顿公共图书馆在总馆和分馆均组织了面向多元族群以及波士顿市民的文化交流活动,不同类型的文化交流使各群体在融入到波士顿当地生活的同时,也可以保持和传承他们的传统文化。

波士顿公共图书馆的常规交流活动包括书法、太极、瑜伽、绘画、音乐和电影等,系列交流活动有"作者谈"和"本土家族历史"两大品牌。"作者谈"邀请畅销书作家与读者分享阅读和写作心得,"本土家族历史"则定期邀请当地学者,带领读者了解波士顿丰富的历史文化遗产,开展寻根之旅。波士顿公共图书馆会定期举办多语种亲子故事会,家长和孩子在馆员的指导下,同读一本书并进行互动交流。

此外,波士顿公共图书馆深度挖掘现有馆藏,不定期开设各种历史文化展览,让读者在展览中进一步了解波士顿。总馆在2017年设置的"我们是谁:波士顿移民的过去与今天"主题展将今天的"新"波士顿与100多年前的"老"波士顿进行对比,通过地图和照片等载体,向读者展示了百年来波士顿居民的源流变迁史。总馆珍本图书区在2014年设置的"人的灵魂:杜桑·卢维杜尔与海地奴隶起义"主题展中通过10 000多件本馆珍藏的海地与西印度群岛书籍及手稿,展现了海地奴隶起义领袖杜桑·卢维杜尔的一生,以及他对海地的重要影响。2014年,在总馆诺尔曼·B.莱文塔尔地图中心进行的"友邻:波士顿居民的变迁"主题展利用波士顿街区照片、地图及人口数据讲述了一个"新"波士顿的故事,使读者认识到过去十年波士顿的人口变迁。

第三节 芝加哥公共图书馆多元文化服务

1 芝加哥多元文化背景

根据美国2010年的人口普查,芝加哥市区人口为270万人,在美国城市中排名第三,人口密度达到每平方千米4 816人。芝加哥是一个多种族的城市,早期移民有爱尔兰人、瑞典人、波兰人、意大利人、德国人和华人等,现有居民来自140多个国家,使用100多种语言。截至2010年,在其城市种族中,白人占45.0%,黑人或非裔美国人占32.9%,亚裔占5.5%(1.6%为中国人,1.1%为印度人,1.1%为菲律宾人,0.4%为韩国人,0.3%为巴基斯坦人,0.3%为越南人,0.2%为日本人,0.1%为泰国人)。

芝加哥市先后发布了一系列文化规划和移民计划,致力于让芝加哥成为美国最友好的移民城市,在为所有芝加哥人提供经济、社会和文化利益的同时,努力改善非本国出生居民的日常生活。

芝加哥于2011年发布《芝加哥文化规划2012》(*City of Chicago Cultural Plan 2012*),其中提出,一个优秀的城市应当是国际典范式高质量生活的提供地、全球创意的诞生地、经济活力的核心地带,且对新移民有强大吸引力的城市。该规划从人力、场地、政策等角度提出10个优先目标,为芝加哥改进城市文化设施、共享文化资源以及开展文化活动提供了有力的政策保障。在人力方面,规划提出将人作为芝加哥最大的文化资产,把艺术教育作为优先重点,为艺术教育终身学习提供机会。在场地方面,提出通过提升社区文化设施、促进社区文化规划来维持、整合和支持文化场所。在政策方面,规划为优化城市政策法规,加强文化部门的能力建设提供了保障。

2011年7月,时任市长拉姆·伊曼纽尔(Rahm Emanuel)创建了新美国人办公室(Office of New Americans),随后颁布了《芝加哥新美国人计划》(*The Chicago New Americans Plan*)。希望通过帮助和支持移民企业家及移民劳动力,促进城市经济增长,帮助青年移民获得成功并更好地服务于社会,建设充满活力、友善的移民社区,进而激发城市文化活力。此外,芝加哥城市官网的"城市规划与条例"板块专门整理了与移民援助服务有关的条例，这些条例对移民服务内容、费用收取标准、移民事务保障以及移民服务供应商等都做了明文规定，为移民公平享受城市服务提供了有效保障。

2 芝加哥公共图书馆概况

芝加哥公共图书馆是美国中西部第二大公共图书馆系统，发展到今天的规模经历了漫长的历史时期。芝加哥第一所具有公共性质的图书馆于1832年8月19日开放，该馆刚开始只有私人捐赠的20卷书，仅限于少数人使用。1871年10月8日，一场突如其来的大火烧毁了大量书籍，该图书馆损失惨重。大火过后，英国为芝加哥公共图书馆捐赠了大批书籍。此举促使芝加哥公民要求召开公开会议以建立一个免费的公共图书馆。1873年1月1日，真正意义上的芝加哥市公共图书馆正式开放。

目前，芝加哥公共图书馆已成为美国最大的公共图书馆之一，由1个总馆、2个地区馆和79个分馆组成。根据芝加哥2015—2019年战略规划的相关数据，有95%的芝加哥人使用过芝加哥公共图书馆，其中有79%的人对其服务非常满意，72%的人认为图书馆在个人的生活中相当重要，90%的人很愿意向同伴介绍芝加哥公共图书馆。

美国图书馆协会报告显示，芝加哥公共图书馆是芝加哥第二大图书馆系统（最大的是芝加哥大学图书馆），居美国公共图书馆第9位，全美大型学术及公共图书馆第30位。2018年1—12月，芝加哥公共图书馆流通总量超880多万册，访问读者量超700万。除了丰富的馆藏，芝加哥公共图书馆还在计算机和网络方面提供服务，全年共举办计算机课程26万多场，无线网络访问读者量超过120万人次。

3 芝加哥公共图书馆多元文化服务实践

3.1 资源建设

芝加哥公共图书馆收藏的图书及各种资料达到1 070万余种，其中流通资料560万种。同时，图书馆对当地文化和历史予以高度重视，广泛收藏与芝加哥相关的地方文献和历史文献，包括善本、手稿、照片、剪贴簿和大幅印刷品，部分文献包含了多种语言的资料。

在专藏方面，芝加哥公共图书馆特设非裔作家作品馆藏。在网站上设置了两类非裔美国作家的图书栏目，一类介绍著名的非裔美国作家与作品，最

第二部分　国外公共图书馆多元文化服务案例

流行的嘻哈音乐也包含在其中；另一类展示普通的非裔美国作家和作品。此外，图书馆的档案馆藏也收藏了大量非裔美国名人的手稿、论文和黑人研究资料。

分馆在进行馆藏建设时大多从地区人口特点出发，收集与之相关的特色馆藏。卡特·伍德森地区分馆致力于收藏非裔美国人的历史和文学资料，是中西部最丰富的收藏之一；唐人街分馆收藏唐人街社区和中国文化相关信息，是这一特殊领域的文化和信息中心。

3.2　语言和信息服务

除了侧重对多语种馆藏的建设，芝加哥公共图书馆也注重在服务中引入多语种元素。在网站导览方面，芝加哥公共图书馆提供英语、西班牙语、波兰语和中文等多种语言选项。在多语种活动方面，图书馆形成了英语为主、多语种支持的模式，其中西班牙语、中文、波兰语和朝鲜语的活动在非英语活动场次上较为突出。此外，资源推荐、一对一在线辅导服务、课后作业在线辅导、图书馆指引等项目也根据人群和使用语言情况提供多语种的选择。

为帮助使用其他语种的人群更好地适应和融入当地生活，芝加哥公共图书馆为英语学习者提供了丰富的在线学习资源，包括ESL专业课程、英文测试及疑问解答、剑桥在线词典与其他针对不同需求的免费英语课程。ESL英语学习项目提供英语—阿拉伯语、英语—法语、英语—中文等49种双语学习资料。此外，芝加哥公共图书馆还整理了英语学习信息链接，提供英语学习和公民学习的指引。对于想学习其他语言或方言的用户，芝加哥公共图书馆邀请专人免费教授西班牙语、波兰语、普通话和粤语。

除了语言方面的服务，芝加哥公共图书馆还积极发挥信息中心的职能，帮助移民群体获取服务。在芝加哥公共图书馆基金会和新美国市长办公室的支持下，芝加哥公共图书馆根据芝加哥市民的建议选取了8个非营利性机构提供不同阶段的移民服务。这些机构分布在芝加哥公共图书馆的10个分馆，通过与图书馆工作人员合作，共同为移民人群提供咨询服务。分馆专门设立的公民角每月举办入籍讲习班，协助外来移民通过教育、法律筛选和申请等方式成为入籍公民。部分机构还向申请人提供金融素养教育、银行、信贷和消费者保护等方面的资讯和指引。

3.3　多元文化活动

芝加哥公共图书馆每年举办为期6个月的历史和文化遗产保护活动，每月围绕一个主题，如非裔美国人的历史、亚裔美国人和太平洋岛民遗产及拉美裔文化遗产（见表5-4）。活动语言以英语为主，部分活动也使用朝鲜语、中文和西班牙语等。这些活动不但突出本地区民族的文化传统和不同民族对社会的贡献，也为公众进一步了解这些群体的历史和文化提供了平台。

表5-4 芝加哥公共图书馆历史和文化遗产保护活动案例

活动名称	活动类型	使用语言	活动对象	举办地点
非裔美国人历史	作者活动	英语	成人	卡特·伍德森地区图书馆
亚裔美国人和太平洋岛民遗产	艺术、电影和表演 作者活动 图书俱乐部 电脑与技术 工艺与游戏 历史与族谱 故事会	英语 朝鲜语 汉语	所有年龄	11所分馆
拉美裔文化遗产	艺术、电影和表演	英语	成人、青少年	阿瓦隆图书馆

第二部分　国外公共图书馆多元文化服务案例

第四节　洛杉矶公共图书馆多元文化服务

1　洛杉矶的多元文化背景

洛杉矶市位于美国加利福尼亚州西南部，于1850年建市。洛杉矶市是加州第一大城市、全美第二大城市，同时也是美国西部最大的经济中心、美国文娱产业之都，拥有著名的好莱坞环球影城，也是23家全球财富500强企业的总部所在地。因此，洛杉矶又被称为"天使之城"（City of Angels）。

根据美国人口调查局发布的数据，2016年，洛杉矶人口达到379万人。洛杉矶的人口构成颇为复杂，在作为移民国家的美国也极具代表性。就人种构成而言，西班牙裔或拉美裔人口最多，占洛杉矶总人口的48.5%，非西班牙裔白人占28.7%，黑人（含美非裔）占9.6%，亚裔占11.3%。就移民来源而言，华人占7.1%，德国人占1.5%，波黑人占1.1%，土耳其人占1%，塞尔维亚人占1%，其他民族占6.6%。在洛杉矶定居的人来自140多个国家，使用224种不同的语言。多移民、多种族的人口构成使洛杉矶拥有鲜明的多元化特色，市内拥有众多移民社区，如唐人街、韩国城、巴西街等。

2　洛杉矶公共图书馆体系概况

洛杉矶公共图书馆体系包括1个中心图书馆和72个分馆（见表5-5），拥有600多万册馆藏，为近400万用户提供服务，是全美服务人口最多的图书馆体系。针对地区和服务人群的多样性，洛杉矶公共图书馆体系进行了相应的服务配置，例如，为了更好地服务市内约40万的华裔市民，图书馆专门聘请了懂中文的工作人员。

洛杉矶公共图书馆始建于1872年，是洛杉矶市政府的一个独立部门，由市议会认定的图书馆管理委员管理。根据《洛杉矶公共图书馆2015—2020战略规划》（*Los Angeles Public Library Strategic Plan 2015—2020*），截至2014年，洛杉矶公共图书馆的年均借阅量达到1 500万册次，每年平均为公众举办活动和培训超过 18 000 场。

表 5-5 洛杉矶公共图书馆体系分馆分布情况

所属地区	分馆数量（个）
中心及南区	13
东峡谷区	11
好莱坞地区	13
东北区	13
西峡谷区	10
西区	12

3 洛杉矶公共图书馆多元文化服务实践

洛杉矶公共图书馆致力于为洛杉矶居民提供书籍和信息等知识型资讯，为多元化社区中的每一个个体的自我成长提供免费便捷的途径。洛杉矶公共图书馆始终坚持，人的一生与图书馆紧紧相连，图书馆应为不同需求的人群提供适宜、具有启发性的服务。洛杉矶公共图书馆不仅是市民获取知识的平台，也是城市的入口和门户，可以全面展示城市对多元文化的包容和支持。除常规的书籍借阅服务，洛杉矶公共图书馆还为公众提供以下延伸服务：帮助新移民融入美国；普及健康知识；打造人民高中、人民大学；举办儿童暑期项目。

3.1 资源建设

国际语言部位于洛杉矶公共图书馆总馆一楼，是现今北美公共图书馆中为数不多的大型多语言资源中心之一。该区入藏多种非英语出版物，包括 26 万册图书和有声读物、250 种纸质杂志和报纸、3 500 种语言学习视听资料以及 1 000 张旅行海报。

国际语言部的核心馆藏包括文学、诗歌、戏剧和历史等 30 多种不同主题的多语言文献，涵盖语种包括：阿拉伯语、亚美尼亚语、孟加拉语、日语、中文、韩语、拉丁语、立陶宛语、捷克语、挪威语、西班牙语、丹麦语、波斯语、荷兰语、菲律宾语、芬兰语、法语、葡萄牙语、德语、俄语、希腊语、克罗地亚语、印地语、瑞典语、匈牙利语、越南语、意大利语、意第绪语等。此外，国际语言部收藏的工具书和语法书还涉及世界上现存的500多种语言和方言。多语种馆藏不但可以直接服务于使用特定语言的人群，还可以为不同语种人群了解、学习和研究其他语种提供有效支持。

3.2 特色项目

洛杉矶公共图书馆利用馆藏资源为公众提供自我学习的机会，发挥知识和信息中心职能，帮助新移民获取社会服务，并配合其他机构积极举办系列特色活动。具体项目包括以下4个方面：多语种服务、新移民服务、公民服务和多元化庆典。

3.2.1 多语种服务

基于洛杉矶市的多元人口构成和不同语种人群的需求，洛杉矶公共图书馆提供了一系列多语种服务，包括多语种活动、语言学习培训和免费在线学习资源等。

在多语种活动方面，洛杉矶公共图书馆主要组织适合儿童和家庭参与的趣味活动。洛杉矶公共图书馆利用数百万册儿童读物、音乐专辑和电影为儿童组织阅读活动，使用语言涉及英语、西班牙语、汉语、韩语、他加禄语、亚美尼亚语和其他在洛杉矶多元社区流行的语种。此外，洛杉矶公共图书馆还举办"共同阅读"活动，一方面培养儿童早期读写能力，并讲授有助于儿童在学校学习和发展的方法；另一方面也通过阅读促进亲子关系，指导父母和看护人在儿童幼年时期将其读写能力、未来学业和个人发展联系起来。针对英语普及度不高的家庭，洛杉矶公共图书馆开展家庭读写能力计划，免费为他们提供儿童读物、成人家教辅导和专业馆员指导。另外，洛杉矶公共图书馆还举办了"STAR故事分享与阅读"活动，利用中文、西班牙语和意大利语等语种与使用不同语言的人群分享阅读的乐趣。STAR项目为常规性活动，鼓励成人和儿童共同参与，在讲故事的过程中体验阅读魅力，学习阅读方法和技巧，提升参与群体的文化素养。

在语言学习培训方面，考虑到英语母语人群对其他语种的兴趣以及其他语种人群学习英语的需求，洛杉矶公共图书馆分别提供相应的课程或培训。首先，为拓宽英语母语人群学习外语的渠道，洛杉矶公共图书馆每周在国际语言部组织一小时的中文、法语、亚美尼亚语和俄语入门培训，通过趣味教学和互动激发读者对新语言的兴趣，打开学习语言的大门。其次，为帮助使用其他语种的人群提高英语能力，洛杉矶公共图书馆开设ESL课程，通过专业英文课程指导他们参加ESL考试，使他们在提高语言水平的同时，深入了解英美国家社会结构和文化。ESL项目包括线上资源和线下课程两个部分,其中数字资源向图书馆注册用户免费开放,课程覆盖全年龄段,注册读者只须登陆洛杉矶公共图书馆官网,即可在线浏览、学习;线下课程每周在 Westwood 分馆举办两次,通过实地培训让母语为非英语的成年人学习如何使用英语。随着数字技术和数字资源的普及,洛杉矶公共图书馆紧跟时代潮流和用户需求,提供网络课程和在线模拟测试等多种数字资源(见表 5-6),大部分资源都涉及多语种服务,为多元文化群体营造友好的学习氛围。

表 5-6 洛杉矶公共图书馆多语种在线学习资源

资源类型	网站/资源	内容
网络课程	VIP 学习 VIP Learning	提供 DIY、创意设计和贸易技巧在线课程,大部分用西班牙语授课,部分课程提供英语授课
	数字化公共图书馆 Digitalia Public Library	提供西班牙语的电子书,可供在线阅读和下载; 提供西班牙语和其他语言课程; 提供"语言快学"课程,讲授 12 种语言中的简单用词和词组; 与多媒体相关的资源,包括艺术、音乐、电脑操作
语言学习	芒果语言 Mango Languages	提供多语种学习资源,包括西班牙语、法语、意大利语、中文(普通话和粤语)、阿拉伯语、韩语、俄语、他加禄语、希腊语、拉丁语等; 为 19 种语种使用者提供英语学习课程
	劲道说语言 Powerspeak Languages	通过故事、活动等创新学习工具帮助在线学习西班牙语、中文(普通话)、德语、意大利语、日语、韩语、俄语,以及西班牙语和汉语版的 ESL 课程
模拟测试	继续教育中心 Testing & Education Reference Center	提供与职业和专业发展相关的模拟测试和电子资源
	快捷学习馆 Learning Express Library	提供与成人基本教育、学术、求职、公民服务等相关的在线交互模拟测试。现也包括 ESL 西班牙语基本技能测试

3.2.2 新移民服务

为帮助新移民尽快融入美国社会，洛杉矶公共图书馆与政府及社会团体合作，开展线上和线下相结合的新移民咨询指导服务。

洛杉矶公共图书馆在网站上设置英语和西班牙语版本的"新美国人计划"主题页面，为新移民提供公民资格获取、移民资源、培训帮助、移民权利等方面的咨询。网站还提供"新美国人中心"及相关培训课程的在线预约，图书馆用户成功预约后，可在线下享受由洛杉矶公共图书馆及政府和社会组织提供的移民辅导咨询和专业化服务。在线下服务方面，洛杉矶公共图书馆与美国公民和移民服务局合作，在总馆和分馆开设"公民角"，由馆员开展新移民咨询工作。同时，洛杉矶公共图书馆还与22个非营利机构合作，在移民社区普及公民申请知识，开展英语培训。

"新美国人中心"实体馆舍设立在洛杉矶公共图书馆总馆以及Pacoima、Junipero Serra和Wilmington三个分馆。该中心为新移民提供入籍申请表填写、绿卡更新、费用减免、新移民社会角色适应等指导。可预约的培训课程包括新移民监护权工作坊、居住权利互助小组、金融理财知识入门、小商业工作坊等。

3.2.3 公民服务

洛杉矶公共图书馆提供贴近新移民生活需求的公民服务，包括驾照考试辅导、资金管理和暂缓遣返计划服务等。在驾照考试辅导方面，洛杉矶公共图书馆免费提供美国交通局指导手册、测试练习和其他有助于获取驾照的文献资料，大部分资料都有多语种版本，包括英语、西班牙语、韩语、中文、越南语、波斯语、俄语和亚美尼亚语。

在资金管理辅导服务方面，洛杉矶公共图书馆以"积累财富"为主题提供与资金管理相关的信息和工具，涉及储蓄、贷款、投资、编制预算、财务计划和消费者保护等内容。基于人口比例和语言使用情况，该服务提供英语、西班牙语、中文和韩语四种语种的介绍手册。

暂缓遣返计划服务原是为非法或不符合要求的移民提供暂缓遣返计划咨询服务，但自2017年12月5日起，政府不再接受暂缓遣返申请，因此，洛杉矶公共图书馆调整了服务内容，变成为因受暂缓计划中止影响的移民提供咨询服务。用户可在线上获取英语、西班牙语和中文服务资讯。

3.2.4 多元化庆典

为配合在美多元族群的年度大型纪念庆典，洛杉矶公共图书馆以月为单位，推出配套活动。其中，2月为非裔美国人历史文化月，5月为亚太岛屿族群文化遗产月，9—10月为拉丁文化遗产月。洛杉矶公共图书馆配合纪念庆典主题，以图书馆资源为基础，在特定月份推出相应的多元族群活动，包括书目推荐、档案钩沉、历史回顾和专题展览等。洛杉矶市民通过图书馆举办的多元化庆典，不仅可以追祖溯源，也可以更好地了解他们邻近人群的历史与文化。由此，洛杉矶公共图书馆为多元族群的相互理解与融合营造了友好和谐的文化氛围，提供了持续且有力的文化支持。

第二部分　国外公共图书馆多元文化服务案例

第五节　旧金山公共图书馆多元文化服务

1　旧金山的多元文化背景

旧金山是美国加利福尼亚州太平洋沿岸港口城市，世界著名的旅游胜地。旧金山人口数量在加利福尼亚州排名第四，在全美排名第十三。凭借临近世界著名高新技术产业区硅谷的优势，旧金山成为世界最重要的高新技术研发基地和美国西部最重要的金融中心。

截至2016年，旧金山全市人口约87万，其中华人18万，是西半球华人人口密度最高的地区之一。根据2014年的人口统计数据，旧金山非拉丁裔白人约占总人口的42%，亚裔占总人口的33.3%，拉丁裔族群占总人口的15%，非洲裔占总人口的6%。根据2010年的调查，55%的旧金山居民在家以英语作为主要沟通语言，19%的居民使用汉语（大部分为台山话、客家话或粤语等方言），12%的居民使用西班牙语，3%的居民使用他加禄语（大部分为菲律宾语），2%的居民使用俄语。

2　旧金山公共图书馆体系概况

旧金山公共图书馆总馆位于市中心，其余27个分馆分布在各个社区之中。为了让用户享受更全面和便利的服务，自2017年6月17日起，旧金山公共图书馆体系内的所有图书馆正式实行每日开放的制度。旧金山公共图书馆体系以"服务、获取、社区、多元化和专业化"作为优质服务的核心理念（见表5-7），鼓励体系内的公共图书馆共同努力，实现体系的使命和目标。

表5-7 旧金山公共图书馆体系优质服务核心理念

理念内容	具体阐释
服务	旧金山公共图书馆体系相信图书馆是一个不断寻求进步的学习型组织，致力于为用户提供尽可能优质的服务
获取	旧金山公共图书馆体系将保障用户可以免费、平等地获取资源、馆藏、信息以及参加活动
社区	旧金山公共图书馆体系致力于通过创新的服务、活动和合作关系来支持和建设城市社区
多元化	旧金山公共图书馆体系将努力打造一个可以反映旧金山所有人群的包容环境
专业化	旧金山公共图书馆体系将提供最专业的服务，在相互交流的过程中充分尊重对方，重视团队合作，并以其作为实现共有目标的途径

根据2016—2017财年统计数据，旧金山公共图书馆体系收藏文献总量为3 600 925件，其中实体文献3 178 547册，电子文献422 378件。整个体系的年度流通量为8 401 343册次，其中总馆为1 732 938册次，27个分馆为6 668 405册次。

3 旧金山公共图书馆多元文化服务实践

正如旧金山公共图书馆馆长Luis Herrera认为的，"平等、包容，是图书馆的价值所在"，旧金山公共图书馆体系为多元文化族群免费提供信息和学习机会，致力于让不同群体感受到阅读的魅力。

3.1 多元文化馆藏建设

旧金山公共图书馆体系根据社区人口的构成情况，向不同社区的人群推广多元化馆藏，总馆及27个分馆均为读者提供包括英语在内至少两种语言的多元化服务。

位于旧金山公共图书馆总馆三楼的国际语文中心可以为使用不同语言的群体提供大量文献、数字资源、活动及服务。国际语文中心收藏有大约40种语言的书籍，包括阿姆哈拉文、阿拉伯文、加泰罗尼亚文、中文、克罗地亚文、捷克文、丹麦文、荷兰文、波斯文、菲律宾文、芬兰文、法文、德文、希腊文、古吉拉特文、希伯来文、印地文、匈牙利文、意大利文、日文、高棉文、韩文、拉脱维亚文、挪威文、波兰文、葡萄牙文、旁遮普文、罗马尼亚文、俄文、塞尔维亚文、斯洛伐克文、西班牙文、瑞典文、泰米尔文、泰文、乌克兰文、乌尔都文、越南文、依地文。

值得一提的是，中心还特设华裔、菲律宾裔和非洲裔三大族群专区，集中收藏该族群的文献和数字资源，既可为该族群提供特色服务，又为公众了解该族群及其文化构筑了平台。华裔中心提供有关中国的中英文书籍，内容涉及中华文化和美国华裔知识，每月还会举办粤语和普通话的线上及线下培训班。菲律宾裔中心提供英语、菲律宾语和其他菲律宾方言资料，其中菲律宾文学和历史主题书籍是重要组成部分。非洲裔中心建立于1996年，广泛服务于学生、研究人员以及对加州非裔历史有兴趣的人士。除了收藏宗教信仰、奴隶制度、民权、种族、艺术、热点事件等多个主题的文献资料，中心还与旧金山公共图书馆体系的其他部门、市内各社区组织合作，为公众举办免费的展览和活动。

旧金山公共图书馆资源建设指导原则指出："当使用某种语言的人数超过社区人口的10%，社区图书馆须入藏该语种的图书。"根据这一原则，旧金山公共图书馆体系内符合要求的各个分馆会根据社区人口情况，为社区内的多元文化族群提供不少于200册次的多语种馆藏。在各分馆提供的非英语文献中，中文、俄语和西班牙语的文献数量较多，另外，越南语、菲律宾语和日语文献也有涉及。提供中文馆藏的有20个分馆，包括Marina、Anza、Bayview、Parkside等，其中有7个分馆收藏的中文文献数量超过4 000册次。提供俄语馆藏的有9个分馆，包括Merced、Parkside、Richmond等，其中Richmond分馆收藏俄语文献数量超过4 000册次。包括Bayview和Glen Park在内的7个分馆提供西班牙语馆藏，其中Excelsior和Mission 2个分馆的西班牙语文献数量超过4 000册次。3个分馆提供越南语馆藏，其中唐人街分馆的越南文献超过1 000册次。Excelsior分馆提供超过1 000册次的菲律宾语馆藏，Western Addition分馆则收藏有超过4 000册次的日语文献。

3.2 特色服务

除了从馆藏上满足多元族群的阅读需求，旧金山公共图书馆还开展了针对新移民及多元族群的服务，包括入籍指导服务、职业技能培训、多元交流活动和多元文化庆典。通过丰富的服务，旧金山公共图书馆致力于帮助包括新移民在内的多元族群掌握一定的谋生技能，更好地融入到本地生活和文化之中。

3.2.1 入籍指导服务

旧金山公共图书馆主要在国际语文中心和部分分馆开展移民服务活动。为营造友好的氛围,图书馆将移民服务活动命名为"欢迎所有人"(All are welcome),各馆定期举办针对新移民的入籍指导,例如:如何在美国定居,如何申请入籍,如何获得公民身份。同时,移民资讯角还为移民及难民提供非营利组织法律援助资讯、移民和法律咨询机构目录以及 ESL 课程信息等。

旧金山图书馆在网站上为用户提供直接跳转至美国移民局的"绿卡抽签"页面链接,页面服务与纽约公共图书馆体系提供的"绿卡抽签"大致相同,主要面向美国指定的第二或第三世界国家,怀揣"美国梦",但资金或技术不足以到达移民标准的劳动人口。旧金山公共图书馆每年会在其网站及时发布有关信息并提供指引,用户可以在官网下载申请表格,上传递交到美国移民局的官方网站。

3.2.2 技能培训

移民通过旧金山公共图书馆提供的免费中短期培训和课程,可以获得基础的社交和谋生技能,更快地投身到旧金山的社会生活中。旧金山公共图书馆的职业技能培训主要与计算机相关,包括:

● 计算机基础课程:由旧金山的非营利组织 ARC 与旧金山图书馆共同主办,强调教学与动手相结合。学员通过课程学习,实现从计算机入门到使用计算机进行编码的跨越。

● 计算机进阶课程:主要指导学员如何处理笔记本电脑、平板电脑、手机和其他电子设备的技术故障。

● GWC 课程:全称为"Girls Who Code(编程女孩)"。GWC 实际上是一个全球性的非营利组织,致力于在科技和工程领域中弥补性别之间的差距。旧金山公共图书馆与 GWC 合作,为 6—12 年级的年轻女性开设课程。通过学习,女性学员可以习得编写动画、编写游戏和编写网页等技能。

3.2.3 多元交流活动

旧金山公共图书馆定期或不定期举办多元文化线下活动,其中"聚焦"系列活动已成为图书馆的品牌活动,涉及对象包括俄裔、拉丁裔、菲律宾裔和华裔。此外,图书馆也鼓励或邀请拥有不同技能和特长的市民成为活动主讲人,以志愿者提供内容、图书馆提供场地的方式,为公众提供具有地方特色的活动,例如,太极课程、日本折纸和中国书法等。

图片展览也是旧金山公共图书馆推广多元文化的主要途径之一。通过挖掘馆藏图片及相关文献,旧金山公共图书馆希望帮助读者多角度、深层次地了解历史和多元群体。旧金山公共图书馆与中国驻旧金山总领馆近年来展开积极合作，先后举办了北京奥运主题展、中美建交30周年主题展、上海世博展览及影片推介会、中国故事片回顾展演等活动。2013年，双方合作举办了为期3个月的"脉动中国"图片展览，在当地掀起了一阵中国热潮。

3.2.4 多元化庆典

旧金山公共图书馆在"亚太文化遗产月""拉丁文化遗产月"和"中东文化遗产月"分别举办丰富多样的活动，并以这些多元化庆典为契机，挖掘相关馆藏资源，吸引旧金山市民加深对自我身份的认识，增进对其他多元族群的理解，其中每年4—5月为"亚太文化遗产月"。2018年"亚太文化遗产月"期间，旧金山公共图书馆围绕"亚洲国家的典型乐器"主题，通过系列活动介绍了日本竹笛、日本筝、韩国弓弦乐器、中国古筝等乐器。在9—10月的"拉美文化遗产月"期间，旧金山公共图书馆举办拉美文化表演、电影放映、工艺品展示、美食品尝等多场活动，以此推广和传承拉美传统文化。在10月份，旧金山公共图书馆则配合"中东文化遗产月"，从历史和传统等方面展示中东文化。2017年，旧金山公共图书馆邀请旧金山城市学院跨学科研究博士Abdul Jabbar为大家介绍中东被称为"文明摇篮"的缘由，同时举办中东文化庆典，组织表演和游戏，展示工艺品和美食。这些庆典活动吸引了大批青少年参与，他们品尝不同的中东小吃并尝试制作，学习传统巴勒斯坦刺绣设计与技术，学习做鹰嘴豆泥以及画"邪恶之眼"护身符等，感受到了异域文化的魅力。

3.2.5 多语种配套服务

为配合上述多元特色服务的开展，旧金山公共图书馆在人力资源和网站服务方面也做了相应要求。

出于为多元群体提供多语种服务的需要，旧金山公共图书馆要求馆员具备相应的语言资质。除了提供英语服务，旧金山公共图书馆的国际语文中心工作人员还可以提供中文、日语、俄语和西班牙语服务，以及少量的法语、葡萄牙语和菲律宾语服务。国际语文中心下设的华裔中心、菲律宾裔中心和非裔中心则重点提供相应语种的服务。与总馆相比，27个分馆则各具特色，馆内工作人员不仅可以用英文对话，还有熟悉中文（包括普通话、粤语、台山话）、越南语、西班牙语、俄语、日语和菲律宾语的馆员，为使用相应语种的读者服务。另外，旧金山公共图书馆专门成立了中文图书馆馆员服务小组，为旧金山市公共图书馆体系提供流动的人力支持和智力支持。该小组由7名不同背景的专业图书馆馆员组成，他们定期阅览报章，掌握社会最新动态，以便为总馆和分馆采购既能满足读者需求又紧扣时下热点的中文书籍。

在网站服务方面，旧金山公共图书馆设计了英语、西班牙语和中文 3 种版本的网站，对于其他语种则提供对应语种的资源，如俄语、越南语等。图书馆网页不仅在语言上照顾多元文化人群，更为他们提供直接跳转移民局和移民服务网页的链接、6 种语言版本的"美国公民入籍"在线资源、入籍考试相关资料和 ESL 在线资源，力求为不同语种的读者提供方便快捷的入籍资讯和在线语言学习资源。

第六节　美国公共图书馆原住民服务

1　美国公共图书馆原住民服务背景

根据美国人口调查局发布的 2010 年人口普查数据，美国约有 3 亿人，其中 0.9% 为单一血统的美国原住民和阿拉斯加原住民，约 290 万人；0.7% 为美国原住民或阿拉斯加原住民与其他种族的混血人群，约 230 万人。两类原住民人群广泛分布在美国各州，其中，加利福尼亚州的原住民人口所占比例最高，达到 14%，其后分别是俄克拉荷马州、亚利桑那州、得克萨斯州和纽约州。在美国 25 岁以上的人群中，87.1% 获得高中以上学历，30.6% 获得学士以上学历。在 25 岁以上的美国原住民和阿拉斯加原住民人群中，82.7% 获得高中毕业证或普通同等学历证书，19.1% 获得学士以上学历。由此可见，美国原住民和阿拉斯加原住民的基础教育程度基本达到全国水平，但高等学历人群比例距离全国水平仍有一定差距。

由于美国原住民和阿拉斯加原住民分布不均，部分居住在原住民居留地，部分在城市区域内生活，因此，他们可以享受的公共图书馆服务也存在差异。居住在大城市的原住民可以享受和使用较为先进和便利的公共图书馆服务，而居住在原住民居留地或偏远社区的原住民可以接触到的图书馆服务相对匮乏。美国约有一半的公共图书馆位于非大城市区域，其中大部分公共图书馆的服务人口少于 5 000 人，大部分部落图书馆为 2 000～3 000 人的社区服务。在这些郡县和社区里，部落图书馆一方面作为社区中心为公众提供免费的资源和服务，另一方面也承担信息和知识中心的职能，开展多项与原住民相关的工作，包括增强原住民的文化认同感，复兴原住民语言，推广代际活动，为非原住民人群研究原住民文化和历史提供帮助。

部落图书馆对原住民社区的重要意义不言而喻，但地理、经济、人口等因素给不少部落图书馆的建设和运营带来诸多挑战。因此，美国图书馆协会修订了《部落图书馆规程手册》（TRAILS—Tribal Library Procedures Manual，以下简称《规程手册》），为部落图书馆的发展提出建议。《规程手册》明确部落图书馆的六大主要职能，包括：为全年龄段社区居民提供各种流行读物;为个人和组织提供准确、有用的信息;与其他社区机构合作组织活动和提供服务,为团体提供会议场所;为个人提供正式教育和自我提升的资源和服务;就特定主题或领域提供专业信息;为全年龄段读者提供免费上网和电脑使用。鉴于大部分原住民部落缺乏熟悉图书馆运作的专业馆员,《规程手册》不但从10个方面指导部落图书馆的建设和管理(见表5-8),同时还附上相关文献和资源,方便建设者和管理者参考。

表5-8 《部落图书馆规程手册》主要内容

项目	内容
前期建设	评估社区需求;确立机构使命和目标;建立管理和组织架构
合作关系	与当地政府部门和机构建立合作关系;促进图书馆之间的合作
馆舍设施	指导图书馆的选址、外观、布局等
馆藏发展	甄选文献;订购;接收;馈赠;修复;剔旧
特藏发展	专题资料;口述历史;照片;数字资源;原住民部落资源
用户服务	流通借阅;参考咨询;网络和电脑服务;面向儿童的服务;面向青少年的服务;面向成人的服务;档案服务
加工处理	文献编目;复本处理;上架前的准备
管理运营	制定政策;人力资源管理;志愿者管理;预算计划;财务报告;记录和数据;财产清单;开放时间;馆内电脑
拥护支持	概念解释;如何得到拥护和支持
资金运作	制定筹款计划;项目策划和实施;寻找潜在筹资渠道;明确追加资金源;调查资助者;接触资助者;准备概念文件;起草申请报告;项目陈述;提交申请后的注意事项

2 美国公共图书馆原住民服务实践

2.1 图书馆协会原住民服务

2.1.1 美国原住民图书馆协会原住民服务情况

于1979年建立的美国原住民图书馆协会是美国图书馆协会的隶属机构,旨在满足美国原住民和阿拉斯加原住民的信息需求和图书馆服务需求,传播原住民的文化、语言和价值观。协会会员包括个人和团体组织,通过项目和计划推动部落图书馆的发展,提高原住民居留地内各学校图书馆、公共图书馆和学术图书馆的文化和信息服务。美国原住民图书馆协会每年发布两次新闻通讯,并与美国图书馆协会联合举办年会,向协会会员和公众报告原住民图书馆发展情况,分享原住民图书馆的最新消息。美国原住民图书馆协会面向原住民的服务主要包括3个方面:宣传出版、专业交流以及专题项目。

在宣传方面,美国原住民图书馆协会通过出版新闻通讯和刊发书评来推广协会工作,报告原住民图书馆发展状况和分享研究成果。新闻通讯一年两期,内容包括会员组织的最新信息和活动情况、对原住民作者的采访、学术论文和年会项目详情。此外,美国原住民图书馆协会还向会员和下属机构广泛征集对原住民作家及作品的评述文章,通过书评的形式一方面向公众宣传推广原住民作品,另一方面也启发读者对原住民作品进行思考和讨论。

在专业交流方面,美国原住民图书馆协会作为美国图书馆协会"新兴领袖"项目的主办方之一,定期会在本协会会员中选择一个成员或一个机构参与项目,并为其提供至少1 000美金的资助。通过这个项目,新进馆员可以深入了解美国图书馆协会的内部架构,参与团队实践和同行交流,更快、更全面地认识和了解图书馆相关信息。此外,美国原住民图书馆协会与多个地区图书馆协会合作举办族裔图书馆馆员联席会议,联合馆长、馆员、资助人、社区读者等共同商讨图书馆多元文化服务,并探讨多元文化服务如何影响这些族裔社区。美国原住民图书馆协会还鼓励会员积极参加国际原住民图书馆馆员论坛,与来自世界各地的原住民馆员交流工作实践,分享案例和经验。

在专题项目方面,美国原住民图书馆协会开展的工作包括评选"美国原住民图书馆协会杰出服务奖"(American Indian Library Association Distinguished Service Award)、提供奖学金或基金支持、参与"美国原住民青年文学奖"(American Indian Youth Literature Award)、组织"讲故事"素养教育项目等。

为纪念对原住民图书馆建设做出贡献的优秀图书馆馆员,美国原住民图书馆协会向所有在职和退休的馆员开放奖项申请,从中评选出"美国原住民图书馆协会杰出服务奖"获得者。候选人应在超过一年的工作中满足至少三项内容:拥有正直、慷慨、谦逊、有勇气和积极协作的品质;为美国原住民图书馆协会提供重要且持续的服务;为原住民社区提供卓越服务;在职业发展中获得特别进步,并以此向美国原住民图书馆协会做出具体或特别贡献；为美国原住民、阿拉斯加原住民和夏威夷原住民的图书馆和信息服务做出杰出贡献。

在基金支持方面，美国原住民图书馆协会为美国原住民和阿拉斯加原住民设立了长期有效的弗吉尼亚·马修斯纪念奖学金（Virginia Mathews Memorial Scholarship）（见表5-9），以鼓励和帮助美国原住民和阿拉斯加原住民投身图书馆行业。此外，馆员也可以从美国原住民图书馆协会得到经费支持。2017年，美国原住民图书馆协会用旅费补助基金为两位参加美国图书馆协会年会的部落图书馆馆员提供资助，鼓励他们参与专业交流，提升业务能力和专业素养。

表5-9 弗吉尼亚·马修斯纪念奖学金

项目目的	为符合条件的对象提供学费： ①在美国原住民社区生活和工作的原住民； ②在美国图书馆协会认可的大学攻读图书情报相关硕士学位，或被这些专业录取的美国原住民学生
评选标准	①申请者应为联邦政府认可的原住民部落成员，持有官方文件证明； ②能够证明自己持续参与美国原住民社区事务，并对原住民事务和计划做出持续贡献； ③被美国图书馆协会认可的图书情报硕士专业录取； ④按照要求，每年每学期出勤时间不得少于6小时 提示：项目优先考虑部落图书馆馆员或在面向美国原住民的图书馆工作的申请者
申请方式	填写申请表并提交给美国原住民图书馆协会奖学金委员会，截止时间为每年6月1日。提交申请表时请附以下材料： ①两封推荐信，阐明申请者的学术能力、专业发展能力和作为图书馆馆员的贡献，以及为美国原住民服务的承诺； ②提供官方文件，证明自己是联邦政府认可的原住民部落的成员或具有阿拉斯加原住民身份； ③个人陈述突出本人过去对美国原住民社区的参与情况和未来的参与计划（不超过500字）； ④个人简历

始于2006年的"美国原住民青年文学奖"为发掘和肯定美国原住民创

作或演绎的文学作品而设,每两年举办一次。每届比赛会在绘本组、中学组和青年组中各选出一部获奖作品。美国原住民图书馆协会每届比赛都会提名部分美国原住民的作品进入候选名单,从图书馆的角度为公众推荐优秀的原住民文学作品。

除了学术性项目和活动,美国原住民图书馆协会还面向亚太裔、美国原住民和阿拉斯加原住民儿童和家庭开展"讲故事"素养教育项目。通过图书、口述和插画等方式,该项目以互动体验的形式让读者分享原住民故事,进一步挖掘原住民文化。此外,不同族裔也可以按照社区和家庭的文化素养情况,在"讲故事"项目中调整和定制适合自己的内容。

2.1.2 图书馆和博物馆服务协会原住民服务情况

图书馆和博物馆服务协会(Institute of Museum and Library Services)是美国联邦政府于1996年建立的一个独立机构,以"建设强大的图书馆和博物馆,用信息和想法联系人们"为使命,通过拨款、研究和制定政策对国内的图书馆、博物馆以及相关组织提供服务和支持。在对原住民图书馆服务方面,图书馆和博物馆服务协会主要通过"原住民图书馆服务基础基金(Native American Library Services Basic Grants)""原住民图书馆服务增补基金(Native American Library Services Enhancement Grants)"和"夏威夷原住民图书馆服务基金(Native Hawaiian Grants)"3个项目为原住民图书馆提供资助(见表5-10)。

表5-10 图书馆和博物馆服务协会原住民图书馆服务基金项目

基金项目	资助对象	资助金额(美元)	项目时长	资金共享要求
原住民图书馆服务基础基金	美国原住民部落	6 000~10 000	1年	不可共享资金
原住民图书馆服务增补基金	美国原住民部落	10 000~150 000	2年	无
夏威夷原住民图书馆服务基金	主要服务和代表夏威夷原住民的非营利组织	10 000~150 000	2年	无

"原住民图书馆服务基础基金"和"原住民图书馆服务增补基金"面向美国原住民部落开放。前者主要用于支持图书馆持续运营核心业务和现有服

务，除此之外还包括：资助部落图书馆馆员参加继续教育课程和培训工作坊；资助部落图书馆馆员参与与图书馆服务相关的会议或在相关会议上发言；聘请顾问到图书馆进行专业评估。后者具有一定的竞争性，主要用以支持图书馆举办的活动和项目。"夏威夷原住民图书馆服务基金"面向服务和代表夏威夷原住民的非营利组织开放，主要帮助图书馆增强现有服务，举办相关活动和新增服务项目等。为帮助申请机构了解并熟悉基金项目的申请流程和具体事宜，图书馆和博物馆服务协会每年都会在开放申请前组织网络研讨会，方便申请方进行广泛交流和深入探讨。

2.2 州立图书馆原住民服务实践

以美国 2010 年人口普查数据为参考，本书对美国原住民和阿拉斯加原住民人口比例最高的 5 个州的州立图书馆的原住民服务进行调查，包括加利福尼亚州立图书馆、俄克拉荷马州立图书馆、亚利桑那州立图书馆/档案馆和公共记录部、得克萨斯州立图书馆和档案委员会、纽约州立图书馆。通过网络和文献调查，发现俄克拉荷马州立图书馆和亚利桑那州立图书馆/档案馆和公共记录部在政策、资源、服务和活动方面开展了一定的工作，因此，本章将重点介绍这两所机构及其服务。另外，由于阿拉斯加是阿拉斯加原住民比较集中的地区，因此，本章也将涉及阿拉斯加州立图书馆的原住民服务情况。

2.2.1 俄克拉荷马州立图书馆和部落图书馆的原住民服务

原住民聚居在俄克拉荷马州的历史十分悠久，中间经历西方殖民者侵略和多次政府更迭以及社会变迁。在 19 世纪，大批居住在美国东部的原住民迁移到俄克拉荷马州并在此定居。丰富多样的文化和遗产为该州带来了深远的影响。目前，原住民人口占俄克拉荷马州总人口的 8%，州内分布有 38 个得到联邦政府承认的原住民部落。

面对较多的原住民人口和他们日益增长的知识和文化需求，俄克拉荷马州立图书馆在资源建设和专题服务方面开展了相关工作，希望在满足需求的同时，保护并复兴原住民的知识和文化。俄克拉荷马州立图书馆承担的主要职能包括为州政府提供信息管理和档案管理、支持本州公共图书馆发展、协调图书馆和信息技术项目以及利用馆藏为公众服务。在资源建设方面，由于俄克拉荷马州立图书馆要为州政府保存档案和记录，因此，馆内关于原住民的特色馆藏主要为档案和照片。俄克拉荷马州曾是美国原住民领区，当时测量员留下了大量关于领区土地的文件，详细记录了植被、水体、土壤和标记等信息。收藏在"俄克拉荷马影像"数字馆藏中的照片直观地反映了俄克拉荷马州的社会变迁、族裔交汇、文化碰撞等独特内容。图书馆在网站的"对俄克拉荷马州居民的服务"栏目下设有"原住民历史和文化"专栏，内含俄克拉荷马州多个原住民部落的网站，并附有各个部落的新闻、媒体、文化、遗产和节庆活动等链接。这些资料对非原住民人群了解、学习和研究俄克拉荷马州原住民的历史及现状有重要参考意义。除了本州原住民的信息资源，俄克拉荷马州立图书馆还在"美国政府资源"栏目下设置"美国原住民相关政府网页"子目，整理了"艺术、展览、地区和照片""商业和就业""教育""住房和土地"等18类资源，方便原住民根据自身需求查询资料。

俄克拉荷马州的部落图书馆整体处于探索和建设阶段，其中衣阿华部落图书馆、夸保部落图书馆、萨克和福克斯部落公共图书馆的服务相对成熟。在资源建设方面，3所图书馆不但有丰富的图书和视听馆藏，为读者提供免费借阅，还提供大量电子书、音乐作品和视频等电子资源。在图书馆和博物馆服务协会的"原住民图书馆服务基础基金"和"原住民图书馆服务增补基金"的支持下，夸保部落图书馆正在逐步充实馆藏。衣阿华部落图书馆不但有健康、学习、百科等多个主题的数字资源，还收藏有衣阿华部落的口述历史和原住民语言档案。若读者还有更具体的要求，衣阿华部落图书馆可以通过馆际互借服务帮助他们寻找到需要的信息和资料。萨克和福克斯部落公共图书馆藏有将近9 000本图书，其中小说设置了"易读""青少年""年轻人"和"成人"的分类，帮助不同年龄段的读者找到适合的读物。除了文献资源，萨克和福克斯部落公共图书馆还根据当地原住民社区需要，别出心裁地提供蛋糕和曲奇模具的外借服务。

在活动和服务方面，衣阿华部落图书馆、萨克和福克斯部落公共图书馆根据自身情况开展了不同程度的工作。衣阿华部落图书馆为当地原住民组织普通教育发展项目，每周邀请有职业资格的教师授课两次，帮助原住民读者提高文化能力和素养。萨克和福克斯部落公共图书馆在每年"国家图书馆周"期间会组织一场室外野炊活动，其他面向儿童和年轻人的活动视情况不定期举行。

2.2.2 亚利桑那州立图书馆原住民服务

亚利桑那州早期是大量美国原住民的居住地，霍霍坎、莫戈隆和普韦布洛等原住民文化曾在此地盛行。根据2010年美国人口普查数据显示，亚利桑那州总人口约639万，其中美国原住民人口占4.6%，约29万人。目前，亚利桑那州内有22个得到联邦政府认可的原住民部落，其中纳瓦霍是美国原住民中人数最多的部落。亚利桑那州立图书馆、档案馆和公共记录部是亚利桑那州政府的下设部门，承担图书馆和档案馆的职能。在图书馆工作方面，亚利桑那州立图书馆、档案馆和公共记录部十分重视对原住民的服务和对部落图书馆的支持，在政策和服务方面采取了一系列措施。

在政策方面，颁布《亚利桑那图书馆服务和技术法五年计划2018—2022》(*Arizona Library Services and Technology Act Five Year Plan 2018—2022*)，提出通过系列计划实现"加强信息获取""完善正规教育""建设包容性社区"和"制度建设"4个目标，其中对部落图书馆的支持主要是提供基金支持，帮助部落图书馆发现、保存和开放信息，支持当地居民终身学习和提高文化素养，为社区互动项目提供支持，完善本馆制度建设。在服务方面，亚利桑那州立图书馆、档案馆和公共记录部注重馆员的职业发展和继续教育，每年都会组织为期5天的亚利桑那州图书馆夏季短训班，为非图书情报背景的馆员提供专业培训和合作机会，帮助他们运营位于偏远地区的小型图书馆。

亚利桑那州立图书馆、档案馆和公共记录部对本州部落图书馆的支持包括文献资源、活动项目和基金扶持等。在资源建设方面，每年按时完成年度数据汇报的部落图书馆可以从供应商处挑选价值2 500美元的图书、CD或DVD，此外，还可以访问向全州开放的数据库和一些短期数字资源。在活动项目方面，亚利桑那州立图书馆、档案馆和公共记录部鼓励部落图书馆积极参与在全州范围内推广的夏季阅读计划，免费获取该活动的阅读材料，以此为契机提高社区居民的文化素养。在基金方面，符合条件的部落图书馆可以申请联邦政府支持的图书馆服务基金和由亚利桑那州立法机构提供的资助基金，获得一定的建设或运营资金来保持图书馆核心业务或拓展服务。如果遇到管理方面的问题，部落图书馆还可以向亚利桑那州立图书馆、档案馆和公共记录部提出咨询，通过现场参观调研和特别培训解决问题。

2.2.3 阿拉斯加州立图书馆原住民服务

阿拉斯加总人口为73万，其中约15%的人口为单一血统的美国原住民和阿拉斯加原住民，7%的为混合血统原住民。阿拉斯加目前存在至少20种原住民语言，大部分语言属于爱斯基摩、阿留申语系和纳-德内语系。2014年，包括伊努皮克语、布吉语、塔纳克罗斯语在内等20种阿拉斯加原住民语言被认证为官方语言。鉴于阿拉斯加的原住民历史和文化，阿拉斯加州立图书馆在规划本馆工作和开展实际服务中也特别考虑到原住民的需求和利益。

阿拉斯加州立图书馆作为州政府和州议会的信息资源中心，同时负责协调全州图书馆服务，管理联邦政府和州政府为公共图书馆建设和服务的拨款。在《图书馆服务和技术法阿拉斯加州五年计划2018—2022》（Library Services and Technology Act Alaska State Plan 2018—2022）中，阿拉斯加州立图书馆提出未来5年希望实现的3个目标，并把对原住民的服务和帮助纳入规划之中。一方面，为了向全年龄段、不同背景和不同需求的人群提供终身学习的机会，阿拉斯加州立图书馆将努力提高图书馆服务水平，面向公众举办更多与阿拉斯加原住民及其文化相关的活动，或专门为阿拉斯加原住民策划文史项目，鼓励更多公众参与其中。另一方面，为保护阿拉斯加独特的原住民文化资源并为公众提供访问，阿拉斯加州立图书馆将帮助地方图书馆提供阿拉斯加原住民语言的文献资源。这两项措施的实施将有利于阿拉斯加州立图书馆实现"支持阿拉斯加居民终身学习"和"帮助读者获取多种格式和内容丰富的文献"这两个总体目标。

在馆藏建设方面，阿拉斯加州立图书馆收藏了大量关于美国原住民和阿拉斯加原住民的文献资源，涉及历史、文化、语言等多个主题，包括阿拉斯加历史特藏、阿拉斯加数字档案和阿拉斯加原住民语言资源。阿拉斯加历史特藏包括照片、手稿、地图和多媒体资源（见表5-11），从文字、图像和影音角度全方位展示阿拉斯加的地理演变、社会变迁和文化发展，其中不乏关于原住民的照片和报纸期刊，以及来自原住民的手稿。阿拉斯加数字档案和阿拉斯加原住民语言资源主要以州际图书馆电子通道（Statewide Library Electronic Doorway）为平台，提供档案数字资源和阿拉斯加原住民语言资料，不但可以拓宽公众了解原住民的渠道，加深他们的认识，同时也为专家学者深入分析和研究美国原住民及阿拉斯加原住民提供了丰富材料。

表5-11 阿拉斯加历史特藏资源

馆藏类型	馆藏内容
照片和图像	超过13万张图像资料，格式包括彩色幻灯片、立体图像、明信片和印刷插图，主题涵盖阿拉斯加地理情况和历史文化
手稿和记录	手稿包括私人日记和信件，来自教师、传教士、淘金者、阿拉斯加原住民和军事人员等，记录多为煤炭公司、百货商店和罐头工作的营业记录

（续上表）

馆藏类型	馆藏内容
图书和期刊	超过5万本出版物涵盖世纪之交的期刊、早期的小说作品以及阿拉斯加和北极圈早期探险记录资料
报纸	保存来自119个阿拉斯加社区的报纸的缩微胶片
地图	包括地图册、阿拉斯加相关的历史地图，如旧版航海图和州内选区分布图
多媒体	大部分是与照片和手稿相关的录音、录像带和影片

由于阿拉斯加州立图书馆的定位为研究型图书馆，因此，它所提供的专题服务大多是研究指导，其中与原住民相关的是家谱研究。阿拉斯加州立图书馆在官方网站上整理了与家谱研究相关的资源列表和研究指导，在分馆使用家谱查询的读者可以通过馆际互借获取相关文献。在统筹管理方面，阿拉斯加州立图书馆一方面通过一定额度的馆际基金支持全州各类图书馆举办活动和项目，另一方面也提供原住民图书馆基金信息，帮助公共图书馆申请相应基金。

参考文献

[1] 波士顿公共图书馆 [J]. 图书馆建设, 2015 (7): 2.

[2] 冯洁音. 美国大都市图书馆服务述略：以纽约、芝加哥和西雅图公共图书馆为例 [J]. 图书与情报, 2013 (3): 19-25.

[3] 方家忠. 美国洛杉矶郡公共图书馆的组织、管理和服务 [J]. 图书馆杂志, 2010, 29 (8): 43-67.

[4] 韩曜. 国际大都市公共图书馆移民服务研究 [J]. 图书馆建设, 2017 (5): 52-58.

[5] 刘锦山. 路易斯·赫雷拉：图书馆创客空间新构想 [J]. 图书馆建设, 2017 (6): 100-101.

[6] 刘亚. 首届中美尼山国际讲坛：图书馆"阅读与馆藏"4 趋势 [N/OL]. 中国出版传媒商报, 2015-10-20 [2018-05-18]. http://www.cbbr.com.cn/article/84353.html.

[7] 李英杰. 美国图书馆社区参与视角下的服务设计研究 [J]. 图书馆理论与实践, 2016 (5): 86-90.

[8] 陶俊, 孙坦, 金瑛. 总分馆制下公共图书馆的服务模式研究：以美国波士顿公共图书馆系统为例 [J]. 图书馆建设, 2010 (8): 7-13.

[9] 徐辉. 纽约州公共图书馆服务体系政策研究 [J]. 新世纪图书馆, 2016 (9): 71-75.

[10] 杨家勇. 洛杉矶公共图书馆营销策略研究 [J]. 图书馆建设, 2015 (3): 27-31.

[11] 杨力伟. 公共图书馆与社区生活：波士顿公共图书馆的理念、运作和功能 [J]. 开放时代, 2003 (5): 125-134.

[12] 张智. 芝加哥公共图书馆发展战略规划研究 [J]. 图书馆学研究, 2015 (7): 93-96.

[13] American Indian Library Association. Honoring our elders [EB/OL]. [2018-04-19]. https://ailanet.org/activities/honoring-our-elders/.

[14] American Indian Library Association. Virginia mathews memorial scholarship [EB/OL]. [2018-04-20]. https://ailanet.org/awards/scholarships/.

[15] American Library Association. TRAILS: tribal library procedures manual: 4th ed. [EB/OL]. [2018-04-18]. http://www.ala.org/aboutala/offices/olos/toolkits/trails.

[16] Arizona State Library, Archives and Public Records. Arizona LSTA

five – year plan 2018—2022 [EB/OL]. [2018 – 04 – 23]. https://www. azlibrary. gov/sites/default/files/libdev_lsta_2018 – 2022_five_year_plan_final. pdf.

[17] Alaska State Library, Governor's Advisory Council on Libraries. Library services and technology act Alaska state plan 2018—2022 [EB/OL] [2018 – 04 – 24]. https://www. imls. gov/sites/default/files/state – profiles/plans/alaska5yearplan. pdf.

[18] Arizona Tribal Transportation. Overview [EB/OL]. [2018 – 04 – 26]. http://aztribaltransportation. org/.

[19] Boston Public Library. Collection development policy [EB/OL]. [2018 – 09 – 28]. https://d4804za1f1gw. cloudfront. net/wp – content/uploads/sites/30/2017/01/30081802/collectiondev_policy. pdf.

[20] City of Chicago. Immigration assistance laws [EB/OL]. [2018 – 04 – 12]. https://www. cityofchicago. org/city/en/depts/bacp/supp_info/immigration_assistancelaws. html.

[21] Chicago Public Library. Chicago Public Library 2015—2019 strategy [EB/OL]. [2018 – 04 – 12]. https://www. chipublib. org/wp – content/uploads/sites/3/2016/06/CPL – strategy. pdf.

[22] Institute of Museum and Library Services. About US [EB/OL]. [2018 – 04 – 26]. https://www. imls. gov/about – us.

[23] Institute of Museum and Library Services. Native American library services: basic grants [EB/OL]. [2018 – 04 – 22]. https://www. imls. gov/grants/available/native – american – library – services – basic – grants.

[24] Los Angeles Public Library. About the library [EB/OL]. [2018 – 05 – 17]. http://www. lapl. org/about – lapl/about – library.

[25] Oklahoma Department of Libraries. About ODL [EB/OL]. [2018 – 04 – 22]. https://libraries. ok. gov/about – odl/.

[26] Oklahoma Historical Society. American Indians [EB/OL]. [2018 – 04 – 22]. http://www. okhistory. org/kids/ai. php.

[27] Office of the Mayor. Chicago new Americans plan [EB/OL]. [2018 – 04 – 12]. https://www. cityofchicago. org/city/en/depts/mayor/supp_info/chicago_new_americansplan. html.

[28] San Francisco Public Library. Statistics system-wide FY 2016—2017 [EB/OL]. [2018 – 06 – 20]. https://sfpl. org/uploads/files/pdfs/Systemwide –

Statistics-2016-17. pdf.

［29］San Francisco Public Library. Reinvesting and renewing for the 21st century：SFPL five-year strategic plan［EB/OL］.［2018-05-16］. https：//sfpl. org/pdf/about/commission/ReinvestingRenewing. pdf.

［30］The Alaska State Legislature. Bill history/action for 28th legislature HB 216［EB/OL］.［2018-04-26］. http：//www. legis. state. ak. us/basis/get_bill. asp？bill=HB％20216&session=28.

［31］The Department of Cultural Affairs and Special Events. Chicago cultural plan 2012［EB/OL］.［2018-04-12］. https：//www. cityofchicago. org/city/en/depts/dca/supp_info/cultural_plan3. html.

［32］Wikipedia. Chicago［EB/OL］.［2018-04-23］. https：//en. wikipedia. org/wiki/Chicago#Demographics.

参考资料

1. 美国人口调查局：https：//www. census. gov/
2. 波士顿公共图书馆：http：//www. bpl. org/
3. 纽约公共图书馆：https：//www. nypl. org/
4. 皇后区公共图书馆：http：//www. queenslibrary. org/
5. 布鲁克林公共图书馆：https：//www. bklynlibrary. org/

第六章 澳大利亚公共图书馆多元文化服务

澳大利亚有6个州和2个领区，包括新南威尔士州（首府悉尼）、昆士兰州（首府布里斯班）、南澳大利亚州（首府阿德莱德）、塔斯马尼亚（首府霍巴特）、维多利亚州（首府墨尔本）、西澳大利亚州（首府珀斯），以及澳大利亚首都领区（首府堪培拉）和北领区（首府达尔文）。澳大利亚统计局于2017年9月底发布的数据显示，澳大利亚人口总数为2 470万，集中于东南沿海地区和主要城市。近80%的人口居住在新南威尔士州（748万人）、维多利亚州（592万人）、昆士兰州（470万人）与首都领区（41万）。

澳大利亚是典型的移民国家，被社会学家喻为"民族的拼盘"。截至2016年6月30日，非澳洲出生的常住人口达到690万人，占澳洲总人口的28.5%。而在移民人口众多的美国、加拿大和新西兰，这项比例分别是14%、22%和23%，均低于澳大利亚。在澳大利亚，移民最多的来源国分别是英国（包括海峡群岛及马恩岛）、新西兰、中国、印度、菲律宾和越南，来自这6个国家的移民占澳大利亚总人口的13.6%。

澳大利亚移民最多的州也是人口最为集中的州，包括新南威尔士州、维多利亚州和昆士兰州。多民族形成的多元文化是澳大利亚社会一个显著特征。全球范围内首个多元文化图书馆发展规范也于1982年在维多利亚州首府墨尔本诞生，澳大利亚由此成为图书馆界多元文化运动的肇始之地。

此外，澳大利亚原住民和托雷斯海峡岛民也是澳大利亚人口的重要组成部分。2016年人口普查显示，澳大利亚原住民与托雷斯海峡岛民约65万人，占澳大利亚人口总数的2.8%。3/5以上有原住民背景的群体居住在新南威尔士州和昆士兰州。同时，北领区的原住民人口占该州总人口的26%，比例为各州最高。

澳大利亚的公共图书馆包括国家图书馆、州立/领地图书馆和地方公共图书馆3种形态，且这3类图书馆都是由相应级别的政府机构自主运行，没有从属关系（如图6-1所示）。其中，国家图书馆和州立图书馆均为单体图书馆，地方公共图书馆则往往包含了一系列的分馆和各类服务设施，属于完整的图书馆服务体系。地方公共图书馆大多由当地议会负责，由单一议会负责的一般为独立图书馆体系，此外还有多个议会合作共同建立的地区合作图书馆或乡村图书馆体系等。

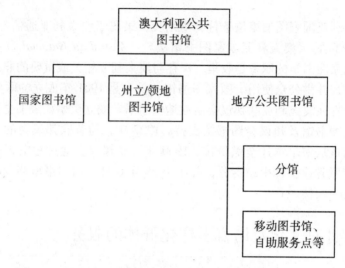

图 6-1　澳大利亚公共图书馆构成情况

本章在选择案例时结合澳大利亚的人口分布情况，将研究焦点聚集在移民或原住民人口较多（或比例较高）的地区，即新南威尔士州、维多利亚州、昆士兰州和北领区。下文将分 5 节分别介绍澳大利亚国家图书馆、新南威尔士州立图书馆、维多利亚州立图书馆、昆士兰州立图书馆和北领区公共图书馆的多元文化服务情况。

第一节　澳大利亚国家图书馆多元文化服务

澳大利亚国家图书馆位于首都堪培拉，隶属于澳大利亚通信与艺术部。1960年出台的《澳大利亚国家图书馆法》（*Australian National Library Act*）规定，国家图书馆的职责是收集、保存与澳大利亚相关或重要的非澳大利亚文献资料，并供公众使用。国家图书馆的前身是1901年成立的联邦议会图书馆，设立在澳大利亚联邦议会所在地墨尔本。成立伊始，藏书主要靠维多利亚州立图书馆及州议会图书馆支持。1927年，随着联邦议会的迁址，国家图书馆也从墨尔本迁至堪培拉。1960年，联邦议会通过法案正式将国家图书馆和联邦议会图书馆拆分，并于1968年8月在伯利格里芬湖畔新建了国家图书馆大楼。

1　针对文化及语言多样化群体的服务

澳大利亚国家图书馆对文化及语言多样化群体的关注主要体现在馆藏建设方面。首先，图书馆所藏的大量海外主题文献已成为其非常重要的特色馆藏。其次，图书馆一直在收集与文化及语言多样化群体相关的出版物或其他资料。与州立图书馆或地方图书馆不同的是，国家图书馆收集这些资源是为了建立研究型馆藏，保存和丰富该群体的文化遗产，这与国家图书馆的功能定位是相适应的。

1.1　"收藏多样化的澳大利亚"倡议

澳大利亚国家图书馆的职责是收集和保存与澳大利亚相关的文献资源，且这些资源应该代表和反映澳大利亚不同阶层、不同社区的情况。澳大利亚国家图书馆认为现有馆藏缺乏文化及语言多样化群体的相关文献，因此，与各州立图书馆合作发起了"收藏多样化的澳大利亚"的活动倡议，面向社会各界长期征集各类文献，特别是多元文化类出版物。

发起这项活动倡议的主要目的是鼓励相关的出版机构、团体或个人踊跃向国家图书馆或州立图书馆上缴多元文化类文献复本。同时，也希望利用这个机会在文化及语言多样化群体中宣传国家图书馆和州立图书馆，提升民众对文献遗产的关注。

在征集范围方面,国家图书馆收集不同语种的各类资源,包括图书、杂志、宣传单、报纸、漫画、海报、小册子等,内容可以是家谱、自传、地区或社区信息、诗歌、小说以及文化活动、会议、工作坊的衍生资料等。征集的资料将录入国家书目数据库供研究使用,公众可以通过国家图书馆目录查询到馆藏中的相关文献。

1.2 海外主题特色馆藏建设

据2016—2017年的数据统计,澳大利亚国家图书馆约有1 000万册藏书,藏书类型和载体都非常丰富,包括书刊、报纸、地图、乐谱、手稿、画作和口述历史等。海外主题文献是国家图书馆的特色资源之一,其数量几乎占了全馆纸本藏书的一半。

在澳大利亚国家图书馆的海外主题文献当中,最为突出的当属亚洲主题文献。自20世纪50年代起,该馆就已开始收集亚洲文献,特别是19世纪以来东亚及东南亚国家的相关文献。目前,这类馆藏已达到世界级水平,其中包含澳大利亚国家图书馆迄今收藏的最古老的印刷本——12世纪的《大般若波罗蜜多经》(玄奘译本)。2012年,澳大利亚国家图书馆将文献收集的范围扩展为亚太地区。在该馆的馆藏建设优先原则中,亚太地区主题文献的优先级别最高,仅次于澳大利亚本土文献。

1.2.1 制定政策

澳大利亚国家图书馆的《馆藏发展政策·2016》针对海外主题文献专门拟定了一系列政策,其中特别指出将继续把来自或有关亚太地区的文献作为优先收藏对象(见表6-1)。政策同时详细说明了文献的收藏范围、优先顺序、采选国家及主题等内容。

表6-1 澳大利亚国家图书馆亚太地区文献优先采选国家

重点地区	采选国家
亚洲地区	中国
	日本
	韩国及朝鲜
	东南亚国家(包括印度尼西亚、泰国、缅甸、柬埔寨、老挝、东帝汶等,其次是文莱、马来西亚、菲律宾、新加坡、越南等)
	南亚国家(包括印度、巴基斯坦、斯里兰卡等)

（续上表）

重点地区	采选国家
太平洋地区	美拉尼西亚（包括巴布亚新几内亚、所罗门群岛、瓦努阿图、斐济、新喀里多尼亚等）
	新西兰

澳大利亚国家图书馆海外文献的主题较为宽泛，涵盖社会科学、历史、政治、文化、艺术、社会等多个学科。在文献采选过程中，根据各个国家的不同情况，具体的采选范围和主题也不一样，例如，中国主题侧重于采选1911年之后关于少数民族群体、大众文化、时事问题、日常生活等方面的文献。在海外文献的采选语种方面，不同国家的文献遵循不同的采选原则。对于太平洋地区的岛国，英语和法语是主要采选语种，当地语言选择性入藏；对于大多数亚洲国家，当地语言则是优先采选语种。澳大利亚国家图书馆收藏海外主题文献旨在建立研究性馆藏，方便读者深入了解海外特别是亚太地区的情况。

1.2.2 建立专区

基于丰富的亚洲主题文献，澳大利亚国家图书馆特别在三楼设置了"亚洲文献阅览区"。在专区可以查阅到有关亚洲的图书、期刊和电子资源，涵盖语种包括中文、日语、韩语、泰语、高棉语、老挝语、缅甸语、满族语、蒙古语和藏语等。

虽然图书馆建立了亚洲文献专区，但有关亚洲的普通资源也可在主阅览室找到，比如关于亚洲但并非亚洲语种的文献基本都收藏在主阅览室。此外，主阅览室还收藏了印尼语的相关文献，以及某些亚洲语种的电子资源。相对而言，亚洲文献专区的收藏标准要高于主阅览室，比如专区精选中文、日语、韩语、泰语的最新一期杂志和近两个月的报纸，非亚洲语种但有关亚洲的重要学术著述等，可以为研究人员提供有价值的研究资料。

1.2.3 建设专题网页

图书馆网站为亚洲和太平洋地区主题馆藏设置了专门网页，介绍馆藏的历史发展、分布情况以及排架原则。在亚洲主题文献方面，图书馆还为中国、日本、韩国、缅甸、柬埔寨、泰国、老挝、越南、东帝汶的资源建设主题网页，方便读者查阅与这个国家相关的网站、数字资源、专题链接和历年文献采购清单等信息。每个国家主题网页的信息量并不均等，信息最为丰富的是日本，其次是中国、韩国、泰国等。

2 原住民服务

2.1 制定指导政策

在澳大利亚国家图书馆出台的系列政策文件中，与原住民相关的有3份指导政策，包括《发展规划2016—2020》（Corporate Plan 2016—2020）、《原住民和托雷斯海峡岛民就业战略计划2013—2018》（Aboriginal and Torres Strait Islander Employment Strategy 2013—2018）和《馆藏发展政策·2016》（Collection Development Policy, 2016）。3份政策从发展方向和实务工作两个角度切入，为澳大利亚国家图书馆的原住民服务提供参考。

《发展规划2016—2020》提出："利用丰富的文化遗产联系原住民群体"，并把"与原住民社区建立相互尊重的关系作为工作重点"。为实现这一目标，澳大利亚国家图书馆从以下3个方面开展工作：

● 筹集资金设立原住民策展人职位，利用与原住民历史、文化和社区相关的珍贵馆藏，通过活动加强与原住民的联系，并对原住民文化遗产的政策进行修订；

● 向原住民推广图书馆的馆藏，使他们可以充分获取和利用资源；

● 为原住民员工提供有利的工作环境。

《原住民和托雷斯海峡岛民就业战略计划2013—2018》是澳大利亚国家图书馆为增加原住民就业机会，促进原住民文化、人民和知识融入图书馆服务而制定的政策。澳大利亚国家图书馆肩负保存和保护国家珍贵文化遗产的重要使命，为鼓励和吸引更多原住民投身图书馆工作，利用其文化背景和知识特长满足原住民读者的需求，澳大利亚国家图书馆员于2012年组成原住民和托雷斯海峡岛民就业工作组，制定了《原住民和托雷斯海峡岛民就业战略计划2013—2018》，试图从吸引就业和稳定人员两个方面着手，建设一支有才华、有能力、多样化的服务队伍。在吸引就业方面，澳大利亚国家图书馆致力于营造良好的工作环境和工作氛围，并在工作时间、职业发展、薪酬福利等方面对原住民员工给予优待。此外，图书馆还提供无薪实习、学徒制培训、毕业生项目、临时聘用、长期聘用和志愿者等多种就业和实习机会，面向人群包括学生、社区居民、研究学者以及对图书馆原住民服务有兴趣的人等。在稳定人员方面，政策规定图书馆应为馆员提供自我学习和职业发展的渠道，包括专业培训、导师项目、奖学金、文化意识培训以及原住民知识分享会。《原住民和托雷斯海峡岛民就业战略计划 2013—2018》的实施效果最终将根据图书馆原住民职员和人力基金建设情况进行评估。

《馆藏发展政策·2016》阐明了澳大利亚国家图书馆未来发展原住民文献的重点和原则。澳大利亚国家图书馆早期的原住民馆藏主要是欧洲殖民者的作品，展现的是欧洲殖民者视角下的历史，缺乏来自原住民的声音。因此，在未来一段时期内，澳大利亚国家图书馆将着重收藏由原住民和托雷斯海峡岛民留下的记录、档案以及原创作品。根据《馆藏发展政策·2016》，图书馆在具体工作中将遵循以下原则：

- 收藏与澳大利亚原住民所有主题相关的出版文献和未出版资料；
- 与原住民人民和社区建立相互尊重的友好关系，与他们在收藏和管理原住民文化遗产方面进行合作；
- 与澳大利亚原住民和托雷斯海峡岛民研究所合作，获取和保护原住民语言相关文献；
- 与澳大利亚原住民和托雷斯海峡岛民研究所签署合作备忘录，推动有助于家庭重聚的文献资料的获取服务；
- 为原住民社区获取相关文献提供支持服务，如通过数字复本的方式。

2.2 建设馆藏资源

澳大利亚国家图书馆十分重视原住民相关文献的建设，收藏多种格式的资源，包括网页存档、照片、地图、口述历史、手稿和出版物等。丰富的馆藏对解读澳大利亚原住民的过去和现在有重要且深远的意义，部分主题馆藏已成为澳大利亚国家图书馆的特色之一，包括"带他们回家"（Bringing Them Home）口述历史、Eddie Koiki Mabo 专藏、Tommy McRae 绘画作品。"带他们回家"口述历史资源来自 1998—2002 年进行的"带他们回家"口述历史项目，收录了原住民的故事以及与原住民儿童迁移相关的资料。目前，这些资源包括录音和采访文本，提供馆内使用和线上访问两种服务方式。由于口述历史涉及个人隐私，部分资源的访问需要获得来自受访者的书面同意。Eddie Koiki Mabo 专藏主要为个人手稿，记录了历史上原住民地权运动情况，其中，包含昆士兰州最高法院和澳大利亚高等法庭的诉讼记录。此外，大量关于 Mabo 和其他原住民家庭的历史、家谱和土地所有权情况的记录也收录在这批馆藏中。Tommy McRae 绘画作品记录了 1880 年一位 Wahgunyah 部落原住民生活、狩猎、捕鱼、舞蹈和冲突的场面。除了以上文献，还有记录恩纳贝拉（Ernabella，现称 Pukatja，普卡特加）历史变迁的照片和重点原住民馆藏手册 Mura Gadi，这些文献对了解和研究原住民的文化和历史有重要作用。

2.3 开展专题服务

澳大利亚国家图书馆在提供基本借阅服务的基础上，还根据馆藏内容提供专题服务，包括澳大利亚原住民语言研究服务和澳大利亚原住民家族史研究服务。

澳大利亚国家图书馆的手稿馆藏中有部分与原住民语言相关的书面记录，这些馆藏展现了大约 250 种在澳大利亚使用的原住民语言。为了帮助读者在大量文献中找到特定语系的资料，澳大利亚国家图书馆制定了指导手册，并培训读者如何使用。读者利用澳大利亚原住民和托雷斯海峡岛民研究所提供的主题词表，按照指引可找到不同语系的文献目录，申请在特藏阅览室翻阅原件。对于不能到馆的读者，图书馆在许可范围内提供原文传递服务。

在澳大利亚原住民家族史服务方面，普通原住民读者可根据澳大利亚国家图书馆的指导手册开展家族史查询，具体步骤包括：与家族成员进行广泛深入的交谈以掌握更多信息；收集相关文件和文献证明，如出生证、报纸文章、信件和日记等；利用澳大利亚原住民和托雷斯海峡岛民研究所提供的家谱图模板整理人物关系和信息资料；到数据库或相关资料收藏机构查阅文献，进行核实。

2.4 提供支持项目

澳大利亚国家图书馆目前提供的原住民相关项目有两个：原住民毕业生项目和社区遗产基金项目。

澳大利亚国家图书馆通过多种措施鼓励和支持澳大利亚原住民加入图书馆行业，其中，原住民毕业生项目是关键举措之一。项目提供为期 9 个月的实习机会，通过培训和实践使毕业生得到充分准备，以便他们以成熟的姿态进入图书馆行业和公共文化服务行业。参与该项目的原住民毕业生可以在图书馆内多个领域获得实习机会，包括口述历史和民俗学、信息技术、保护和展览、信息管理、数字化和摄影、推广和出版以及图像和手稿等。

社区遗产基金项目由澳大利亚政府资助，得到交流与艺术部、澳大利亚国家图书馆、澳大利亚国家档案馆、国家影音档案馆和澳大利亚国家博物馆的共同支持。该项目旨在帮助社区组织保护本地重要文化遗产，包括人工制品、信件、日记、地图、照片和影音资料等。图书馆、档案馆、多元文化组织以及原住民组织可就"馆藏情况评估""馆藏保护需求评估""馆藏修复和馆藏管理"以及"培训工作坊"等计划向项目组提出申请,通过的组织最多可获得 1.5 万美元的基金资助和培训支持。社区遗产基金项目每年开放申请,目前已成功帮助多个组织开展活动和实施计划,实现了保护文化遗产的目的。

第二节 新南威尔士州立图书馆多元文化服务

1 新南威尔士州的多元文化背景

新南威尔士州位于澳大利亚东南部,北邻昆士兰州,南接维多利亚州,面积约 80 万平方千米,是英国在澳大利亚最早的殖民地,也是工业化和城市化水平最高的州。新南威尔士州首府悉尼是澳大利亚面积最大的城市,被誉为南半球的"纽约",18 世纪英国探险家库克船长(Captain Cook)就是在悉尼附近登陆的。大悉尼都会区(Greater Sydney)由悉尼市区和 33 个郊区组成。除悉尼外,该州的主要城市还有纽卡斯尔(Newcastle)、伍伦贡(Wollongong)等。

1.1 新南威尔士州人口概况

新南威尔士州是澳大利亚人口数量最多的一个州,根据澳大利亚统计局 2016 年发布的人口普查数据,新南威尔士州共有 779 万居民,其中,非澳出生人口占总人口的 34.5%,最常见的海外出生地是中国、英国、印度、新西兰和菲律宾。在新南威尔士州,人们使用 83 种不同的语言。除了英语,有 31.5% 的居民在生活中还使用其他语言或方言,最常见的是普通话、阿拉伯语、粤语、越南语和希腊语。

除了移民,原住民生活在新南威尔士地区已有 45 000 多年的历史,目前,新南威尔士州的原住民比例居全国首位。约 21.6 万名原住民定居在新南威尔士州,占新南威尔士州总人口的 2.9%,占澳大利亚原住民人口的 33.3%。从年龄结构来看,新南威尔士州原住民整体较为年轻,平均年龄为 22 岁。0~14 岁的儿童和青少年占 34.4%,15~64 岁人群占 60.3%,65 岁以上的老人占 5.4%。从居住区域来看,新南威尔士州原住民分布相对密集。约 7 万原住民居住在大悉尼都会区,占新南威尔士州原住民人口的 32.4%,另外,67.2% 的原住民分布在其他城市中心地区和各个城镇,只有 0.4% 的原住民居住在偏远地区。此外,在澳大利亚人口最多的 10 个原住民区中,新南威尔士州的原住民区占据了 3 个,分别为新南威尔士州中部和北部海岸区、悉尼—伍伦贡区与瑞瓦瑞纳—奥兰治区。

1.2 新南威尔士州的多元文化政策

1.2.1 针对文化及语言多样化群体的政策

新南威尔士是澳大利亚首个,也是世界上第二个制定多元文化相关政策,认可文化和语言的多样性及其社会、经济价值的州。该州于2000年制定的《新南威尔士州多元文化法案》(Multicultural NSW Act)代替1979年的《民族事务委员会法案》(Ethnic Affairs Commission Act),成为目前新南威尔士州多元文化领域最重要、最具指导性的法律。该法案规定了新南威尔士州的多元文化指导原则,提出设立新南威尔士州多元文化委员会及咨询委员会,并阐释了该组织的构成、目标和功能。

《新南威尔士州多元文化法案》在阐述新南威尔士州多元文化指导原则时,明确指出语言和文化的多样性是新南威尔士州的宝贵财富,希望利用这笔财富促进新南威尔士州的发展。在居民权利方面,法案规定州内所有居民都有权使用自己的语言,遵循自己的宗教和祖先传统,最大程度参与州内公共事务和政府发起的相关活动及项目。在义务方面,法案规定所有居民都应拥护澳大利亚并致力于澳大利亚的利益和未来,同时,在英语作为通用语言的法律框架下,不论个人或机构都应该尊重他人的文化、语言和宗教。

《新南威尔士州多元文化法案》还规定,多元文化委员会是宣传贯彻新南威尔士州多元文化指导原则、落实相关政策和法律的领导机构。为此,委员会制定了《多元文化政策及服务参考手册》(以下简称《参考手册》),为相关机构制定多元文化服务计划、拟写工作报告提供参考。《参考手册》要求政府机构的负责人重视并始终支持多元文化的发展,在制定服务计划时应考察文化及语言多样化群体的具体情况,从实际需求出发,制定相关服务内容及政策。同时,要与文化及语言多样化群体进行有效沟通,让他们了解服务内容,并为他们建立有效的反馈机制,确保所提供的服务能够满足他们的诉求。针对以上要求,《参考手册》提出了相应的绩效目标,相关机构可以根据用户的具体需求"量体裁衣",制定属于自己的、可评估的服务目标。此外,《参考手册》还附有多元文化服务计划和服务报告的撰写模板。总体而言,该手册是一个以目标为重点、重视实操的指导文件。

除了发布正式的指导文件,多元文化委员会还制定了专门的《社区融入计划》(Community Engagement Strategy),组织政府机构和社区代表举办多元文化座谈会,与文化及语言多样化群体建立紧密的联系。

新南威尔士州政府鼓励各机构积极开展多元文化相关服务,促进社区融合和社会和谐,为此设立了专项基金和专门奖项。基金方面主要有"新南威尔士多元文化基金"和"州长基金",奖项方面主要有国家层面的"澳大利亚多元文化推广奖"和州层面的"州长奖",还包括"多元文化媒体奖"和"多元文化社区奖章"等。在活动开展方面,新南威尔士政府每年都举办"州长晚宴",表彰那些在多元文化领域做出贡献的个人或组织。此外,州政府还在重要的文化节日组织庆祝活动,例如,印度宗教节日排灯节、犹太人纪念节日光明节等。

1.2.2 针对原住民群体的政策

由新南威尔士州政府设立的原住民事务办公室致力于提高公众对本州原住民的认知度和关注度,通过评估项目、提供机会和落实权责等方式,保障原住民群体的社会、经济和文化权益。在文化方面,新南威尔士州政府与原住民事务办公室制定政策,从发展方向和语言保护两个角度提供指导和支持。

由新南威尔士州原住民事务办公室颁布的《战略计划2016—2019》提出"复兴原住民文化表征""增强原住民的身份认同、文化联系和语言文化"以及"为偏远地区的重要原住民活动提供支持"。通过这3项举措,新南威尔士州政府希望增强原住民对语言、文化和身份的认同,提高专业技能,并为"被偷走的一代"[①] 提供帮助和支持。

在语言保护方面,综合考虑原住民语言的重要价值、濒危处境以及群体凝聚力,新南威尔士州议会制定了《原住民语言法案·2017》,此举在澳大利亚国内首开先河。法案主体由4部分组成。第一部分规定法案的官方名称和生效条件,并对核心概念进行解释。第二部分介绍原住民语言基金会的组成、目标、功能、董事会成员、委员及代表情况。第三部分规定基金会至少每5年制定一份原住民语言战略计划,每年进行审查,并根据需要修正。第四部分综合说明对馈赠文献、年报编制和政策规范的要求。通过以上内容,法案对原住民语言予以法律层面的认可和保障,同时也增强了新南威尔士州政府在保护和支持原住民语言领域的领导地位。

---

① 澳大利亚于1910年通过政策,以改善原住民儿童生活为由,规定当局可随意从原住民家庭中带走混血的原住民儿童。从19世纪70年代到20世纪60年代,有近10万名原住民儿童被政府从家人身边强行带走,这些原住民儿童就是后来所谓的"被偷走的一代"。

2 新南威尔士州立图书馆多元文化服务实践

新南威尔士最大、历史最悠久的公共图书馆是新南威尔士州立图书馆（State Library of New South Wales），它始建于1826年，最初是一家小规模的会员制图书馆，主要满足英国殖民者的阅读需求，目前，州立图书馆已成为全州的知识和文化中心。新南威尔士州议会于1939年制定《图书馆法》，规定州立图书馆由新南威尔士图书馆理事会主管。理事会在管理州立图书馆的同时，与地方公共图书馆合作，支持并促进全州的图书馆及信息服务。新南威尔士州的地方公共图书馆均由地方议会负责管理，每个图书馆含数个服务点。根据《新南威尔士公共图书馆目录》，截至2016年8月，新南威尔士州共有89个地方公共图书馆，其中大悉尼都会区有31个公共图书馆，其他地区和乡村共有58个公共图书馆。

2.1 针对文化及语言多样化群体的服务

在服务文化及语言多样化群体时，新南威尔士州立图书馆不仅关注读者需求，为公众提供馆藏资源和多元文化服务，更重要的是在本州公共图书馆中发挥统筹作用，为州内所有提供多元文化服务的公共图书馆给予指导和支持。

在理论指导层面，新南威尔士州立图书馆根据专项调查研究的结论制定了专门指南，为公共图书馆开展多元文化服务提供理论依据和借鉴标准。在文献支持层面，州立图书馆为其他公共图书馆提供非英语文献等资源的批量借阅。在咨询指导方面，州立图书馆特设多元文化顾问，为全州公共图书馆提供咨询服务，同时为图书馆馆员提供多元文化领域的培训。在宣传推广方面，州立图书馆为全州图书馆设计了统一的宣传资料，并开展专门的宣传活动。

2.1.1 制定服务指南

新南威尔士州立图书馆于2015年制定了《新南威尔士州公共图书馆标准及指南》（Living Learning Libraries—Standards and Guidelines for NSW Public Libraries），其中针对文化及语言多样化群体制定了专门的服务指南（见表6-2）。

表6-2 《新南威尔士州公共图书馆标准及指南》中有关文化
及语言多样化群体的指南梗概

类别	服务指南梗概
政策计划	① 图书馆在制定多元文化服务计划时，应掌握当地社区的人口情况，服务和馆藏应适应当地社区特点，满足文化及语言多样化群体的需求； ② 图书馆的整体政策框架当中应该包含多元文化服务的相关政策
馆藏建设	① 当使用某种语言的群体达到1 000人以上时，图书馆应建立相关语种的馆藏； ② 对人口数量较大（超过10万）的城市来说，当使用某种语言的群体超过当地人口的2%时，应建立相关语种的馆藏；若城市的人口多元化水平非常高，这个比例可以相应提高，具体由图书馆负责人自主裁定； ③ 图书馆的非英语文献资源不得少于100册； ④ 当文化及语言多样化群体数量达到总人口的1%以上时，当地图书馆应配备英语学习资源，即英语作为第二语言的相关文献； ⑤ 图书馆应为文化及语言多样化群体获取馆藏资源提供便利，比如配备双语馆员、提供多语种标识指引和编目信息等； ⑥ 若当地图书馆因需求不足未建立非英语馆藏，可向州立图书馆申请非英语馆藏的批量借阅服务
馆员素养	① 图书馆应通过培训、绩效评估等方式，确保馆员具备服务文化及语言多样化群体的技能和素养； ② 图书馆应明确多元文化技能是馆员服务素养的一部分，并在馆员的招募环节和岗位职责描述中有所体现； ③ 当使用某种语言的群体达到总人口的20%以上时，建议图书馆配备1位多元文化服务专职馆员；当这个比例达到40%以上时，建议配备2位专职馆员
调查评估	图书馆应最少两年开展一次正式的读者调查，评估图书馆的多元文化服务效益
服务开展	图书馆应将多元文化服务视为其主要服务之一，持续开展专门针对文化及语言多样化群体的服务。比如，为学前儿童设计双语故事会活动，开展英语学习课程、文化庆祝活动，等等

《服务指南》还提出了一些在服务过程中应注意的问题，例如，建议图书馆在制定相关服务计划时将文化及语言多样化群体的年龄结构、文化程

度、受教育水平和英语能力等因素考虑在内。

2.1.2 建设主题资源

新南威尔士州立图书馆拥有约 8 万册非英语文献和英语作为第二语言（ESL）的文献，涵盖 42 个语种。除了普通图书，部分语种还配有大号字体文献和有声读物。针对少儿还提供绘本、儿歌、双语图书、录音资料等多种文献。

州立图书馆通过批量借阅服务为全州公共图书馆提供非英语文献和 ESL 文献。提供这项服务主要是因为在大多数地区或乡村，甚至少数大城市，由于文化及语言多样化群体的比例未达到相应标准，当地图书馆使用自身经费采购此类资源受到一定限制。鉴于非英语文献在很多图书馆都较为紧缺，州立图书馆的批量借阅服务在必要时可弥补当地图书馆资源的不足。

除了纸质文献，州立图书馆还拥有丰富的外语类数字资源。读者可以通过 Library Press Display 网页随时阅读来自 100 多个国家、涵盖 60 多个语种的 4 000 多种外语电子报纸和杂志。此外，图书馆还提供阿拉伯语、中文、法语、德语等多个语种的牛津在线外语辞典。

在采购非英语文献方面，新南威尔士州公共图书馆采取联合采购的模式，由专门的多元文化联合采购组统一完成。采购组成立于 1970 年，旨在通过联合订购的形式以尽可能低的价格为图书馆供应资源。目前，有 25 家图书馆通过这种方式采购多元文化资源，其中大多数是来自悉尼的图书馆。

采购组通过两种方式采选资源：一种是将出版社和书商的书单发给图书馆，由图书馆挑选图书；另一种是召开统一的采选会议。当有超过 4 家图书馆要求采购某个语种的文献时，采购组就会组织相关图书馆代表召开采选会议，每年都会针对大概 15 个语种召开 10 余场采选会议。会议结束后，采购组负责之后的采购流程，包括与供应商的联络、下单、开具发票和分配文献等。

2002—2003 年，在图书馆多元文化服务工作小组的建议下，新南威尔士州公共图书馆开始对非英语文献进行联合编目。多元文化联合采购组将采购的资源统一交给一家编目机构，由其将资源编入澳大利亚国家图书馆书目库，并反馈给参与联合编目的图书馆。各馆可根据自己的订单将编目信息下载到本馆系统，对文献进行后续加工。

2.1.3 提供生活资讯

为方便文化及语言多样化群体获取与他们生活相关的资讯，新南威尔士州立图书馆在网站上整理了健康和法律等多个主题的政府链接，所列出的网站均提供多语种服务。移民通过这些链接直接进入相应的政府网站,不但可以了解新南威尔士州入籍、住房、就业、教育、医疗、税收和理财等方面的规定和操作指引,甚至在遇到法律纠纷或心理问题时,也可以通过相应的网站查找信息,获得相应支持。2011年9月,新南威尔士州立图书馆曾与新南威尔士州多元文化健康交流服务处合作,利用MyLanguage①的相关资源,以 Fairfield City 图书馆和 Riverina Regional 图书馆为试点开展针对文化及语言多样化群体的健康资讯服务。

2.1.4 开展服务推广

新南威尔士州立图书馆设计了名为"公共图书馆欢迎你"的多语种宣传册(如图6-2、6-3所示),并通过各个公共图书馆分发到相应社区。宣传册用50种语言介绍了图书馆针对文化及语言多样化群体提供的主要服务,希望民众了解并利用图书馆的非英语馆藏和相关服务。这项推广措施同时也拉近了州立图书馆、公共图书馆和社区的距离,加强了彼此之间的联系。此外,州立图书馆还统一设计了5款双面横幅,以便公共图书馆开展相关活动时宣传它们的多元文化服务。除了统一的宣传介质,州立图书馆还于2001年在 Auburn 图书馆面向悉尼的文化及语言多样化群体发起过"走进你身边的图书馆"倡议活动,2003年又针对悉尼南部及东部郊区发起了新一轮倡议活动。

2.1.5 提供便捷措施

新南威尔士州立图书馆网站提供全州图书馆多语种文献的索引目录,列出了藏有多语种文献的图书馆、每个馆收藏的具体语种以及每个语种的具体文献数量。全州公共图书馆共有47个语种的文献,图书馆可根据这个索引目录向读者进行资源推介。为帮助图书馆馆员与文化及语言多样化群体进行沟通,新南威尔士州立图书馆还设计了一个行业用语工具包——多语种词汇库,其中包括49种语言的图书馆常用词汇。

针对文化及语言多样化群体中的视障人士和有阅读障碍的人士,州立图书馆提供了一款名为 Readit Air 的多语种文件转换器。这款转换器可识别15种语言,即时将文字资料转换成超大字体或音频文件。通过自动扫描文档和识别语言,转换器可提取文档信息并在二三秒内用人声朗读出来。

---

① MyLanguage 是由澳大利亚5个州立图书馆与2个领区图书馆合作建设的多语种信息在线服务项目,目前项目已废止。

图6-2 新南威尔士州立图书馆中文宣传册

2.2 针对原住民群体的服务

新南威尔士州立图书馆于2014年组建原住民咨询委员会(Indigenous Advisory Board),成员包括州立图书馆馆长、图书馆理事会的两名成员以及5名委员会候选人。原住民咨询委员会的工作包括:就原住民的图书馆和信息服务事宜向图书馆理事会提出建议,协助图书馆理事会和新南威尔士州政府与当地原住民社区建立联系,帮助图书馆理事会制定并修订新南威尔士州立图书馆原住民政策。

除了原住民咨询委员会,新南威尔士州立图书馆还设立了一支由5名馆员组成的原住民服务队,大部分馆员是有科研和教育背景的原住民后裔。服务队致力于与原住民群体建立紧密联系,推动与原住民和托雷斯海峡岛民文化相关的服务和项目,就原住民事务提供参考和建议,以及向更多群体推广丰富的原住民和托雷斯海峡岛民文献资源。

图 6-3　新南威尔士州立图书馆的"欢迎"标识

2.2.1　发挥统筹作用

为增强州内公共图书馆对原住民群体的服务意识，提高原住民群体对图书馆的参与度，新南威尔士州立图书馆于 2016 年颁布了《图书馆里的原住民空间：建设一个包容原住民群体的、具有活力的公共图书馆网络》(Indigenous Spaces in Library Places: Building a Vibrant Public Library Network Inclusive of Indigenous Peoples and Communities，以下简称《图书馆里的原住民空间》)。以新南威尔士州原住民和托雷斯海峡岛民图书馆、信息和资源联盟及澳新国家和州立图书馆联盟颁布的相关政策为基础，该文件提出，新南威尔士州公共图书馆面向原住民群体的服务应实现"欢迎、支持、分享、包含、建设、合作和延伸"的目标，并针对每个目标阐释了阶段目标和具体措施（见表 6-3）。新南威尔士州境内的公共图书馆可参照该文件打造适合本馆的原住民空间，从而实现公共图书馆体系加强本地原住民服务的目标和承诺。

表6-3 《图书馆里的原住民空间》中的目标及措施

目标	阶段目标	具体措施
欢迎	① 增加实体原住民空间的数量； ② 从当地原住民中得到积极的反馈	鼓励公共图书馆： ① 在馆内建立可见的原住民空间； ② 推广与原住民历史和文化相关的活动和馆藏； ③ 分享当地原住民使用图书馆的成功经验和意见
支持	① 通过新方式吸引原住民社区团体； ② 增加面向原住民社区的延伸服务； ③ 与重要的原住民团体建立联系	① 鼓励公共图书馆以共同愿景和项目计划为契机，与原住民团体和组织建立联系； ② 支持图书馆与包含原住民的政府机构和社区开展合作； ③ 共同努力为馆员提供与当地原住民群体合作的机会，建立持久的关系
分享	① 提高公众对原住民历史和文化的关注度； ② 为原住民提供可见的馆藏和服务	① 支持公共图书馆收藏、公开和分享与原住民文化和历史相关的资源； ② 鼓励公共图书馆与当地原住民群体合作，创作并分享原住民故事
包含	① 增加原住民工作人员的数量，包括公共图书馆聘用的图书馆员和档案保管员； ② 提高在公共图书馆和其他信息机构工作的原住民的职业规划意识	① 推动政府机构制定原住民就业政策； ② 推动公共图书馆为原住民学生提供更多实习和志愿工作的机会； ③ 为新南威尔士州公共图书馆的原住民馆员提供指导和专业培训

（续上表）

目标	阶段目标	具体措施
建设	① 公共图书馆体系要发展与原住民历史和文化相关的馆藏，并提供利用； ② 把与原住民文化和历史相关的活动以及项目融入到常规计划当中； ③ 发展面向原住民的馆藏和服务要遵循 ATSILIRN 协议	① 就原住民馆藏发展向公共图书馆提出建议； ② 针对原住民服务和馆藏的获取制定相关模板； ③ 与公共图书馆馆员分享 ATSILIRN 协议和案例
合作	① 馆员们就如何提高原住民服务分享资讯和经验； ② 为专业人员架构一个平台以讨论如何更好地开展原住民服务实践	① 利用线上交流工具加强公共图书馆体系内的相互联系，促进交流； ② 对提高原住民服务效能的案例予以表扬，并在公共图书馆体系内分享成功经验
延伸	① 鼓励公共图书馆积极参与该政策； ② 公共图书馆馆员通过合作和分享，贯彻落实该政策	① 关注该政策的执行效果和反馈意见； ② 分析在线工具的使用情况，以此调查值得关注的领域和新想法

除了政策层面的指导，新南威尔士州立图书馆还为公共图书馆提供实践层面的指导，通过统一标识规范原住民空间的建设。为方便各馆获取资源素材，新南威尔士州立图书馆在官网上提供相关工具包，其中包含可以粘贴在图书书脊的书标、使用特定原住民语言的欢迎标牌、标注了原住民重要节日的日历、向原住民读者提示部分馆藏内容可能造成冒犯的标语以及廷德尔的原住民语言地图。

在专业交流方面，新南威尔士州立图书馆通过举办原住民服务非正式会议、原住民家谱研究工作坊和转录大赛等方式，促进与公共图书馆之间的合作。原住民服务非正式会议采用"世界咖啡"的讨论模式，为图书馆馆员搭建一个交流经验的平台，帮助馆员们学习服务技能，增强服务信心。2017年2月22日，新南威尔士州立图书馆举办了第一次会议，并开展了原住民文化能力培训，该课程成为《图书馆里的原住民空间》试点项目之一。原住民家谱研究工作坊是原住民服务队推广原住民服务、计划和项目的良好平台，可以向活动参与者介绍如何利用图书馆馆藏和其他资源开展原住民家谱研究。转录大赛是保护和复兴原住民语言的活动之一，由新南威尔士州立图书馆和其他公共图书馆共同举办。新南威尔士州立图书馆入藏超过200种澳大利亚原住民语言的词汇表，转录大赛以澳大利亚原住民历史与文化周为契机，将一批原住民语言词汇表手稿转录为电子文本并向公众开放。

2.2.2 建设馆藏资源

为了发展原住民文献资源，新南威尔士州立图书馆于2015年制定了《原住民馆藏发展政策》（*The Indigenous Collecting Strategy*），提出"重点收藏对新南威尔士州人民和社群有贡献的原住民所创作的文献"。根据该政策，图书馆将从原住民和非原住民组织、个人和社区中收集已出版和未出版的文献资源，通过这些资源展现原住民个人或群体在历史、文化和重大事件中做出的贡献。新南威尔士州立图书馆还将收集详细记录、清楚表述或生动呈现原住民生活的文献资源，重点收集能反映原住民在某一领域做出贡献的文献资源，例如：职业生涯（如公共服务和体育竞技），社区生活，个人经历，原住民作家、艺术家以及音乐家的作品，原住民书信，学术研究以及重大事件记录。除了收藏对象有所侧重，新南威尔士州立图书馆还考虑到文献类型的多样性，收集包括图书、期刊、照片、手稿、地图、画作、口述史、影音资料、网页以及原生数字资源等内容。

新南威尔士州立图书馆收藏了大量与本地原住民和澳大利亚其他地区原住民相关的文献资料，包括从早期到现在由原住民创作或与原住民文化有关的作品原件和出版物。由原住民创作的文献资源包括原住民权利运动领导者Pearl Mary Gibbs和Faith Bandler的作品和纪录、作家Ruby Langford Ginibi的作品、作家David Unaipon的作品［包括第一部原住民出版作品《澳大利亚原住民传奇故事》（*Legendary Tales of the Australian Aborigines*）的手稿］以及其他艺术家和原住民政治组织的文献资料。此外，还有来自欧洲殖民者、探险家、土地测量员、传教士和政府官员编译的文献。

新南威尔士州立图书馆的重点馆藏之一是原住民语言馆藏，收藏了18世纪至20世纪30年代原住民和托雷斯海峡岛民的词汇及语言材料。200多份馆藏文献涵盖40多种不同语系，部分馆藏是某些原住民语言唯一存留下来的记录。此外，还有由欧洲殖民者、政府官员、探险家、传道士和旅行者编译的已嵌入词汇表的文献。这些文献资料尤为珍贵，可以帮助语言学家和原住民爱好者保护和复兴原住民语言。

与原住民相关的数字资源主要有Bayala Sydney语言研究数据库和Koori Mail数字图书馆。Bayala Sydney数据库提供将近12 000份悉尼地区的语言记录，每份记录都用统一的方式重新拼写，对词干和后缀、词性和词类进行

第二部分　国外公共图书馆多元文化服务案例

分析，并提供原文出处。Koori Mail 数字图书馆是唯一一个对澳大利亚原住民报纸 Koori Mail 进行联机存档的数据库，500 份 Koori Mail 报纸展现了 20 年来的原住民故事，对开展原住民历史和文化研究、构建国家记忆有重要意义。

2.2.3　开展专题服务与活动

新南威尔士州立图书馆基于丰富的原住民语言和历史馆藏，为原住民提供多方面的专题服务，包括原住民语言复兴计划（Rediscovering Indigenous Languages）、交互数据可视化项目（Muru View）和原住民家族历史研究（Indigenous Family History）等。在主题活动方面，图书馆举办了原住民语言故事会，在向公众推广原住民语言的同时，也为原住民展示和复兴自身语言提供了平台。

原住民语言复兴计划以新南威尔士州立图书馆的馆藏为依托，通过对词汇表、语言记录和文化典籍进行数字化，开放资源等方式，保护和复兴澳大利亚原住民语言。该计划的目标之一是使原住民和托雷斯海峡岛民群体参与到计划之中，让他们了解和使用语言资源，并利用这些资源开展研究。为实现这一目标，原住民语言复兴计划努力推进 4 个方面的工作：制定原住民语言目录出版协议，鼓励原住民群体参与或协助新南威尔士州立图书馆记录属于他们的语言；找出分散在馆藏中的原住民语言目录；提高公众对原住民语言和原住民文化史的关注度；使原住民语言资源成为校园课程的教育资源和深入研究的有效材料。在当前阶段，原住民语言复兴计划的意义主要体现在两方面：一是为公众提供广泛了解和获取原住民语言资讯的机会，使他们对澳大利亚丰富的人文景观有更加深入的认识；二是带动原住民群体参与计划，通过丰富、批判和讨论等方式复兴重要历史文献。

交互数据可视化项目是基于新南威尔士州立图书馆原住民语言馆藏开发而成的交互数据可视化项目，它使用谷歌地图 API 技术，将原住民语言和新南威尔士附近地点相结合，用可视化方式呈现这些地方在原住民语言下的名字和含义。新南威尔士州立图书馆将历史数据与前沿技术相结合，通过提供线上交互体验，以引起公众对原住民词汇的关注和讨论。

在原住民家族历史研究中，新南威尔士州立图书馆主要提供 4 类专题资源：基础信息，例如，1903—1989 年新南威尔士州选民名册、1788—1918 年新南威尔士州原住民出生和死亡及婚姻登记册；专题数字资源，包括官方机构和馆藏数字资源（见表 6-4）；原住民家庭历史图书资料，新南威尔士州立图书馆根据本地原住民土地委员会划分的地区对该文献进行分类；其他组织的原住民资料。此外，新南威尔士州立图书馆整理了其他机构的原住民文献和资料链接，并附上了简短介绍。

表6-4 新南威尔士州立图书馆原住民家族历史数字资源

资源名称	涵盖内容	注意事项
新南威尔士原住民保护局和原住民福利局的会议记录	可查找1890—1969年间机构会议中提及的原住民姓名	须向原住民事务办公室申请查看许可
原住民生平索引	可查询澳大利亚原住民和托雷斯海峡岛民研究所图书馆馆藏图书、杂志和期刊中提及的原住民和托雷斯海峡岛民	
廷德尔家谱	对与Boggabilla，Brewarrina，Cummeragunja，Kempsey，Menindee，Pilliga，Walgett，Wallaga Lake，Woodenbong相关的家族尤为有用	查阅资料须预约且查询者应符合其中一项条件：本人为廷德尔家谱记载的原住民群体的直系后裔；获得廷德尔家谱记载的原住民群体或家庭的书面许可
澳大利亚原住民索引	澳大利亚双周发行的原住民报纸Koori Mail的索引，涵盖从1991年5月至今的出版内容；提供多种杂志的书目信息，包括：Our Aim (1907—1961)，Dawn (1952—1969)，New Dawn (1970—1975) 和Identity (1971—1982)	1991—2011年发行的期刊的电子版可在Koori Mail在线图书馆获取

在主题活动方面，为保护新南威尔士州原住民语言的多样性，新南威尔士州立图书馆开展了使用多种原住民语言讲故事的活动。活动材料包括电子故事书和为师生准备的课程资源，由来自5个不同原住民语言群体的人联合

制作。制作电子故事书的团队包括1名设计师、7名故事讲述者和2名语言学家。此外,活动也得到了新南威尔士州立图书馆基金会、原住民语言和文化组织以及新南威尔士教育标准局的支持和协助。该活动是原住民语言复兴计划中的崭新尝试,以此为契机,学生和公众都有机会聆听到原住民语言,加深对原住民文化的认识。

第三节　维多利亚州立图书馆多元文化服务

1　维多利亚州的多元文化背景

维多利亚州位于澳大利亚的东南沿海，是人口最密集、工业化程度最高的一个州，同时也有"花园之州"的美誉。首府墨尔本是澳大利亚第二大城市，也是世界著名的国际大都市，全州逾70%的人口在此聚居。

1.1　维多利亚州人口概况

维多利亚州是世界上文化多样性最为突出的地区之一，593万总人口中有28.4%的人口出生地为海外。如果加上父亲或母亲出生地在海外的人口，该比例高达49.1%，将近总人口的一半。

维多利亚州的人口来自200多个国家，使用260种不同语言，26%的维多利亚人在家中会使用英语之外的其他语言或方言。在该州的海外背景人口当中，77.7%的人口来自非英语国家，该比例在澳大利亚各州及领区中排名第一。大多数拥有海外背景的人都是移民，他们为自己或子女寻求更好的生活来到维多利亚州。另外还有一大批以难民身份来到澳大利亚的群体——最开始是二战后无家可归的欧洲人，后来是印支战争期间的难民，最近是来自非洲、中东、亚洲等地区的难民。

保持稳步增长的原住民同样是维多利亚州人口的重要组成部分。截至2016年，维多利亚州约有4.7万原住民，占总人口的0.8%，占澳大利亚原住民人口的7.4%。从年龄分布看，维多利亚州原住民以中青年为主体，33.3%为15岁以下的儿童和青少年，15～64岁人群占61.5%，65岁以上的老人仅占5.3%。从地区分布来看，原住民主要聚集在维多利亚州的中心地区，50.4%居住在大墨尔本区，49.6%分布在州内的其他地区。此外，维多利亚州原住民家庭的组成方式具有多样化的特点，29%由一对夫妇和孩子组成，26%是单亲家庭，28%的家庭是几代同堂或包括近亲和非家族成员的大家庭。

与非原住民相比，原住民人口总体处于弱势地位。由于较短的寿命、较高的婴儿死亡率、较差的健康状况、较低的教育和就业水平，原住民在获取和利用各种服务时都遇到一定障碍。为此，维多利亚州政府要求全社会共同努力，与原住民群体一起改变现状。

1.2 维多利亚州的多元文化政策

1.2.1 针对文化及语言多样化群体的政策

自20世纪80年代以来，维多利亚州政府就开始关注州内的文化及语言多样化群体。1983年，维多利亚州成立了多元文化委员会，专门为政府的多元文化服务政策提供建议，同时也为文化及语言多样化群体和政府之间搭建沟通的桥梁。2001年州议会通过了《种族和宗教宽容法案》（Racial and Religious Tolerance Act），2006年通过了《人权宪章》（Charter of Human Rights and Responsibilities Act）。2011年，维多利亚州颁布并实施了《维多利亚多元文化法案》（The Multicultural Victoria Act），法案详细规定了多元文化委员会的人员构成和服务宗旨等内容，并要求维多利亚州所有政府部门每年提交多元文化服务成效和计划报告。政府部门须在报告中介绍其提供的语言（翻译）服务、针对乡村或地区文化及语言多样化群体提供的服务、文化及语言多样化群体在部门理事会或委员会当中的比例等情况。2012年，委员会在全州设立了8个地区咨询委员会，通过这些地区咨询委员会了解多元文化社区的需求，并基于此向政府提出建议。

维多利亚州政府于2017年颁布了多元文化政策《维多利亚，以你为荣——维多利亚多元文化政策声明》（Victorian, and Proud of It: Victoria's Multicultural Policy Statement），该项声明以维多利亚的整体价值观——平等、自由、责任为基石，阐释了维多利亚政府的一系列多元文化政策、项目和服务。例如，维多利亚州设有400万澳元的"多元文化体育基金"，有1500万澳元的经费用于帮助新移民学习英语和就业，600万澳元的经费用于文化及语言多样化群体的就业服务，还有2500万澳元的经费用来应对各种形式的极端暴力事件以及社区重建。

维多利亚州政府十分重视对文化及语言多样化群体的语言服务，制定了《有效的翻译服务：维多利亚政府指导文件》（Effective Translations: Victorian Government Guidelines）等一系列政策方针，确保非英语背景的维多利亚州居民可以平等地获取政府的信息和服务。这些文件不仅明确了政府部门和其他政府拨款机构提供语言服务的义务，也为这些机构提供了实操性的建议，比如，如何衡量所需翻译人员的类型，如何预约翻译人员，如何安排他们的工作等。

在政府投入方面，维多利亚州2017—2018年度预算为未来4年改善翻译服务提供了 2 180 万澳元经费，同时每年还持续提供 840 万澳元经费。翻译人员可获得由政府提供的专业培训和奖学金项目。维多利亚州政府希望通过加大投入不断提升语言服务的专业水平，扩大覆盖面，从而满足文化及语言多样化群体日益增长的需求。

在服务宣传方面，维多利亚州政府要求"主动宣传"，而不是"坐等咨询"。为此，政府特别设计了简单易懂的翻译服务标识，在医院、警察局、学校、社区中心、市议会和移民信息中心等公共服务场所及其网站上都能看到这个标识，方便文化及语言多样化群体获取语言服务。另外，政府还设计了一款钱包大小的语言需求卡，文化及语言多样化群体可以下载这款卡片，填上自己的语言需求，在需要语言服务时出示该卡，以便与工作人员沟通。

1.2.2 针对原住民群体的政策

维多利亚州原住民办公室对州内的原住民事务进行统一管理，包括推动以自主权为重点的原住民政策改革、提高原住民社区的参与度、管理和保护文化遗产。在《维多利亚原住民事务框架 2013—2018》（*Victorian Aboriginal Affairs Framework 2013—2018*）中，维多利亚州政府强调要增强原住民的文化实力，鼓励原住民更多地参与并融入社区和社会。支持原住民文化发展的措施包括：增加维多利亚原住民与传统领地接触的机会，鼓励原住民积极参加相关的社区活动，为原住民提供表达心声和意愿的平台，为本州人民接触原住民文化提供机会。在该政策指引下，维多利亚州政府积极参与原住民全国性庆典活动的组织和筹划，如澳大利亚原住民历史与文化周和全国共融周。

在保护原住民文化遗产方面，维多利亚州政府颁布了《原住民遗产法令·2006》（*Aboriginal Heritage Act, 2006*），鼓励不同组织、团体和个人展开行动，通过合作加强对原住民遗产的保护。2016 年对《原住民遗产法令·2006》的修订补充了关于原住民非物质文化遗产的内容，将"口语和表达""表演艺术""社会实践、仪式和节庆""关于自然和天文的知识和实践"和"视觉艺术和手工制品"纳入非物质文化遗产范围，进一步加强保护和传承。

2 维多利亚州立图书馆多元文化服务实践

位于墨尔本的维多利亚州立图书馆于 1856 年开始为民众服务，是澳大利亚历史最悠久的公共图书馆。除了州立图书馆，维多利亚还有 47 个地方

第二部分　国外公共图书馆多元文化服务案例

公共图书馆，其中 34 个图书馆由当地议会独立负责，有 10 个地区图书馆为多个地方议会服务，另外还有 2 个共享图书馆，以及 1 个名为"澳大利亚视觉障碍图书馆及信息服务中心"（Vision Australia Information and Library Service）的机构，主要为视障人士提供服务。

2.1　针对文化及语言多样化群体的服务

据维多利亚州立图书馆统计，该馆的到访读者中有 60% 以上出生于海外，有超过半数的读者在家里使用英语以外的语言，其中使用普通话的读者占 24%，使用粤语的占 14%。州立图书馆将近 30% 的读者是学生，其中海外留学生占了 48%。维多利亚的文化多样性从州立图书馆的读者结构中可见一斑。

2.1.1　制定服务标准及计划

作为公共服务机构，维多利亚州立图书馆遵循《维多利亚多元文化法案》的要求，为文化及语言多样化群体配备馆藏并开展活动，提供平等的服务。早在 1982 年，维多利亚州图书馆理事会就制定了《多元文化公共图书馆服务标准》（Standards for Multicultural Public Library Service），为国际图联《多元文化社区：图书馆服务指南》的诞生奠定了基石。2001 年，理事会又制定了《关注我们的多元性：维多利亚州公共图书馆多元文化服务指南》（Responding to our Diversity: Multicultural Library Service Guidelines for Victorian Public Libraries）。指南基于文献综述、实践总结和定向调查，针对多元文化服务开展的 4 个阶段，即需求确定、服务计划、服务实施、服务评估，给出了一系列的指导意见，其他图书馆在制定本馆的多元文化服务计划时，可以此为范本进行参考。

近几年，维多利亚州立图书馆制定了《2017—2020 多元性及社会包容行动计划》（Diversity and Social Inclusion Action Plan 2017—2020），其中专门针对文化及语言多样化群体提出了未来 3 年的两项行动计划：其一是与多元文化社区合作策划展览及其他活动；其二是开展研究、征询社区意见，深入了解文化及语言多样化群体的诉求，拓展多元文化推广渠道。另外，在《2016—2020 战略规划》（Strategic Plan 2016—2020）中，维多利亚州立图书馆也提出优先为文化及语言多样化群体和弱势群体排除障碍，方便他们利用图书馆的场地、馆藏和服务。特别在早期读写能力和数字素养培育等方面，维多利亚州立图书馆将优先考虑以上群体的需求。

在资源建设方面，维多利亚州立图书馆在《2020 馆藏及内容建设方略》中明确提出保存维多利亚文化遗产是一项重要的指导原则，其中包括对原住民和文化及语言多样化群体文化遗产的保存和保护。

2.1.2 开展特色活动

在活动开展方面,维多利亚州立图书馆一方面配合举办重要的大型活动,积极向公众展现维多利亚的文化多样性;另一方面针对图书馆的海外留学生读者设计了相关活动,帮助他们学习技能,适应并融入环境。

● 大型文化活动

维多利亚州立图书馆参与举办和组织的大型文化活动包括墨尔本"白夜"主题活动、澳大利亚诗歌朗诵大赛和亚太地区表演艺术三年展(Asia TOPA)。

"白夜"主题活动于 2002 年发起自巴黎,其概念是用一个晚上的时间充分展示某座城市的文化和艺术。2013 年,在维多利亚州政府的支持下,墨尔本开始举办"白夜"主题活动。每年 2 月的一天,在墨尔本中心商务区的各类公共场所,如街道、公园、美术馆、博物馆等文化设施中,分时段举办展览、歌舞、街头表演、灯光秀等各类活动,活动从晚上 7 点持续到次日早上 7 点。维多利亚州立图书馆是墨尔本"白夜"活动的举办场所之一。2018 年,专业的建筑投影设计机构分别在州立图书馆的 La Trobe 阅览室和图书馆外立面设计了两项投影作品。该活动已经成为墨尔本最受欢迎的文化活动之一,每年平均参与人数高达 50 万人,2017 年还被"澳大利亚活动奖项"评为最佳社区活动。

澳大利亚诗歌朗诵大赛由 Word Travels 澳大利亚国际表演作家协会主办,每年在各州共举办 50 场预赛,优胜选手直接由现场观众选出。维多利亚州立图书馆负责承办州内的预赛和决赛。自承办至今,大赛挖掘了亚太地区 1 000 多位口语文学艺术家,先后吸引了 20 000 多名观众参与活动,引起了来自澳大利亚、中国、印度尼西亚、新西兰的城市和乡村群体的广泛关注。该活动不但激发了人们对诗歌的热爱,同时也为口语文学艺术家提供了国际化平台。

Asia TOPA 亚太地区表演艺术三年展主要通过文化和表演的形式表达澳大利亚与当代亚洲的关联。2017 年活动期间,来自印度尼西亚的艺术家 Tisna Sanjaya 造访了维多利亚州立图书馆,受图书馆馆藏启发,在图书馆前方广场创作了装置艺术作品。作品在图书馆广场进行了为期 5 天的展览。

● 留学生"图书馆寻宝"活动

针对初到墨尔本及澳大利亚各大高校的留学生,维多利亚州立图书馆特别设计了"图书馆寻宝"活动。留学生可以以单独或结对的形式,按照自己的方式探索图书馆。期间他们可以运用自己的知识和能力解决问题，在探索的过程中掌握信息获取的技能，比如，如何使用图书馆的检索系统，如何利用图书馆的 Wi-Fi、打印机和自习空间等设施，如何向馆员咨询以及如何在家利用图书馆资源等。图书馆还会安排专业图书馆馆员接待留学生参观者，回应他们的问题并提供相关协助。"图书馆寻宝"活动轻松有趣，不仅帮助留学生探索了图书馆这个新环境，也帮助他们在生活当中建立自信，尽快适应新的生活。

2.2 针对原住民群体的服务

维多利亚州立图书馆对原住民的服务和支持在图书馆的管理和服务中均有体现，其中政策发展、资源建设和专题服务这3方面尤为突出。

2.2.1 制定指导政策

维多利亚州立图书馆虽然尚未出台专门针对原住民的政策，但在本馆整体计划和馆藏发展政策中都提出了涉及原住民的内容，具体体现在两份政策之中——《多元性和社会包容行动计划2017—2020：原住民和托雷斯海峡岛民》(*Diversity and Social Inclusion Action Plan 2017—2020: Aboriginal and Torres Strait Islanders*) 和《2020馆藏及内容建设方略》。

《多元性和社会包容行动计划2017—2020：原住民和托雷斯海峡岛民》是维多利亚州立图书馆为提高社会各界的参与度和包容度而制定的一份计划。维多利亚州立图书馆对维多利亚原住民的文化和遗产予以高度认可，致力于通过完善图书馆和信息服务、提供就业机会、发展并挖掘馆藏、分享研究技巧、营造文化氛围等途径来促进本馆的原住民服务（见表6-5）。

表6-5 维多利亚州立图书馆原住民服务途径

途径	措施
完善图书馆和信息服务	使原住民了解与其文化、语言和遗产相关的文献资源； 对于可以反映原住民历史、文化、语言等情况的文化遗产，给予原住民权利决定它们的使用和获取条件； 将原住民纳入决策过程； 制定政策增加原住民就业机会，稳定现有原住民人员组成； 制定政策提高馆员的文化竞争力； 制定政策向文献拥有者归还馆藏资源的复本，以此支持原住民文化和语言的保存和复兴

（续上表）

途径	措施
提供就业机会	提供 2 个专门向原住民开放的职位
发展并挖掘馆藏	收藏原住民相关资源方面并主动推广原住民文化遗产
分享研究技巧	通过试点项目帮助图书馆馆员和原住民社区成员交换研究经验
营造文化氛围	为馆员提供原住民文化意识培训

在馆藏发展方面，维多利亚州立图书馆在《2020 馆藏及内容建设方略》的指导原则、馆藏优势和发展策略 3 个方面均提到了原住民文献。维多利亚州立图书馆致力于为当代和后代保存维多利亚记忆，以便公众通过图书馆馆藏连接过去，展望未来。作为保存和保护的中心，维多利亚州立图书馆将通过各项举措巩固原住民和文化及语言多样化群体在维多利亚文化遗产中的重要地位。与维多利亚原住民文化和历史相关的照片、文档和图书是图书馆的重要特色馆藏。基于当前馆藏情况，维多利亚州立图书馆提出，下一步要着重收藏与原住民相关的历史资料和当代资源，特别是"记录移民与当地原住民接触的出版文献和档案资料"。

2.2.2 建设馆藏资源

原住民馆藏是维多利亚州立图书馆的馆藏优势之一，原住民相关资料包括手稿、图片、地图、政治印刷品、连续出版物和艺术主题文献等。

澳大利亚手稿馆藏广泛收集个人和组织的手稿文献，其中不少来自殖民者的日记、笔记本和信件。这些资料记录了当时他们与维多利亚原住民初见和交流的情况，反映出当时原住民的生活状态。部分手稿文献在展现原住民传统生活的同时，也记录了殖民者对原住民人民和文化造成的迫害。原住民手稿馆藏按照主题和作者做了进一步细分，例如，记录欧洲殖民者在维多利亚州活动的"菲利普港资料"，研究墨累—达令盆地、古尔本河盆地和墨累河三角洲的原住民群体多维关系的 Diane Barwick 研究记录，James Dredge 在 1817—1845 年的日记手稿。

图片馆藏有大量描绘原住民的历史图像和当代图片，包括绘画作品、素描和照片。部分作品来自旅游者，描绘他们对原住民人民和生活环境的印象，以 Henry Brinton 和 John Helder Wedge 的作品为代表。部分海报将艺术技巧和政治社评相结合，展现原住民在当代社会的境遇，以 Leah King Smith

第二部分 国外公共图书馆多元文化服务案例

和 Vicki Couzens 的作品为代表。另有部分长老的肖像画由 Angela Lynkushka 利用摄影技术转化成照片进行保存。图片馆藏中很重要的一部分是关于 19 世纪原住民的绘画,这些作品以个人、家庭、群体、建筑和乡村景象为对象,记录和描绘了当时原住民的情况。

地图是展现原住民社会变迁的重要资料,因此,维多利亚州立图书馆收藏了各种与原住民相关的地图资源。早期的菲利普港地图回溯了殖民者逐渐进入维多利亚州地区并驱逐当地原住民的历史;由人类学家 Alfred Howitt 和 Norman Tindale 等人制作的地图主要标注了各具特色的语言群体和文化群体;由维多利亚考古调查团队出版的当代地图则细致记录了原住民的居住情况。这些地图资料在原住民历史、文化、语言等领域的研究中得到广泛使用。

政治印刷品馆藏来源于 Fred Riley 的捐赠,包括宣传单、徽章、小册子和海报等,其中大部分是 20 世纪 70 年代以来的海报。这些海报不但在原住民团体运动和集会时起到积极的推动作用,也在澳大利亚原住民历史与文化周等庆典和纪念活动中发挥着宣传推广效应。图书馆藏有的政治印刷品包括纸质和数字两种格式,读者可以通过到馆查阅或线上浏览两种方式获取资源。

连续出版物包括由原住民群体发行的报纸和期刊。自 20 世纪 70 年代起,原住民发行属于他们的报纸和期刊,并以此为武器争取服务和地权。因此,维多利亚州立图书馆收藏的原住民报纸具有重要的历史意义。馆藏原住民报纸资源包括实体馆藏、缩微胶片和网上数据库,大部分原住民连续出版物都提供了索引以便读者检索。此外,图书馆还提供部分免费电子期刊的实体文献,包括《原住民法律期刊》(Indigenous Law Bulletin)、《澳大利亚原住民法律评述》(Australian Indigenous Law Review)和《原住民历史》(Aboriginal History)等。

原住民艺术主题文献包括图书、杂志、印刷品、艺术品拍卖目录、散页乐谱和大量影音资源。图书内容覆盖全国和维多利亚州的原住民艺术和艺术家,艺术品拍卖目录来自 Sothebys, Mossgreen 和 Christies 等多家进行原住民艺术品交易的拍卖行,音乐收藏包括个人演奏作品和部分根据作品改编的音乐合集,影音资料涉及舞蹈和剧作。

此外,维多利亚州立图书馆还对馆藏中已出版的原住民资源进行整理,以 1960 年为节点,编印了两本原住民出版文献专题书目。

2.2.3 开展专题服务

维多利亚州立图书馆为原住民提供的专题服务侧重于信息咨询和研究指导，包括原住民与家族历史、原住民与法律、原住民与特殊人群研究、早期澳大利亚人口统计记录、原住民语言单词释义。此外，为鼓励原住民进行研究，维多利亚州立图书馆还设立了维多利亚原住民文化研究奖学金。

维多利亚州立图书馆以全国性组织"Link-Up"为主要平台，同时集合多个为"被偷走的一代"服务的机构网站或政府资源网站，帮助他们与家族重聚。对于查询家族史的原住民，维多利亚州立图书馆提供各种记录、资源、数据库和基本研究策略。资源包括已出版的指南和相关政府机构网站，如图书馆和档案馆等。对于试图寻根问祖的原住民，维多利亚州立图书馆提供了有效的文献和专业支持，并提供研究指引。

原住民法律是研究原住民历史和政治的重要内容之一。维多利亚州立图书馆整合馆藏文献、政府资源和学术资料，帮助原住民和研究者梳理反映维多利亚原住民和政府之间关系的政府出版物，包括1869年的《原住民保护法》(*Aborigines' Protection Act*)、1970年的《原住民土地法》(*Aboriginal Lands Act*)以及现行法律。除了纸本馆藏，澳大利亚原住民和托雷斯海峡岛民研究所和澳大利亚法律信息协会等组织及政府机构在原住民法律数字资源建设方面也给予了充分支持，使维多利亚州立图书馆可以提供较为完整的维多利亚原住民法律法规资料，如议会辩论记录、委员会报告和原住民地权文件等。

在特殊人群研究方面，维多利亚州立图书馆为被收养者、"被遗忘的一代"和儿童移民家庭整理了相关历史资源和当代资料。"被遗忘的一代"是一个特定术语，澳大利亚参议院用该词来描述1920—1970年在澳大利亚孤儿院长大或被寄养在澳大利亚的儿童，被收养的儿童和"被遗忘的一代"中涉及部分原住民群体。维多利亚州立图书馆为这些原住民整合了有助于寻找家庭的信息，这些资源来自政府机构、图书馆和档案馆等，较为全面且权威。

在早期澳大利亚人口统计记录方面，由于政府更迭、原住民地位变化、普查对象定义和普查标准不统一等政治和历史原因，许多关于澳大利亚原住民的统计数据存在错误或纰漏。维多利亚州立图书馆在人口普查数据使用指南中指出，要寻找和研究澳大利亚原住民的人口普查信息，可以在澳大利亚原住民和托雷斯海峡岛民研究所的网站上按语言群体获取资料。关于"何时以及如何编制统计数据""收集的统计数据"和"与原住民人口数的其他问题",维多利亚图书馆也提供了参考文献和资源链接,为研究者拓宽信息来源渠道。

对于原住民语言研究,维多利亚州立图书馆提供原住民语言单词表、本地历史文献和部分原住民语言数据库。原住民语言词典与英语词典的编撰方式不同,通常以地区为单位分类,其中部分词汇仅通过口头传播,没有书面记录,因此其发音和拼写可能有所不同。维多利亚地区的原住民语言主要表达欧洲殖民时期的概念,受当时历史背景影响较大,目前用于描述活动和场地的词汇在维多利亚原住民语言中找不到对等的翻译。面对如此复杂的情况,维多利亚州立图书馆给读者和研究者提供了研究指引和具体参考资料。

维多利亚州立图书馆的原住民馆藏为研究殖民时期以来殖民者与当地原住民群体的交往提供了大量史料。由人类学家、殖民者馆员和摄影家留下的珍贵文献也值得深入研究。为鼓励和促进维多利亚原住民对相关文化和知识进行挖掘,维多利亚州立图书馆设立了维多利亚原住民文化研究奖金。该专项奖金支持原住民学者对重要内容进行研究,并将研究成果提供给社会使用。奖金获得者将得到 15 000 美元的资助,须按要求开展 3 个月的研究。除了享受正常图书馆服务之外,奖金获得者还可以获得查阅特藏的特权和馆员的专业支持。

第四节 昆士兰州立图书馆多元文化服务

1 昆士兰州的多元文化背景

昆士兰州位于澳大利亚大陆的东北部,面积为172万平方千米,是澳大利亚的第二大州,有"阳光之州"的美誉。昆士兰州的首府为布里斯班,是澳大利亚第三大城市。其他主要城市还有黄金海岸、阳光海岸、凯恩斯、汤斯维尔等,都是旅游资源丰富的度假胜地。

1.1 昆士兰州人口概况

根据澳大利亚2016年的人口普查数据,昆士兰州共有470多万居民,其中超过101万居民的出生地为海外,占全州人口的21.6%。最常见的出生地是新西兰、英国、印度、中国以及南非。此外,昆士兰州有26.1%的居民父母双方均来自海外。

移民的到来不但推动了昆士兰州的人口增长,还提高了昆士兰州的多元化程度。特别是在昆士兰州的东南部,移民分布密度较高,多元文化氛围更为浓厚。昆士兰州居民来自220多个国家,使用220多种语言,超过56万昆士兰州居民在家使用英语之外的其他语言或方言,占全州人口的12%。人们最常使用的语言包括普通话、越南语、粤语、西班牙语和意大利语。大量居民无法用英语与他人沟通,语言障碍使他们无法顺利获得相关服务。

除了移民人数多,昆士兰州的原住民和托雷斯海峡岛民人口数量位居澳大利亚第二。昆士兰州居民中约有18.6万人为原住民和托雷斯海峡岛民,占昆士兰州总人口的4%,占澳大利亚原住民和托雷斯海峡岛民人口的1/3。从年龄结构看,15岁以下的原住民和托雷斯海峡岛民占35.4%,65岁以上的仅占4.4%。整体而言,昆士兰州原住民和托雷斯海峡岛民的平均年龄较为年轻。

昆士兰州原住民和托雷斯海峡岛民分布较为集中,原住民区人口密度较高。在澳大利亚人口密度最高的10个原住民区中,昆士兰州境内的原住民区就占据了3个,分别为布里斯班原住民区、汤斯维尔—麦凯原住民区和凯恩斯—阿瑟顿原住民区。其中布里斯班原住民区聚集了6.4万原住民,成为

第二部分 国外公共图书馆多元文化服务案例

澳大利亚原住民人口密度最高的原住民区。根据澳大利亚统计局发布的《评估与预测——澳大利亚原住民人口2001—2026》(Estimates and Projections: Aboriginal and Torres Strait Islander Australians, 2001 to 2026),到2026年6月30日,布里斯班原住民区依然是全国原住民人口密度最高的地区,其原住民人口预计增长至9.7万人,占昆士兰州原住民和托雷斯海峡岛民人口的1/3。尽管原住民和托雷斯海峡岛民的人口数量呈增长态势,但使用原住民语言的人口比例却在下降。在昆士兰州,在家使用原住民语言的原住民和托雷斯海峡岛民不足10%,约86%的昆士兰州原住民和托雷斯海峡岛民将英语作为日常语言。从2006年到2016年,原住民语言使用者仅增加了1 800余人,原住民语言使用者的比例从8.8%下降至7%。由此可见,昆士兰地区的原住民语言处于濒危境地,整体情况不容乐观。

在昆士兰州,原住民和托雷斯海峡岛民接受教育的比例总体低于非原住民的比例。在15岁以上的原住民和托雷斯海峡岛民中,37.9%完成了高中学业或达到同等学力,与非原住民仍存在18.5%的差距。在4岁的原住民和托雷斯海峡儿童中,43.6%进入学前班接受教育,与非原住民儿童存在11.7%的差距。但从全国范围来看,昆士兰州青年原住民接受教育的情况相对较好,例如,在20～24岁原住民和托雷斯海峡岛民中,完成高中学业或达到同等学力的人群达到55.4%,高于全国46.9%的平均水平,在国内各州中排名第二。

1.2 昆士兰州的多元文化政策

1.2.1 针对文化及语言多样化群体的政策

昆士兰州政府十分重视文化及语言多样化群体在文化、社会和经济领域对昆士兰州所做的贡献,相信一个多元且有凝聚力的社会对个体、社区、企业和政府来说,都是一笔财富。因此,该州的多元文化政策旨在促进昆士兰州形成和谐、统一和融合的社会氛围,在此基础上发挥各个族群的力量,推动全州的发展。

昆士兰州政府早期与文化及语言多样化群体相关的法律是1991年的《反歧视法》,近期比较重要的法案是2016年通过的《多元文化共识法案》(Multicultural Recognition Act)。该法案明确了以下重要事项:制定《昆士兰多元文化宪章》,制定《昆士兰多元文化方针及行动方案》,组建昆士兰州多元文化咨询委员会。除了通过健全法律和组建机构以加强对多元文化遗产的保护,昆士兰州政府还要求政府部门响应多元文化社区的需求并提供相应服务,为文化及语言多样化群体参与州内事务提供平等的机会。

《昆士兰多元文化宪章》于2017年8月由州长正式签署生效。宪章包含8条基本原则，一方面明确来自不同文化、语言、宗教的群体可以在法律框架内保持自己的风俗习惯，享受平等的权利，承担同等的义务；另一方面鼓励他们参与社会事务，提升归属感。宪章面向全州所有机构和个人，目的在于倡导个体之间的理解和包容，形成相互尊重、平等友爱的社会氛围。

为了在全州广泛宣传宪章理念，落实宪章的基本原则，昆士兰州政府制定了《昆士兰多元文化方针及行动方案》，其中的行动方案以表格形式列出了2016—2019年政府采取的100多项具体服务措施，既有针对移民的内容，也有与原住民及托雷斯海峡岛民文化遗产保护相关的内容。方案同时还列明了每项措施的具体负责部门及完成时间。

《多元文化共识法案》《昆士兰多元文化宪章》和《昆士兰多元文化方针及行动方案》从法律、理念和实施3个层面构成了昆士兰政府多元文化政策的基本框架，三者从不同维度相互作用、互为补充。从宏观计划到具体操作，相关机构在服务文化及语言多样化群体时均有法可依、有章可循。法案还要求所有政府机构每年向公众汇报他们对方针和方案的落实情况，以此建立社会监督机制，适时调整政府的经费支持和相关服务。

除了以上政策，昆士兰州政府还专门制定了《昆士兰语言服务方针和服务指引》（Queensland Language Services Policy/Guidelines，以下简称《服务方针》）和《昆士兰语言服务指引》（Queensland Language Service Guidelines，以下简称《服务指引》）。《服务方针》规定政府部门必须为英语障碍人群提供翻译人员和翻译信息，《服务指引》则为政府部门落实方针提供相关信息和案例参考。两项文件都旨在消除语言障碍，方便不同人群平等、公正地获取政府服务。

在政府活动和项目方面，昆士兰政府设立"多元文化奖"，以表彰那些在促进社会融合方面有突出贡献的个人或组织，设立多元文化津贴资助推广多元文化和促进社区融合的项目。2016年开始昆士兰州政府还启动了"多元文化月"主题活动。

1.2.2　针对原住民和托雷斯海峡岛民的政策

昆士兰州政府通过原住民合作办公室对昆士兰州原住民事务进行一体化领导，包括制定政策、协调监督和提供服务。在文化领域，原住民合作办公室十分关注原住民和托雷斯海峡岛民的文化遗产保护、文化能力培训、文化活动参与以及社区历史服务，先后颁布了《2017—2020战略计划》和《文化能力事务：昆士兰政府原住民文化能力培训策略》（以下简称《文化能力培训策略》)等政策文件。

《2017—2020战略计划》把"支持社区重视文化和遗产"作为行动路径之一，提出了3条具体措施，包括"执行和管理原住民文化遗产相关法律""支持社区保护原住民语言、促进和谐以及发展文化""对促进原住民文化鉴赏的活动提供支持"。通过这些举措，昆士兰州政府希望提高原住民和托雷斯海峡岛民的社区参与度，加强他们的文化认同感。

《文化能力培训策略》以《昆士兰政府原住民和托雷斯海峡岛民文化能力框架》为基础，希望发展一支文化能力与服务能力相匹配的工作队伍，提高昆士兰州政府对原住民和托雷斯海峡岛民服务的水平和质量。为实现这一目标，《文化能力培训策略》从3个层面指导工作人员在培训课程中提高服务能力，包括：明确原住民服务框架中工作人员应具备的文化能力，提出培训课程的重点和难点，建立工作人员文化能力的培养路径。

2　昆士兰州立图书馆多元文化服务实践

昆士兰州立图书馆成立于1896年，前身为布里斯班公共图书馆，是一家研究型公共图书馆。《昆士兰公共图书馆2016—2017年统计数据》显示，除了州立图书馆，全州共有62个地方公共图书馆，每个公共图书馆都包含数量不等的分馆，昆士兰州立图书馆在全州图书馆体系中发挥引领和主导作用。

2.1　针对文化及语言多样化群体的服务

昆士兰州立图书馆一方面以全州的文化及语言多样化群体为服务对象，制定服务计划，配备丰富的馆藏资源，开展特色活动及项目，另一方面则充分发挥其在昆士兰州公共图书馆体系中的统领作用，制定行业服务标准，为其他公共图书馆提供资源支持。

2.1.1　制定服务标准及计划

为了指导州立图书馆和公共图书馆与文化及语言多样化群体进行有效的沟通，多元文化服务咨询委员会曾于1999年制定《图书馆多元文化协约》。此后，州立图书馆于2008年出台了《昆士兰公共图书馆标准及指南：多元文化服务标准》，在馆藏结构、馆员配备、多元文化服务和宣传等方面为全州公共图书馆提供参考标准和指导意见（见表6-6）。

表6-6 《昆士兰公共图书馆标准及指南：多元文化服务标准》参考标准及指导意见

类别	服务标准
馆藏水平	若使用某种语言的群体达到2 500人或以上，当地图书馆应为其配备人均2册的馆藏；若该群体人数未达到2 500人，当地图书馆可利用州立图书馆的相关馆藏
馆员水平	若当地人口数量超过35 000人，当地图书馆应配备一位专业的馆员主管社区服务，该岗位的职责包括负责图书馆的多元文化服务
馆员结构	馆员构成应反映当地社区的人口结构。馆员、理事会或志愿者团体的成员当中应该有主要文化及语言多样化群体的代表
社区人口分析	要求图书馆定期对国家统计局发布的相关数据进行分析，及时掌握当地多元文化人口及相关语种的最新数据，以此指导多元文化服务的发展方向
类别	指导意见
馆藏建设	图书馆应针对当地人群使用的语言建设相应的馆藏，应包括图书、报刊、电子资源、双语资源、语言学习资料、视听资料、字典等
活动开展	图书馆应针对文化及语言多样化群体举办展览、双语故事会、英语会话等活动，同时还应针对特定的文化节日举办庆祝活动；针对长者、难民、移民等不同群体设计专门的活动项目。图书馆还应在多元文化社区广泛宣传相关服务
宣传推广	图书馆的建筑环境和网页设计应对文化及语言多样化群体友好，使用国际通用的标识或相关语言；图书馆应为文化及语言多样化群体提供相应语种的宣传册等资料，积极利用相关电台、纸媒向文化及语言多样化群体推广图书馆的服务和资源
语言服务	图书馆应尽量配备双语馆员或提供专门的翻译服务；图书馆还应对所有馆员开展多元文化意识的相关培训
社区互动	图书馆应积极参与社区会议，同时邀请社区代表参加图书馆论坛、参与计划制定；图书馆应成立社区咨询委员会，及时收集反馈和意见，同时鼓励文化及语言多样化群体加入图书馆志愿服务队伍

2011年，昆士兰州立图书馆针对本馆的多元文化服务制定了《2012—2013多元文化行动计划》，两年后出台的《2014—2017多元文化服务框架》取代了该行动计划。2018年初，州立图书馆又在此基础上制定了《2018—

2021多元文化服务框架及行动计划》。对比3项服务计划中提出的目标可发现，州立图书馆在过去10年都十分看重多元文化服务、资源推广以及馆员服务素养的提升。此外，州立图书馆也比较强调与社区的交流和合作。在馆员素养提升方面，州立图书馆制定了专门的《2016—2020人力资源多元融合方略》，该方略对之前计划中的部分内容进行了整合。

2.1.2 建设主题资源

昆士兰州立图书馆的多元文化资源十分丰富，既有大量的非英语文献和英语学习资源，也有各类数字资源。根据《昆士兰公共图书馆标准及指南：多元文化服务标准》的要求，州立图书馆还为州内的公共图书馆提供非英语文献的批量借阅服务。

实体资源

昆士兰州立图书馆拥有超过7万册的非英语文献，涵盖50多个语种。每个语种都包含成人和少儿文献，部分语种还提供大号字体读物、有声读物、DVD和CD等资源。在拟定非英语文献采购范围时，图书馆需要参考昆士兰州的人口构成以及读者对资源的具体需求。由于读者的需求不断变化，图书馆可能因此停止对某个语种的采购。除了采购，州立图书馆也接受非英语文献的捐赠，根据图书馆的捐赠标准，只接受近5年出版的成人及青少年小说。

昆士兰州立图书馆统一设计了非英语文献的宣传海报和单张（如图6-4所示），向读者宣传本馆的非英语文献资源，其他图书馆可在州立图书馆网站上下载设计模板，添加本馆名称后即可打印使用。

除了非英语文献，昆士兰州立图书馆拥有专门的成人教育主题文献，其中包括英语作为第二外语的学习资源。这类资源适合学生或家教需求，同时也面向其他公共图书馆提供"批量借阅"服务。值得借鉴的是，昆士兰州立图书馆不仅为学生提供学习资源，也为教师提供教学辅助资源，比如教学理论及实践主题的图书等。图书馆还为教师提供专门的空间，用于上课或进行一对一的辅导。

电子资源

昆士兰州立图书馆拥有大量与文化及语言多样化群体相关的电子资源，包括覆盖40多个语种的Library Press Display电子报纸资源、覆盖多个国家电台频谱的Radio-locator资源等。此外，图书馆还建有一系列昆士兰多元文

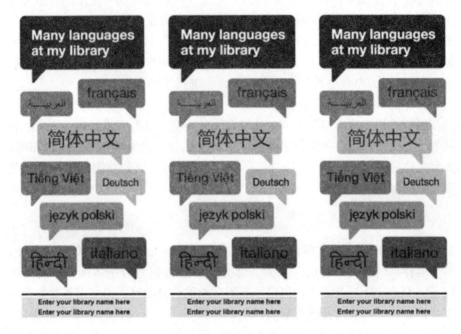

图6-4 昆士兰州立图书馆设计的非英语文献宣传单张

化遗产主题数据库,例如,介绍昆士兰人口、地域和社区情况的"昆士兰故事(Queensland Stories)"短视频资源,从多元文化族群角度反映昆士兰历史的"多元文化族群故事"口述历史资源,以及与昆士兰文化活动、多元文化社区、多元文化节日相关的数字照片库。

批量借阅服务

昆士兰的地方公共图书馆可向州立图书馆申请批量借阅非英语文献,借期为12个月。针对批量借阅的文献,公共图书馆可以将相应的MARC数据下载到本馆目录当中,方便识别该类文献,也方便文献的借还。地方公共图书馆还可以将本馆的名称添加到每本图书所附的"还书日期"纸条上面,但不允许在图书上粘贴本馆的条形码。

地方公共图书馆可通过两种方式选择合适的非英语文献。第一种是现场挑选,图书馆馆员须至少提前一周与州立图书馆的公共图书馆部联系,自行挑选适合本馆读者的文献。第二种是在线申请,馆员可在网上填写申请表,说明所需语种、类型、作者及其他特殊需求,由州立图书馆公共图书馆部代为挑选合适的文献。州立图书馆建议馆员亲自挑选所需文献，这样更贴近读者的需求，同时也有助于馆员熟悉非英语文献。

2.1.3 开展特色活动及项目

Wilbur 绘本及DVD 服务

Wilbur 是由著名的儿童文学作家 Phil Cummings 创作并由 Amanda Graham 负责插图的绘本图书，适合 0～5 岁的儿童阅读。图书以轻松风趣、寓教于乐的方式介绍了澳大利亚的文化，是澳大利亚第一本该类型的多语种儿童绘本书。该绘本自 2010 年出版以来，已向澳大利亚的新移民家庭免费发放了 10 000 多册，其中 3 500 册由昆士兰公共图书馆联合社区和相关机构发放到昆士兰的新移民家庭当中。对于移民家庭而言，他们即使不会英语，也可以用自己的母语给小朋友讲述 Wilbur 的故事。由于儿童对语言的适应能力较强，无论使用哪种语言，都有利于儿童读写能力的培养。Wilbur 对促进儿童的双语能力、社会文化、语言认知等都有所裨益。

2012 年，在 Wilbur 绘本基础上又推出了多语种 DVD 和有声读物，使 Wilbur 成为一个图书和数字载体共存的特色资源，并配有索马里语、泰米尔语、缅甸语、波斯语、丁卡语、印地语、高棉语、努埃尔语、阿姆哈拉语、汉语、阿拉伯语、越南语、法语和英语共 14 种语言。2012 年，澳大利亚国家阅读年鼓励文化及语言多样化群体用母语分享自己的故事，同时用英语辅助家庭阅读，Wilbur DVD 在这方面发挥了关键的推动作用。

"多元文化族群故事" 收集项目

为了展现文化的多样性，同时丰富文化及语言多样化群体的相关资源，昆士兰州立图书馆在政府社区遗产项目基金的支持下，开展了"多元文化族群故事"收集项目。该项目聚焦意大利裔群体庆祝日、太平洋地区统一庆祝日和非裔群体庆祝日这 3 个重要的多元文化节日，通过专题摄影和口述历史，记录文化及语言多样化群体的故事。

意大利裔群体庆祝日每年在昆士兰北部绿色大道地区的 Tyto Precinct 文化中心举行，每次持续两天左右。活动期间举办大量文化活动，包括美食、美酒、烹饪展示会、文艺表演、史料展示、市集、比赛等。活动的目的是展示 Hinchinbrook Shire 地区意大利移民及其后裔的文化特色，以及意大利文化对当地生活的贡献和影响。

太平洋地区统一庆祝日被誉为布里斯班最重要的南太平洋岛国群体庆祝

日，每年在昆士兰东南部的 Logan Gardens Civic Court 举办。节日通过一系列的传统和现代表演、美食、音乐展示会、市集、社区服务和体育项目，展现南太平洋岛国群体的人口、商业和文化特色。

非裔群体庆祝日由中央昆士兰非洲群体协会组织举办，旨在纪念1963年成立的非洲统一组织，每年在中央昆士兰举办。节日的主旨是展示非洲文化，主要展现澳大利亚非裔群体的文化多样性，及其对昆士兰多元文化和社会的贡献，涵盖北非的埃及、摩洛哥，非洲中西部的加纳，非洲东南部的南非、乌干达、津巴布韦等20多个国家。

以上节日的专题摄影和口述历史资料收集都由专门的团队完成。这些资料不仅展现了每个群体的历史和节日特色，同时也折射出文化及语言多样化群体与当地环境的相互作用，反映了多种文化相互融合的过程，这种融合也是昆士兰社会文化的核心所在。

除了收集多元文化族群故事，昆士兰州立图书馆还针对新移民和难民家庭设计了名为"一起成长"的试点服务，主要帮助这些家庭提升读写素养，从而熟悉和适应新的社区环境，尽快融入当地社会。昆士兰州立图书馆目前与 Mackay 和 Toowoomba 两个地区公共图书馆合作开展该项目。该项目一方面有利于增强图书馆与社区的联系，另一方面也为图书馆馆员服务移民和难民家庭提供了学习和实践的机会。

2.2 针对原住民和托雷斯海峡岛民的服务

2.2.1 发挥统筹作用

昆士兰州立图书馆对原住民和托雷斯海峡岛民服务的整体统筹主要体现在两方面：一是与原住民地方议会合作共建原住民知识中心，二是制定原住民和托雷斯海峡岛民服务标准。

原住民知识中心由原住民地方议会和昆士兰州立图书馆共建而成，其中原住民地方议会负责基础设施建设、人力资源和日常运营，昆士兰州立图书馆主要在运营与经费等方面予以支持，包括人员配备、馆藏资源和职业发展，同时也对原住民知识中心的项目和活动提供指导和支持。原住民知识中心主要分布在偏远的原住民社区之中，既作为提供传统公共图书馆服务的社区图书馆，同时又承担社区中心的职能，聚合和贮藏原住民和托雷斯海峡岛民的群体知识，为原住民和托雷斯海峡岛民提供一个学习平台。为了使昆士兰州立图书馆和地方原住民议会的合作更加规范，双方就原住民知识中心的运营和管理签订了《原住民知识中心服务水平协议2014—2017》，明确了双方权责和争端解决办法等。目前，昆士兰州立图书馆与12个原住民地方议会达成合作，为它们管辖的20个原住民知识中心提供支持和协助。

在政策方面，昆士兰州立图书馆制定了《面向原住民和托雷斯海峡岛民的图书馆服务标准》（以下简称《服务标准》），该政策旨在指导昆士兰州公共图书馆和原住民知识中心面向原住民和托雷斯海峡岛民开展图书馆服务，最大限度地为原住民和托雷斯海峡岛民提供学习机会，组织文化活动。在这一使命框架下，《服务标准》一方面提出，公共图书馆和原住民知识中心在制定计划和预算时要关注行政区内原住民和托雷斯海峡岛民的人口数量和实际情况，另一方面鼓励公共图书馆和原住民知识中心将原住民和托雷斯海峡岛民纳入人力资源建设范畴，使原住民和托雷斯海峡岛民在图书馆工作人员组成上占据一定比例。此外，《服务标准》还从实践层面对图书馆业务工作提出建议，包括馆藏资源建设、知识产权问题、机密或珍贵材料的处理、社区参与及咨询、项目活动筹划、推广和营销等。

2.2.2 制定指导政策

昆士兰州立图书馆充分尊重原住民和托雷斯海峡岛民的历史、文化和价值，希望通过专业服务满足原住民在信息获取、学习交流和文化传承方面的需求。为了更好地实现这一目标，昆士兰州立图书馆制定了一系列适用于本馆的政策，包括《原住民和托雷斯海峡岛民馆藏条款》（*Protocols for Aboriginal and Torres Strait Islander Collections*）、《延伸共融行动计划2015—2018》（*Stretch Reconciliation Action Plan 2015—2018*）、《昆士兰州立图书馆原住民语言战略》（*State Library of Queensland Indigenous Languages Strategy*）和《原住民和托雷斯海峡岛民人力资源策略2012—2016》（*Aboriginal and Torres Strait Islander Workforce Strategy 2012—2016*）。这些政策从馆藏发展、社区服务、语言复兴、人力资源4个方面指导服务工作的开展，提高图书馆的服务质量。

在馆藏发展方面，昆士兰州立图书馆制定《原住民和托雷斯海峡岛民馆藏条款》，将"通过敏锐、包容和合适的方式对相关文献进行长期收藏并提供利用"作为本馆的馆藏发展使命之一。根据该政策，昆士兰州立图书馆对原住民和托雷斯海峡岛民相关馆藏的处理将遵循以下3项策略：

● 通过昆士兰州立图书馆原住民咨询委员会和托雷斯海峡岛民相关团体与原住民和托雷斯海峡岛民建立和保持联系；

● 考虑由原住民和托雷斯海峡岛民创作或与其相关的资源的重要性和关联性，采用公平公正的方式发展原住民馆藏；

● 促进原住民知识中心的建设。《原住民和托雷斯海峡岛民馆藏条款》作为昆士兰州立图书馆政策框架中的有机组成部分，在侧重原住民和托雷斯海峡岛民馆藏管理和发展的基础上，与其他政策相互配合，共同推动原住民和托雷斯海峡岛民文化遗产的保存和保护。

在社区服务方面，昆士兰州立图书馆在《延伸共融行动计划（2015—2018）》中提出了共融行动的愿景，即"把原住民和托雷斯海峡岛民的知识和文化视作昆士兰州不可或缺的一部分，用创造性的方式分享和提升原住民和托雷斯海峡岛民的知识和文化"。在共融行动框架下，昆士兰州立图书馆将"针对原住民和托雷斯海峡岛民举办创意项目和文化活动"以及"提高原住民和托雷斯海峡岛民对社区的参与度"纳入本馆的核心业务之中，计划通过增强联系、培养尊重、增加机会和明确责任4种途径，实现促进原住民和托雷斯海峡岛民融入昆士兰州的目标（见表6-7）。

表6-7 《延伸共融行动计划（2015—2018）》提出的具体措施

途径	增强联系	培养尊重	增加机会	明确责任
重点	提高社区参与	加强能力培养	保证机会获取	持续跟踪报告
序号	具体措施			
1	持续关注共融行动计划进程，包括措施落实情况和进展跟踪	支持馆员进行文化学习以便更好地理解和欣赏原住民和托雷斯海峡岛民的历史、文化和成就	保持并增加馆内原住民和托雷斯海峡岛民馆员的数量	报告获得的成绩、面临的挑战和得到的经验
2	就原住民和托雷斯海峡岛民的图书馆和信息服务事宜向昆士兰图书馆理事会提出建议	鼓励馆员利用已颁布的协议	增加原住民供应商（供货和服务）与图书馆合作的机会	继续更新本馆共融行动计划
3	参与和支持与原住民和托雷斯海峡岛民建立紧密关系的项目和活动	积极参与国家原住民周，且支持原住民和托雷斯海峡岛民馆员参与相关文化活动	提高包括家庭文化素养计划在内的原住民和托雷斯海峡岛民服务的多样性和公平性	—

(续上表)

途径	增强联系	培养尊重	增加机会	明确责任
重点	提高社区参与	加强能力培养	保证机会获取	持续跟踪报告
序号	具体措施			
4	保持或建立与原住民和托雷斯海峡岛民个人、社区和外部利益相关者的联系	与原住民和托雷斯海峡岛民个人和组织合作,为当代和后代人民收藏、分享和创造昆士兰州本地的作品	—	—
5	支持馆内原住民和托雷斯海峡岛民员工和非原住民员工建立紧密联系	通过提高研究、策展、保护和发现的能力保证原住民和托雷斯海峡岛民文化内容的长期保存和使用	—	—
6	建立并塑造有利于原住民和托雷斯海峡岛民个人、社区和利益相关人参与的模式	鼓励本州原住民创造和生产可见的和多样的故事、知识和文化产品	—	—
7	与当地政府合作支持包括原住民知识中心在内的公共图书馆的持续发展	—	—	—
8	继续帮助和鼓励原住民和托雷斯海峡岛民阅读、写作、学习和分享	—	—	—
9	通过现场、线上和线下多种方式延伸面向原住民和托雷斯海峡岛民的服务	—	—	—

在语言复兴方面,由于原住民语言的保存情况不容乐观,结合本馆的使命目标和服务情况,昆士兰州立图书馆于 2007 年颁布了《昆士兰州立图书馆原住民语言战略》(State Library of Queensland Indigenous Languages Strategy),提出图书馆履行保护和复兴原住民语言的策略,例如,从相关组织和专家学者那里了解保护需求和计划,合作宣传原住民语言和保护工作情况,为保护、使用和推广原住民语言提供支持,以多种形式拓宽和提高原住民语言服务。

在人力资源方面,截至本书调查时,昆士兰州立图书馆共有工作人员 307 人,其中 16 位为原住民或托雷斯海峡岛民。图书馆十分重视原住民和托雷斯海峡岛民馆员,因为他们以其独有的技能、知识和经验对图书馆的发展做出了重要贡献,同时可以对图书馆有效开展原住民服务提供宝贵意见。为了更好地履行促进原住民和托雷斯海峡岛民人力资源发展的职责,昆士兰州立图书馆颁布《原住民和托雷斯海峡岛民人力资源策略 2012—2016》,就面向原住民和托雷斯海峡岛民的职位招聘、职业培训和发展等做出专门规划。昆士兰州立图书馆计划增加就业机会以吸引更多富有才华的原住民和托雷斯海峡岛民,稳定当前馆内原住民和托雷斯海峡岛民馆员组成,提高原住民和托雷斯海峡岛民馆员的能力素质,建设尊重文化多样性的工作氛围,并为各阶段目标设置关键绩效指标和年度目标。

2.2.3 建设专题馆藏

昆士兰州立图书馆收藏了大批与原住民和托雷斯海峡岛民相关的文献,包括照片、印刷品、口述历史和数字资源等,主要形成了 3 类特色主题馆藏:原住民和托雷斯海峡岛民主题特藏、原住民语言主题馆藏和当代故事主题馆藏。

原住民和托雷斯海峡岛民主题特藏

昆士兰州立图书馆综合考虑文献的载体、内容和来源等因素,整理设立了 3 个系列特藏,包括 Margaret Lawrie 特藏、Tindale 家谱特藏以及原住民和托雷斯海峡岛民照片特藏。

Margaret Lawrie 特藏主要来源于学者 Margaret Lawrie 在 1964—1973 年对 17 个托雷斯海峡岛民社区的探寻和记录,搜集了大量关于原住民和托雷斯海峡岛民的神话故事、语言资料、历史文献和家谱等。昆士兰州立图书馆对其中的家谱资料进行数字化处理,为读者提供姓名索引。另外,被认为是原住民作品中代表作的《托雷斯海峡神话传说》(*Myths and legends of the*

Torres Strait)手稿也先后在澳大利亚和美国出版,为宣传和推广澳大利亚原住民文化助力。

Tindale 家谱特藏来自人类学家和昆虫学家 Norman Tindale 多年收集和研究的资料。Norman Tindale 于 1938—1939 年参加哈佛大学与阿德莱德大学联合开展的人类学考察项目,并在 20 世纪 60 年代前为上千位原住民和托雷斯海峡岛民留存照片资料。丰富的一手资料和研究成果收藏于南澳大利亚博物馆,昆士兰州立图书馆拥有部分家谱资料和照片的复本,主要是关于昆士兰州的 8 个原住民社区和新南威尔士州的 2 个原住民社区的资料。为方便读者查询,昆士兰州立图书馆将馆藏家谱中出现的名字整理成索引,提供在线检索。

原住民和托雷斯海峡岛民照片特藏是家族和社区历史信息的重要来源,昆士兰州立图书馆收藏了大量数码图像资料,提供线上查询和访问。读者可以通过馆藏目录、"澳大利亚战争记忆馆藏"(Australian War Memorial Collection)和 Trove 数据库检索并访问资源。

原住民语言主题馆藏

昆士兰州的大部分原住民语言处于濒危状态,亟待保存、保护和复兴。为支持原住民文化和语言的保护工作及复兴计划,昆士兰州立图书馆提供大量原住民语言文献和信息资料,包括昆士兰州内原住民语言馆藏、托雷斯海峡岛民语言馆藏、原住民语言中心信息和新媒体工具包等。昆士兰州内原住民语言馆藏包括昆士兰州内 6 个地区的原住民语言实体资源和数字资源、原住民语言分布地图、主题分类单词表和有用的软件清单;托雷斯海峡岛民语言馆藏收藏有系列相关资料,其中最具代表性的专著是《剑桥人类学考察:托雷斯海峡》(*Cambridge Anthropological Expedition to Torres Strait*);原住民语言中心信息提供昆士兰州原住民语言中心概况、语言研究、展览活动和社区培训等信息;新媒体工具包包括新媒体工具操作指导、软件资源清单、网页资源和新媒体资源,可以帮助原住民群体、原住民语言工作者和其他感兴趣的人加入原住民语言保护和复兴的工作当中。

当代故事主题馆藏

当代故事主题馆藏主要通过多媒体手段展现当代原住民的故事,包括电台采访录音、迷你电影、有声读物和动画故事。

电台采访录音来自原住民电台 FM98.9,该电台自 1993 年开播以来受到广泛欢迎,近年听众群体更是不断扩大。为了更好地宣传原住民文化和当代原住民故事,昆士兰州立图书馆提供部分 FM98.9 的音频资料,主要是对原住民名人的采访,对象涉及参议员、著名记者、体育名人、维权运动参与者等。迷你电影资源来源于 2006 年一个通过迷你电影讲述原住民社区故事的项目,Woorabinda 和 Cherbourg 两个原住民社区提交了以健康生活和人物特写为主题的优秀作品,目前,这些迷你电影已成为图书馆"昆士兰故事"的重要组成部分。有声读物资源主要依托 ReTod 项目,邀请托雷斯海峡岛民和昆士兰原住民用原住民语言口述《托雷斯海峡神话传说》中的精彩故事。有声读物一方面有助于原住民和托雷斯海峡岛民深入了解和复兴原住民文化,另一方面也让普通读者有机会接触原住民文化。动画故事由来自约克角(Cape York)的原住民儿童创作,目前,部分故事制作成了动画视频,在支持原住民儿童文化创作的同时,也以生动有趣的方式向非原住民儿童推广原住民文化。

在其他资讯和资源方面,昆士兰州立图书馆还提供:

● 原住民和托雷斯海峡岛民社区历史和文化资源,包括昆士兰原住民法律、昆士兰原住民社区和托雷斯海峡岛民社区信息、口述历史资源等;

● 昆士兰原住民知识中心的具体情况和分布位置;

● 昆士兰州立图书馆原住民空间 Kuril Dhagun 的活动、展览以及幕后花絮;

● 昆士兰州立图书馆颁布的与原住民服务相关的计划、协议和政策文件;

● 检索原住民和托雷斯海峡岛民相关馆藏、特定社区馆藏和数据库资料的操作指导。

2.2.4 开展专题服务

昆士兰州立图书馆为原住民和托雷斯海峡岛民提供的专题服务包括 3 个方面:一是研究和检索指导,二是在馆内设置原住民空间,三是举办面向公众的主题活动。

研究和检索指导

丰富多样的馆藏为原住民和托雷斯海峡岛民享受图书馆服务奠定了资源基础,但也带来了检索和研究方面的挑战。为方便原住民和托雷斯海峡岛民更加便捷地检索和使用馆藏资源,昆士兰州立图书馆提供了家族史研究步骤指导和图文资源的检索指导。

设置原住民空间

在空间建设方面,昆士兰州立图书馆于2006年在馆内设置了名为Kuril dhagun的原住民空间,由原住民和托雷斯海峡岛民馆员组成咨询团队,目的在于吸引更多公众参与昆士兰原住民文化交流和传播。该空间提供社区空间、展览活动和专题项目3个方面的服务,目前已成为宣传和学习原住民文化、相关组织开会议事的重要空间。

社区空间包括室内和室外两种场地。室内场地包括提供给原住民家庭进行阅读和讲故事活动的阅读角,使用多媒体资源的多媒体空间,用于举办原住民家庭或社团会议、工作坊或研讨会的Loris Williams室。室外场地则有可以点燃篝火的"分享圈"。

Kuril dhagun展览主要由原住民和托雷斯海峡岛民筹办,展现他们视角之下的昆士兰州原住民和托雷斯海峡岛民的历史、知识和文化。展览现场经常举办一系列活动,多以社区为对象,定期邀请原住民和托雷斯海峡岛民进行访谈和分享,还会举办庆祝原住民节日的纪念活动。

专题项目分为"驻地艺术家"和"社区展览"。"驻地艺术家"发起于2015年,是一个为期3个月的创意项目。该项目为艺术家提供一个将原住民社区知识和昆士兰州立图书馆馆藏相结合的机会,鼓励他们从原住民或托雷斯海峡岛民的角度创作。"社区展览"由社区团体和个人共同策划,时长为6个月,展览内容须与原住民和托雷斯海峡岛民相关。

面向公众的主题活动

面向公众的主题活动以展览居多,反映原住民和托雷斯海峡岛民的艺术、文化和历史。具有代表性的主题活动包括Yarrabah陆地海洋故事展、展示原住民貂皮斗篷工艺的"皮肤的艺术"展览(Art of the Skins)、舞台剧展览以及"Tindale馆藏转画"展览(Transforming Tindale)。

陆地海洋故事展由来自Yarrabah艺术中心的艺术家和独立艺术家Elverina Johnson合作举办,通过生动的画作、织物和陶瓷制品呈现蕴含在Yarrabah陆地和海洋中的历史和故事。原始森林和山脉环绕Yarrabah,却没有妨碍它成为一个充满活力的原住民社区。为了探究和宣传Yarrabah的独特环境对当地人民和文化带来的深远影响,Yarrabah艺术中心和郡议会合作举办该展览,并以原住民语言中表示"陆地"和"海洋"(Jabu Birriny)的两个词命名该展。除了欣赏展品,读者还可以访问活动网页查看艺术家的采访视频，获取为儿童特设的活动手册和其他资源。

貂皮斗篷是昆士兰州东南部原住民的传统手工制品，与原住民受压迫的历史和文化身份的恢复有着紧密的联系。艺术家 Carol McGregor 和 Glennys Briggs 将制作方法融入艺术设计之中，以照片、绘画和手工制品展示貂皮斗篷的发展历史和制作工艺。"皮肤的艺术"展览通过对背后历史和文化的挖掘，希望保留和传承原住民貂皮斗篷制作工艺，推动本地原住民社区的文化复兴。

1967 年澳大利亚公投决定修正宪法，将原住民和托雷斯海峡岛民纳入人口普查范围，并为他们制定法律。为纪念这一历史性事件，原住民表演艺术中心的学生在 2007 年创作了一出名为"反响：公民投票 40 周年及未来"的舞台剧，在当时引发公众关注和讨论。10 年之后，原住民表演艺术中心校友对舞台剧的前期调研、创作过程和表演经历进行回顾，通过展览分享他们对公投改变原住民和托雷斯海峡岛民地位这一重大事件的看法。

在 Tindale 的原住民相关馆藏中，艺术家 Vernon Ah Kee 找到了自己家族的照片，受其启发创作了令人印象深刻的绘画作品，展现照片背后的生动人性。"Tindale 馆藏转画"展览不但反映出人类学家和研究学者将原住民视作科学研究对象等具有争议性的问题，也使其他原住民家庭得以分享自己的个人经历和家庭故事。"Tindale 馆藏转画"展览首先在昆士兰州立图书馆举办，随后在昆士兰州巡回展出。

第五节 北领区图书馆多元文化服务

1 北领区多元文化背景

北领区是澳大利亚的两个内陆领区之一,位于澳大利亚大陆中北部,首府为达尔文,主要城市还有爱丽丝泉、纽兰拜、凯瑟琳及滕南特克里克。该领区是古代原住民文化的发源地,以自然景观和文化特色著称。

1.1 北领区的人口概况

根据澳大利亚2016年的人口普查数据,北领区人口总数约为22.8万,其中原住民与托雷斯海峡岛民5.8万,占全区人口的25.5%。按出生地分类,该区31.2%的人口出生于澳大利亚之外。最常见的海外出生地为菲律宾,占全区人口的2.6%;其次是英国、新西兰和印度,分别占全区人口的2.4%、2%和1.6%。在语言方面,北领区只使用英语的人群占58%,使用克里奥尔语和djambarrpuyngu语的均占1.9%,使用希腊语、塔加拉族语、瓦尔皮里语的分别占1.4%、1.3%和0.9%。

1.2 北领区的多元文化政策

北领区政府十分重视艺术和文化事业的发展,在2016年邀请5位艺术和文化界的代表,共同讨论制定了《活力北领区》(*Vibrant NT*)政策,明确北领区艺术和文化事业的发展愿景以及未来10年的发展计划。在6个战略重点中,政策提出要庆祝和尊重原住民和托雷斯海峡岛民的艺术和文化,并以之为荣,同时也要认同北领区的文化多元性,致力于为所有人提供机会,并将之融入社区互动之中。此外,政策还明确了服务原住民和文化及语言多样化群体应坚持的原则:原住民和托雷斯海峡岛民的文化和土地关系对北领区的文化认同和文化经济具有重要意义;北领区是一个多元化社会,这种文化多样性是关键力量之一,应该得到尊重。根据《活力北领区》,各艺术和文化部门在第一个5年计划中应采取多项措施促进原住民和多元文化服务的提升和发展(见表6-8)。

表6-8 《活力北领区》针对原住民和文化及语言多样化群体的措施

战略重点	庆祝原住民艺术和文化	包容多元性，广泛提供机会
具体措施	① 认同原住民和托雷斯海峡岛民个人艺术家和艺术家群体对北领区居民做出的贡献； ② 采取措施保持并发展本地劳动力； ③ 资助小型纪念活动，使其变成更大型的节庆活动； ④ 建立导师制，并为妇女提供支持，特别是青年妇女，推进她们所在社区的改变； ⑤ 通过文化交流和奖学金等方式推进双向学习； ⑥ 熟悉原住民社区艺术和文化中心的运营模式，了解政策变动和分配资金决策带来的影响	① 为全体北领区居民提供更多接触艺术、文化和创意企业的机会； ② 为全年龄段、各种文化背景和能力的人群提供接触艺术与文化、参与相关活动的机会； ③ 建设可以反映北领区文化多元性的馆藏； ④ 通过互动项目和展览为公众提供接触馆藏的机会； ⑤ 建设数字化产品，包括流量更强的网络、在线票务系统、数字化馆藏、设置在遗址和文化景点的数字广告牌； ⑥ 修订资助项目，认可申请者不同的技能组合，在指导方针和实际运行方面更加灵活； ⑦ 改进现有场地，建设更多合适的场地和空间以保存、创造和展现北领区的文化和创意； ⑧ 提高纪念活动的参与度，明确社区需求和参与群体的多元性

2 北领区图书馆多元文化服务实践

北领区图书馆作为一所单体研究型公共图书馆，主要负责收集反映北领区历史文化的资料和信息，并供公众使用。同时该馆在全区图书馆中发挥统领和协调作用，负责支持全区图书馆事业的发展，包括：发展全区图书馆管理体系，为全区公共图书馆采购馆藏提供资金支持，负责全区图书馆电子资源的提供，按照相关协议为公共图书馆提供运营经费等。此外，北领区图书馆还直接负责1个专门的议会图书馆以及2个社区与学校联合图书馆。

2.1 制定指导政策

北领区图书馆承担统领和协调本地公共图书馆发展的职能，制定了指导公共图书馆体系发展的政策《连接社区：北领区公共图书馆愿景 2017—2023》（Connected Communities：Vision for Northern Territory Public Libraries 2017—2023）。政策提出北领区公共图书馆应遵循的 9 条原则，其中包括"提供兼收并蓄的服务"和"尊重原住民文化"。这两条原则要求图书馆支持北领区社区的多样性，为使用不同语言和拥有不同文化背景的全年龄段人群提供服务，增强对原住民语言和文化的支持。基于当前公共图书馆的服务和反馈，政策从 7 个主题进一步阐释了 17 条未来规划，其中有 4 条反映了北领区公共图书馆对原住民和文化及语言多样化群体的支持：

● 进一步发展儿童读物，特别关注原住民语言和其他语种的儿童读物。

● 修订各图书馆的馆藏发展政策，重点增加其他语种的馆藏。小型图书馆提高开架馆藏的规模，增加开架馆藏的种类。

● 进一步发展和推广"社区故事"计划，向原住民社区提供数字化保存平台和软件。

● 增加其他语种的开架读物数量，为原住民群体提供更多的视听资料馆藏。

除了对本地公共图书馆体系的支持，北领区图书馆也制定了适用于本馆的《战略计划 2015—2018》，确定本馆的整体发展方向和思路。《战略计划 2015—2018》明确了北领区图书馆未来发展的 3 个战略重点，即"为当代和后代收集和发展北领区知识，使其保有活力""在北领区图书馆界发挥引领、开拓和代表的作用""增强服务有效供给的能力"。在讨论馆藏管理与发展时，政策提出"北领区图书馆应帮助社区建设和保护他们自己的数字资源，特别是希望保护原住民知识的偏远社区"，还要"举办可以挖掘和展示馆藏的活动和展览，特别针对原住民、文化及语言多样化群体、创意设计群体和历史文化群体"。此外，《战略计划 2015—2018》还在专题服务中强调，要继续推进"偏远地区原住民公共网络接入计划"，为 40 个偏远的原住民社区提供网络接入和数字技能培训。

2.2 建设特色资源

北领区图书馆重点收藏与本地相关的出版物和各种格式的文献资源，包括北领区专藏、航拍照片、地图、电子资源等。北领区专藏包括地方文献、期刊馆藏和视听资料。由于北领区具有悠久的原住民历史，因此不少与北领区相关的馆藏也是关于原住民历史和文化的资源。地方文献收录对象包括：所有关于北领区的出版文献、在北领区出版的文献、北领区人作为作者的文献以及对北领区有重要意义的文献。期刊馆藏包括南澳大利亚州议会文件、殖民政府年度报告、选民名册、北领区议会记录和法律文件、北领区政府公报、政府年报、杂志、校报和电话目录等丰富的资源。视听资料主要收藏关于北领区或在北领区创作的音乐作品和视频作品，格式包括黑胶唱片、磁带、CD、VHS录像带和DVD。读者可以使用图书馆内的电视和听音设备试用资源。目前，部分特藏、地图馆藏和由原住民制作的"社区故事"被整合成了"领区故事"（Territory Stories）数据库，多方位展现北领区的社会面貌、社区发展和语言情况。

2.3 开展服务与活动

由于原住民在北领区的人口构成当中占有较大比例，该区公共图书馆的多元文化服务主要围绕原住民群体展开，服务和活动的主题包括网络和数字化保存、文化展览、原住民文化素养和北领区语言等。

在网络服务方面，北领区图书馆为16个原住民社区图书馆提供网络资源支持，还为47个原住民社区提供免费Wi-Fi。在数字平台服务方面，北领区图书馆利用一个名为"保存文化"的知识管理系统为社区居民提供资料创建、保存和分享的平台，鼓励民众自主记录属于自己的故事、歌曲、文化、知识和语言。社区居民可创建的资料形式丰富多样，包括照片、动图、音频、文件甚至实物。这些资料对其所在的社区都是非常宝贵的社会文化遗产，对当代和后代的认知和发展具有深远的意义。目前，澳大利亚很多原住民服务机构都在使用和推广这一知识管理系统，帮助原住民保护和复兴属于他们的历史和文化。

基于对北领区重要人物、特别地点和重大事件的调研，北领区图书馆与当地社区合作，策划举办新型的互动式文化展览"领区故事"。展览以获得阿伯特勋章的原住民Ayaigar为对象，通过呈现他的个人故事反映原住民的社区变迁和北领区的独特历史。该展览从调研到实施经历了3年时间，前2年为调研、讨论和设计阶段，展览于2018年6月完成建设并对读者开放。

北领区图书馆致力于帮助本地居民提升文化素养，其中原住民婴儿群体为重点服务对象。北领区图书馆从2008年开始与北领区教育部和北领区安格利福利社等机构合作推广婴儿双语硬板书项目，由偏远地区原住民家庭以及当地的音乐家和艺术家创作了25种婴儿双语图书，这些图书以文字、音乐和插画的形式生动展现了当地文化和知识。婴儿双语图书被广泛派发至社区诊所、托儿所、学前班和家庭当中，激发孩子的阅读兴趣和家庭分享故事的热情，对原住民语言也起到了推广和保护作用。一些图书还被改编为互动性较强的电子书。

北领区图书馆还在语言方面提供一款适用于手机和电脑的双语闪卡应用——"北领区语言"，包括英语和5种原住民语言的日常词汇和短语，适合各个年龄阶层的人使用。通过将科技软件和原住民语言文化的结合，北领区图书馆希望帮助原住民在学校、幼儿园、门诊等多个场合实现更有效和便利的沟通。

参考文献

[1] Aboriginal Affairs. Strategic plan 2016—2019[EB/OL]. [2018 - 04 - 10]. https://www. aboriginalaffairs. nsw. gov. au/our-agency/staying-accountable/strategic-plan-and-annual-report.

[2] Australian Bureau of Statistics. 2016 Census counts-aboriginal and Torres Strait islander people[EB/OL]. [2018 - 04 - 09]. http://www. abs. gov. au/ausstats/abs@. nsf/Latestproducts/2075. 0Main%20Features52016? opendoc ument&tabn - ame = Summary&prodno = 2075. 0&issue = 2016&num = &view = .

[3] Australian Bureau of Statistics. 2016 Census quick states-Queensland [EB/OL]. [2018 - 04 - 19]. http://www. censusdata. abs. gov. au/census_services/getproduct/census/2016/quickstat/3? opendocument.

[4] Aboriginal Victoria. Amendments to the aboriginal heritage act 2006 and aboriginal heritage regulations 2007 [EB/OL]. [2018 - 04 - 06]. https://www. vic. gov. au/aboriginalvictoria/heritage/amendments-to-the-aboriginal-heritage-act-2006-and-aboriginal-heritage-regulations-2007. html.

[5] Aboriginal Victoria. Victorian aboriginal affairs report 2017[EB/OL]. [2018 - 04 - 06]. https://www. vic. gov. au/system/user_files/Documents/av/Victorian_Government_Aboriginal_Affairs_Report_2017. pdf.

[6] Library Board of Victoria. Annual report 2016—2017 [EB/OL]. [2018 - 04 - 19]. https://www. slv. vic. gov. au/about-us/governance/annual-reports.

[7] NSW Government. Multicultural NSW-welcome to the multicultural NSW community profile[EB/OL]. [2018 - 04 - 19]. http://multiculturalnsw. id. com. au/multiculturalnsw? COIID = 7104.

[8] National Library of Australia. Collection development policy 2016-Principles[EB/OL]. [2018 - 04 - 13]. http://www. nla. gov. au/collection-development-policy/principles.

[9] National Library of Australia. Corporate plan 2016—2020: strategic priority 2[EB/OL]. [2018 - 04 - 13]. http://www. nla. gov. au/corporate-documents/corporate-plan-2016-2020-strategic-priority-2.

[10] NSLA Indigenous Group. Case studies based on the national position statement for Aboriginal and Torres Strait Islander library services and collections (2014—2015) [EB/OL]. [2018 - 04 - 11]. https://www. nsla. org. au/sites/

default/files/publications/NSLA. Indigenous_Position_statement_case_studies. pdf.

[11] Northern Territory Government. NT collection[EB/OL]. [2018-04-16]. https://dtc.nt.gov.au/arts-and-museums/northern-territory-library/library-collections/nt-collection.

[12] Northern Territory Government. Vibrant NT[EB/OL]. [2018-04-17]. https://dtc.nt.gov.au/arts-and-museums/arts-publications-policy-consultation/arts-and-cultural-policy.

[13] Northern Territory Library. Connected communities: vision for Northern Territory Public Libraries 2017—2023[EB/OL]. [2018-04-16]. https://dtc.nt.gov.au/_data/assets/pdf_file/0009/427482/connected-communities-vision-for-nt-public-libraries-2017-2023.pdf.

[14] Northern Territory Library. Strategic plan 2015—2018 [EB/OL]. [2018-04-16]. https://dtc.nt.gov.au/_data/assets/pdf_file/0003/239619/northern-territory-library-strategic-plan-2015-2018.pdf.

[15] Public Libraries Victoria. Public libraries Victoria network [EB/OL]. [2018-04-19]. https://www.publiclibrariesvictoria.net.au/about-plvn.

[16] Queensland Government. Aboriginal and Torres Strait Islander peoples in Queensland, census 2016[EB/OL]. [2018-04-03]. http://www.qgso.qld.gov.au/subjects/demography/atsi-people/index.php.

[17] Queensland Government. Population estimates and projections, aboriginal and Torres Strait islander Queenslanders, 2001 to 2026[EB/OL]. [2018-04-03]. http://www.qgso.qld.gov.au/subjects/demography/atsi-people/reports/pop-est-proj-atsi-qld-2001-2026/index.php.

[18] State Library of New South Wales. Public libraries in New South Wales Directory [EB/OL]. [2018-04-19]. http://www.sl.nsw.gov.au/public-library-services/about-public-library-services/find-public-library-nsw.

[19] State Library of New South Wales. Indigenous collecting strategy[EB/OL]. [2018-04-11]. http://www.sl.nsw.gov.au/sites/default/files/indigenous_collecting_strategy.pdf.

[20] State Library of Queensland. Indigenous languages strategy [EB/OL]. [2018-04-22]. http://www.slq.qld.gov.au/_data/assets/pdf_file/0010/74728/SLQ_-_Indigenous_Languages_Strategy.pdf.

[21] State Library of Queensland. Multicultural engagement framework and action plan[EB/OL]. [2018-04-19]. http://www.slq.qld.gov.au/about-us/corporate/publications/planning/mef-2018-21.

[22] State Library of Queensland. Protocols for aboriginal and Torres Strait islander collections[EB/OL]. [2018-04-03]. http://www.slq.qld.gov.au/about-us/corporate/policies/protocols-and-standards/protocols-for-aboriginal-and-torres-strait-islander-collections.

[23] State Library of Queensland. Stretch reconciliation action plan 2015—2018[EB/OL]. [2018-03-20]. http://www.slq.qld.gov.au/about-us/corporate/publications/planning/reconciliation-action-plan-2015-18.

[24] State Library of Victoria. Diversity and social inclusion action plan 2017—2020[EB/OL]. [2018-04-07]. https://www.slv.vic.gov.au/about-us/governance/diversity-social-inclusion-action-plan-2017%E2%80%9320/aboriginal-torres-strait.

[25] Victoria Aboriginal. Victorian aboriginal affairs framework 2013—2018[EB/OL]. [2018-04-06]. https://www.dpc.vic.gov.au/images/documents/Aboriginal_Affairs/Victorian-Aboriginal-Affairs-Framework-2013-2018.pdf.

[26] Victorian Multicultural Commission. 2016 Census: A snapshot of our diversity[EB/OL]. [2018-04-19]. https://www.multicultural.vic.gov.au/population-and-migration/victorias-diversity/2016-census-a-snapshot-of-our-diversity.

[27] Victorian Multicultural Commission. Census publications[EB/OL]. [2018-04-19]. https://www.multicultural.vic.gov.au/population-and-migration/victorias-diversity.

[28] Victorian Multicultural Commission. 多元文化维多利亚州[EB/OL]. [2018-04-19]. https://www.multicultural.vic.gov.au/chinese-simplified.

第七章　加拿大公共图书馆多元文化服务

加拿大位于北美洲最北端,是英联邦国家之一,首都为渥太华。全国共有10个省份和3个特别行政区。根据加拿大统计局公布的2016年人口普查结果,加拿大总人口约为3 515万人,比2011年人口普查时增长了5.9%,其中2/3的新增人口为移民。各省人口当中,安大略省人口超过全国总人口的1/3,是加拿大所有省份中人口最多的;魁北克省人口略低于1/4,排名第二;不列颠哥伦比亚省人口约占全国人口的13%,排名第三。加拿大还有6个人口超过100万的大都会区,其中安大略省的大多伦多地区拥有592.8万人口,是加拿大人口最多的大都会区。位列第二的是魁北克省的大蒙特利尔地区,第三则是不列颠哥伦比亚省的大温哥华地区。

在移民方面,据2016年人口普查,全国有约750万移民,位居前三的移民来源国分别为印度(占全国总移民数的8.87%)、中国(占全国总移民数的8.61%)和菲律宾(占全国总移民数的7.8%)。2017年,加拿大政府宣布,在接下来的3年中,加拿大将接收近100万名移民,包括家庭团聚移民、难民和技术移民。作为全国总人口数最多的3个省份,安大略省、魁北克省和不列颠哥伦比亚省接收的移民人数也是最多的。以2017年第一季度为例,这3个省份移入人口数量依次为4.8万人、2.5万人、1.3万人。

在原住民方面,截至2016年人口普查时,加拿大原住民共有167万人,主要为第一民族(First Nations)①、因纽特人(Inuit)② 以及梅蒂斯人(Métis)③。这三类原住民在加拿大联邦原住民及北方事务部登记立案的部落共有约600个,使用原住民语言53种,有原住民保护区2 250个,72%左

---

① 加拿大北极圈以南所有原住民的统称,有时也称为印第安人(Indians),共97.7万人。
② 加拿大北极圈内的原住民,共6.5万人。
③ 法国移民和原住民通婚形成的混血民族,按照原住民部落形式组织、生活,共58.75万人。

右的原住民居住在这些保护区内。综合各省移民和原住民的人口组成和分布情况，可知安大略省、魁北克省和不列颠哥伦比亚省的移民人口为全国最多，原住民人口数也排在全国前5名以内，因此对图书馆多元文化服务存在一定的需求。此外，萨斯喀彻温省作为以农业为主的内陆省份，原住民所占比例较大，同时其政府积极寻求发展，有意向通过省内公共图书馆发展移民政策和服务。因此，本章将考察安大略省的渥太华公共图书馆、多伦多公共图书馆，魁北克省的魁北克国家图书馆和档案馆，不列颠哥伦比亚省的温哥华公共图书馆，以及萨斯喀彻温省的萨斯喀彻温公共图书馆的多元文化服务情况。

第二部分　国外公共图书馆多元文化服务案例

第一节　渥太华公共图书馆多元文化服务

1　渥太华的多元文化概况

1.1　渥太华人口概况

渥太华位于安大略省渥太华河的南岸，与魁北克省加蒂诺接壤，是安大略省第二大城市，更是加拿大首都和联邦政府的所在地。除了特别的政治地位，渥太华在教育、科学和文化方面也占据举足轻重的位置。渥太华不但在居民平均受教育程度排行中名列前茅，同时也聚集了众多文化、科学和教育机构，例如，加拿大国家自然科学研究院、加拿大北美学会、加拿大国会图书馆、国家艺术中心、国家美术馆、国家博物馆和渥太华公共图书馆等。

渥太华的经济化程度较高，具备良好的教育条件和就业机会，这些优势吸引了众多移民来此定居。也正因为渥太华优良的条件，在此定居的移民大多受教育程度较高，移民失业率相对较低。在加拿大所有主要城市中，渥太华接纳的家庭团聚移民和难民比例最高。2005—2015年，渥太华地区人口增长了15%，其中仅1/4为自然增长，其余3/4多是从其他国家和加拿大其他地区移入的人口。

截至2016年，渥太华约有132万人口，其中约有18.5万非加拿大出生的人口，占该地区人口总数的18%。移民中53%来自亚洲及中东地区，17%来自非洲，15%来自欧洲。由于位于传统阿尔冈昆人①的领土上，渥太华居住着较多的原住民，共计4万人左右。此外，渥太华也是除加拿大北部外最大的因纽特人聚居地。

1.2　渥太华的多元文化政策

早在1971年，加拿大政府就宣布实行多元文化政策。作为加拿大的首都，渥太华的多元文化氛围浓厚，是最欢迎新移民的大城市之一，这得益于联邦政府对多元文化主义的支持。

---

① 分布在大西洋沿岸，圣劳伦斯河及五大湖地区的一支原住民族群。

由加拿大公民和移民部提供资金支持，加拿大从 2008 年开始实施图书馆安置计划，该计划针对所有加拿大公共图书馆，通过移民安置和适应计划、新移民语言指导，为加拿大境内的所有移民和难民提供服务。来自 23 个机构的 60 多名工作人员在全国 11 个公共图书馆的 49 个分支机构中工作，根据需求提供各种语言服务，其中就包括渥太华公共图书馆。该计划的目标是帮助新移民了解加拿大情况，协助其定居并融入当地社区。

在原住民多元文化政策方面，2007 年 3 月由渥太华市议会批准设立渥太华市原住民工作委员会，该委员会的任务是梳理渥太华原住民社区遇到的各类问题，研究制定优先解决方案，同时最大限度提高原住民社区的服务效率。委员会的目标包括：针对原住民社区遇到的问题或挑战进行沟通联系；促进渥太华市与外地政府和企业合作，对社会政策产生正面影响，提升原住民社区的福祉；帮助原住民融入渥太华社会。

2015 年 6 月，真相与和解委员会（Truth and Reconciliation Commission）发布了 94 项针对各级政府、私营企业和所有加拿大人的行动呼吁，希望帮助解决原住民的遗留问题，推动加拿大的原住民发展进程。2018 年 2 月，渥太华正式出台和解行动计划，该计划的内容涵盖文化、聘用、儿童服务、教育和意识建设等 14 个领域。在该计划中，渥太华市政府承认渥太华市是位于阿尔冈昆人从前领土上的城市；并向所有第一民族、因纽特人和梅蒂斯族人民表示敬意，感谢他们过去及现在为这片土地做出的宝贵贡献；政府承认并尊重这些原住民族群为渥太华带来的文化多样性。

2 渥太华公共图书馆多元文化服务实践

渥太华公共图书馆是北美最大的双语图书馆系统，由主馆和遍布渥太华城乡的 33 个实体或虚拟分馆组成。起初，渥太华公共图书馆有 8 间分馆。2001 年渥太华与郊区、周边地区小城镇合并，成为规模较大的大都市区，渥太华公共图书馆也因此合并了 11 个独立的市级图书馆系统。如今，这一体系包含 Nepean Centrepointe、Cumberland、Greenboro 3 个区域分馆、多个社区分馆和乡村分馆。其中，Sunnyside 的流动图书馆已持续运行超过 50 年，致力于为没有图书馆分支机构的落后偏远地区提供服务。

2.1 建设多元化馆藏

渥太华公共图书馆系统拥有 230 万册馆藏，其中 91.7% 为图书，其他则为音像制品、数字资源等。在图书馆官方网站的检索页面，可以按不同语种检索到不同类型的图书资源，例如，成人英语科幻小说、法语漫画、青少年波斯语读物、少儿英语学习读物等。

根据2016年1月更新的"文献入藏标准"，渥太华公共图书馆对文献的语言选择提出了如下准则：为了与渥太华多元化的人口需求相匹配，渥太华公共图书馆应收集除英语和法语外的其他语言文献，只要在渥太华有超过2 000人的新移民人群使用某种语言，该语言的文献就可纳入馆藏范围。截至2017年，渥太华公共图书馆共有超过260个语种的馆藏。由于在渥太华使用法语的人口较多，因此法语文献在馆藏中比重较大，部分分馆的工作人员可以熟练使用法语为读者服务。

2.2 开展特色活动及服务

针对移民的活动及服务

渥太华公共图书馆依托本馆资源，通过与社会机构合作，组织开展多项面向移民的服务，如英语学习课程、生活资讯（包括就业、住房、教育、医疗保健、家庭问题和法律等主题）等。除此之外，渥太华公共图书馆还策划了"解救难民行动"，为本市难民提供图书馆资讯，并鼓励难民参加图书馆的活动，如婴幼儿音乐启蒙、儿童故事会、家庭作业俱乐部、成人英语课与法语课和公民考试准备等。

33所分馆也通过与社区或社会机构合作，组织特色多元文化活动，例如，书籍讨论、语言角、社交小组、双语工坊等。部分分馆与渥太华社区移民服务组织合作，开设面向少儿及家庭群体的家庭作业俱乐部，为6～18岁少儿提供英语学习及面对面作业辅导。家长面对面分享会也是特色活动之一，图书馆不但为家长交流安居、就业、育儿等信息搭建平台，还在渥太华公共图书馆的支持下提供育儿券或公交票等物质支持。

在众多分馆中，服务成果比较突出的有Alta Vista分馆、Beaverbrook分馆和Elmvale Acres分馆。Alta Vista分馆与当地的索马里家庭服务中心合作，为索马里移民家庭提供细致、有针对性的服务。Beaverbrook分馆的社交小组以中国春节为契机组织华人读者家庭参与手工、电影、书法、国画等活动，并围绕安大略省的权利与自由、老年人健康与药物福利、老年人安全与住房等主题组织新移民工坊。Elmvale Acres分馆与黎巴嫩阿拉伯社会服务机构、渥太华卡尔顿区社会经济与合作委员会等机构合作，组织了一系列特色课程，包括国籍考试预备课、法语会话小组、安大略省G1驾照考试预备课、阿拉伯故事会、新移民信息与服务课、与求职相关的英语写作辅导课以及新移民英语对话小组等。

针对原住民的活动及服务

渥太华公共图书馆联合其33间分馆,定期或不定期地组织面向原住民的活动,一方面可以帮助原住民融入社会,另一方面也有利于保存并推广原住民的文化,保持加拿大文化多样性。2017年,以庆祝原住民多元文化月和加拿大建国150周年为契机,渥太华公共图书馆特意组织了原住民读书俱乐部活动。该活动每月举行一次,每期设定不同的分享形式和主题,邀请读者与作者交流。分享形式包括歌谣、沙龙、演讲、诗歌、电影等,主题涉及传说、本土作者、食物、小说和短篇故事、创业等。图书馆每周在官网推送书籍介绍和作者信息的资讯,向读者预告下期活动的相关信息,吸引原住民读者参加。这些活动加强了原住民与社会之间的沟通,也促进了不同种族原住民的文化传承,有利于对加拿大原住民文化多元性的保护。

另一项影响力较大的活动是Carlingwoo分馆在2016年开展的多元文化壁画展活动。该展览从渥太华市高中生的作品中选取了若干幅优秀作品,在伍德罗夫大道的图书馆外墙上展出。部分作品使用或化用了许多民族的标志性色彩、图案,展示了原住民文化的丰富多彩,体现了原住民文化与加拿大现代文化的融合。

第二节 多伦多公共图书馆多元文化服务

1 多伦多的多元文化概况

1.1 多伦多人口概况

位于安大略湖西北沿岸的多伦多是加拿大最大的城市、安大略省的省会，也是加拿大经济、文化和交通的核心，被公认为世界上国际化与多元化程度最高的城市之一。凭借丰富的自然资源、优越的地理位置和怡人的居住条件，多伦多连续多年被联合国人居署评选为全球最宜居的城市之一。

多伦多约一半的居民是来自全世界 100 多个民族的移民，他们丰富的族裔和文化背景使多伦多的在用语言达到 140 多种。在加拿大 6 个大都会区中，多伦多大都会区移民人口所占比例最高。截至 2016 年，多伦多约有 253 万移民，占多伦多大都会区人口的 43.4%，占安大略省总人口的 20.1%。移民人群的主要来源地依次为印度、中国、菲律宾、意大利和美国。

除了移民，原住民也是多伦多人口的重要组成部分，原住民在多伦多进行狩猎、捕鱼、社交和贸易活动已有悠久的历史。伴随着 20 世纪 50 年代原住民城市化的全国性趋势，多伦多也成了原住民移居的选择。多伦多原住民支持服务委员会的数据显示，大多伦多地区 1981 年原住民人口为 13 015 人，而在 2006 年的人口普查中，该地区原住民人口已达到 31 910 人，这使多伦多成为安大略省原住民最多的地区。2011 年，根据该机构估计，大多伦多地区原住民人口已达 7 万人。

1.2 多伦多的多元文化政策

多伦多在移民多元文化政策方面基本采用安大略省发布的政策规范，在此基础上通过签署备忘录提出符合本市特点的目标。1990 年，《安大略省公民和文化部法案》(Ministry of Citizenship and Culture Act of Ontario) 提出一系列与多元文化相关的目标，包括呼吁民众认识安大略省社会的多元性，鼓励所有居民积极参与文化活动，分享文化遗产；强调文化是安大略省的瑰宝，应通过加强文化展示和文化保护，确保安大略省文化生活的创造性和参与性；提出应促进社区与个人文化生活的发展，使安大略人能够更好地认识文化多样性，实现社区共同愿景。

2017年，安大略省出台"多元文化社区能力补助计划"（The Multicultural Community Capacity Grant Program），为多元文化社区的相关项目提供资金，建设多元化和具有包容性的社区。计划从5个方面提升新移民在社区中的参与度，提高他们在文化、社会和经济方面的能力，帮助他们顺利成为安大略省公民（见表7-1）。2018年5月3日，多伦多签署了"加拿大—安大略—多伦多移民谅解备忘录"（Canada-Ontario-Toronto Memorandum of Understanding on Immigration），备忘录强调，多伦多将致力于吸引和留住新移民，帮助新移民融入当地社群，努力确保社区包容性，着力为多伦多的新移民提供所需服务，以促进他们尽快融入加拿大的社会、经济、文化和公民生活。备忘录还指出，多伦多市政府将努力建设社区基础设施，在新移民服务工作中提供规范化服务，帮助新移民学习技能。

表7-1 "多元文化社区能力补助计划"的5项目标

领域	目标
公民参与	促进社区参与与社会融合，促进移民融入民族文化社区
社会关系	促进社会关系和就业，增加对弱势群体的支持
教育和赋权	促进文化间的理解，打破移民群体参与社区生活和相关决策活动的障碍
妇女权益	帮助具有不同文化背景的妇女充分实现其社会和经济能力
能力建设和伙伴关系	建立为移民服务的多元文化组织，促进服务提供者之间的合作

多伦多暂时未制定专门针对原住民的多元文化政策，但在其他已颁布的政策中涉及原住民自我提升、土地整改、社区规划、就业等多方面的内容。具体而言，多伦多市政府鼓励创建原住民公共培训服务机构，帮助公众了解当地的原住民历史和文化。同时，市政府承诺与原住民社区合作，促进公众对原住民生活的了解，也帮助原住民认识并融入多伦多社会。此外，市政府还提出与原住民相关组织或协会携手，对当地原住民社区进行合理规划，让原住民群体参与城市的决策过程。市政府还承诺实施就业保障措施，确保原住民能够尽可能地获得就业机会，并在各个行业增加原住民雇员人数。为保

证实现以上目标，市政府将与原住民社区合作制定行动计划，建立相应的问责流程，确保工作的执行和落实。

2 多伦多公共图书馆多元文化服务实践

多伦多公共图书馆是加拿大最大的公立图书馆系统，主馆位于多伦多中央街798号，主体建筑在1977年落成并开放，面积接近4万平方米。截至2016年6月，多伦多公共图书馆共有100个分馆，分布于多伦多市内多个居民区，几乎覆盖所有人流密集点。在多伦多市，使用加拿大永久居民卡（又称枫叶卡）、驾照或护照等证件都可免费办理公共图书馆的借阅证。

2.1 建设多元化馆藏

多伦多公共图书馆拥有超过240个语种的文献馆藏，其中既有常见的英、法、中、德、俄语文献，也有泰米尔语和乌兹别克语等小语种资料，可以满足来自不同国家的新移民阅读需求。除了图书，多伦多公共图书馆还针对移民群体推出多语种有声读物、电子书、电子杂志等，尽量满足他们的文化需求。此外，该馆还与KUMON公文式数学和学习中心合作，挑选与制作适合移民家庭孩子阅读的学习材料，材料以双语为主，在主题和内容方面都尽量适应新移民家庭孩子的阅读水平。为了方便读者利用多语种馆藏，多伦多公共图书馆设置了"Material in Your Language"检索模块，读者可以通过语言导航选择自己熟悉的语言，在系统检索到该语种馆藏资源的详细信息，包括书籍的类型、出版社、出版时间、作者等，还能获得以3D形式呈现收藏了该书的分馆及地址。

多伦多公共图书馆还收藏有关于加拿大梅蒂斯人和因纽特人等原住民文化的图书和音像资料，比如原住民艺术与艺术家、历史与遗产、原住民医学和原住民神话传说等，相应馆藏分布于北约克中央图书馆和多伦多参考图书馆等3处分馆。馆内收藏有来自原住民领袖作家关于政治和社会问题的作品，涉及土地要求、法律法约、原住民权益、原住民人口、原住民宗教和精神等内容，尽可能多角度地阐述原住民的历史遭遇与当前困境。原住民研究报告以及政府出版物也是多伦多公共图书馆的收藏对象，如1992年加拿大皇家委员会和调查委员会发布的《安大略省原住民社区概况》。此外，多伦多公共图书馆还收藏了以第一民族、梅蒂斯人和因纽特人为主角的绘本、成人或青少年漫画，以原住民为主角的青少年小说以及历史学术资料和珍贵的原住民文物等。

在电子资源方面，多伦多公共图书馆的网站上专门设置了"原住民居民与欧洲探险家"页面，整合了相关资源，方便读者检索。另外还增设了纪录片专题，提供超过350个有影响力的栏目，为读者提供无限制访问。

2.2 开展特色服务

多伦多公共图书馆面向华人、叙利亚难民和原住民开展具有特色的多元文化服务，同时也以现有服务为基础，逐步延伸特色服务的范围，覆盖更多多元文化群体。

针对1878年至今移入大多伦多地区的加拿大华人，多伦多公共图书馆建立了"加拿大华人档案"，通过个人或组织的照片、文件、日记、回忆录和录像，多伦多公共图书馆一方面为公众展示了加拿大华人的丰富历史，另一方面则可为研究人员提供重要的研究资源。

对于来自叙利亚的难民，多伦多公共图书馆与多伦多市政府以及当地社区合作，举办多场欢迎活动，并开设一系列专门面向难民的培训班。这些培训活动从语言、技能和当地文化普及等角度入手，旨在帮助叙利亚难民融入当地社会。为了使叙利亚难民家庭充分了解并积极使用多伦多的文化设施，多伦多公共图书馆还举办了"阳光生活博物馆"和"艺术通行证"等活动，向已注册读者证的叙利亚难民发放代金券，带领叙利亚难民家庭免费参观博物馆和文化馆等文化机构。此外，多伦多公共图书馆还为住在政府援助酒店的叙利亚难民提供外联服务，捐赠包括儿童书籍在内的文化用品，指导难民熟悉当地情况，体验当地文化氛围。

面向原住民的服务主要包括原住民文化素养提升计划和原住民信息亭，同时辅以不定期的活动培养原住民的阅读兴趣，鼓励他们利用图书馆资源实现自我提升。

原住民文化素养提升计划主要面向第一民族、梅蒂斯人和因纽特人居住密集的社区，由多伦多公共图书馆选择合适的分馆提供服务计划和文献资源，通过与原住民相关机构以及当地高校合作，吸引不同年龄和身份的原住民参与。原住民文化素养提升计划希望激发原住民的阅读和学习热情，引起原住民对儿童早期识字的重视，提升各年龄层原住民的文化素养。同时，以原住民文化素养提升计划为核心，多伦多公共图书馆还通过自主发起或合作举办的方式开展暑期阅读俱乐部、家庭文化素养提升日读书俱乐部、学校休息日读书俱乐部等多个项目。

原住民信息亭是多伦多公共图书馆将活动延伸到原住民群体的创新服务方式。一方面，图书馆与社会机构合作，在原住民社区为儿童组织阅读分享会，向普通居民提供就业指导、老年人生活指导、无家可归者生活资讯等服务。另一方面，图书馆馆员定期主持信息亭活动，与参加活动的原住民儿童讨论和分享阅读感想。多伦多公共图书馆曾邀请原住民作家利奥耶尔萨走进高校介绍他的文学与创作过程，鼓励原住民学生努力上进。

此外，多伦多公共图书馆还通过多种方式让更多原住民了解和利用图书馆，例如，开展原住民庆祝月和多伦多风土人情讲座培训等活动，提高大多伦多地区原住民对儿童早期识字的重视程度；派遣馆员进入原住民社区、幼儿园、学校等地，对原住民成人和儿童进行图书馆使用培训，引导、鼓励他们使用图书馆的资源和空间。通过富有文化特色的活动，多伦多公共图书馆希望为原住民更好地融入现代化社会搭建桥梁，为促进大多伦多地区原住民发展提供知识和信息支持。

第三节　魁北克国家图书馆和档案馆多元文化服务

1　魁北克省的多元文化背景

魁北克省坐落于加拿大东部，总面积为166.7万平方千米，在加拿大省份面积中名列第一。2016年全国人口普查数据显示，魁北克省人口为816.4万，几乎占全国总人数的1/4。魁北克省常被描述为欧洲和美洲的十字路口，既继承了法国的传统和文化，又沿袭了英国的议会制度。作为北美地区的法国文化中心，该省超过80%的人口为法国后裔，官方语言也为法语。该省分为17个行政地区，下设104个县，1 288个市镇，其中最大城市蒙特利尔是加拿大面积第二大城市，也是全国最重要的经济中心之一，拥有发达的航空、金融、设计和电影等行业。首府魁北克城是加拿大东部重要城市和港口，也是北美历史文化名城。

1.1　魁北克省人口概况

根据2016年全国人口普查数据，魁北克省内有109万海外出生的人口，占全省总人口的13.36%，占全国海外出生居民的14.47%。2016年有5.3万移民移入该省，占全国总数的18%。移入者中，技术移民占比最多，难民数量从2015年开始持续上升。魁北克省移民的最主要来源地依次为法国、海地、摩洛哥、阿尔及利亚和意大利，这些国家的移民占了全省总移民数的31%。

魁北克大蒙特利尔地区（包括蒙特利尔市及其郊区）是全国第二大都会区，人口约410万。2011年的人口普查数据显示，大蒙特利尔地区为加拿大第三大移民人口所在地（第一和第二分别为大多伦多地区和大温哥华地区），共有移民84万人，约占该地区总人数的1/5。2016年，大蒙特利尔地区共接受41 645位永久居住移民，占全国总移入人数的14%，仅次于大多伦多地区（27%）。蒙特利尔有超过120个文化社区，2011年全国家庭调查数据[①]显示,移民人口出生的主要国家依次为:海地(65 140 人)、意大利(55 385 人)、法国(46 540 人)、摩洛哥(43 790 人)、阿尔及利亚(43 550 人)、中国(37 975 人)和黎巴嫩(35 435 人)等。

此外,根据2011年全国家庭调查,魁北克全省原住民人口总数超过14万人,占全国原住民总人数的10%,全省总人口的2%,其中82 425位为第一民族,40 955位为梅蒂斯族,12 570位为因纽特族,4 415位为其他民族,还有1 550位居民拥有多民族身份。2006—2011年,魁北克省的第一民族人数上升26%,梅蒂斯族和因纽特族分别增长47%和15%。1/5的魁北克原住民居住在蒙特利尔。

1.2 魁北克省的交互文化主义政策

魁北克省没有官方的多元文化政策。对待多元文化问题,魁北克省政府官方文件体现的是交互文化主义(Interculturalism),即魁北克省主流文化(即法语文化)与其他文化之间的相互作用。

1991年,由文化社群与移民部出版的《共同建设魁北克省——移民与融合政策声明》(*Let's Build Québec Together: A Policy Statement on Immigration and Integration*)将交互文化政策诠释为移民群体与魁北克社会之间相互融合的"道德契约"。该契约强调了以下重要事项:首先,魁北克省是一个以法语作为公共生活通用语言的社会,这符合魁北克省在1977年颁布的《法语宪章》,即将法语确立为魁北克省的官方语言;其次,魁北克省是一个民主社会,期待并鼓励每个人都参与其中并做出贡献;最后,在尊重基本民主价值的前提下,魁北克省是一个接受多元化影响并需要各群体相互交流的多元社会。

2 魁北克国家图书馆和档案馆多元文化服务实践

魁北克国家图书馆和档案馆是魁北克省的一个政府机构,负责管理该省的国家档案系统和国立图书馆,于2006年由魁北克国家图书馆和魁北克国立档案馆合并而成。该馆的任务是推进文化和知识的民主性,因此,它不仅收集、保存和宣传与魁北克省相关的文物,也作为省内主要的公共图书馆为公众提供服务。

---

① National Household Survey,该调查由加拿大统计局(Statistics Canada)开展,提供关于加拿大人口的社会、经济状况及家庭构成等方面的数据信息。

魁北克国家图书馆和档案馆目前有12个向公众开放的场馆,其中最大的设施为位于蒙特利尔市中心拉丁区的大图书馆(Grande Bibliothèque)。为了让更多人能够获取和利用国立图书馆的资源,大图书馆的通用资料可供流通,大部分法定藏品等珍贵文件供馆内阅览。大图书馆于1997年开始建设,2005年向公众开放,每周接待将近5万名访客。

2.1 针对移民开展的多元文化服务

推行多元化服务政策

魁北克国家图书馆和档案馆的"公民服务宣言"强调该馆服务对象的多元性:"无论种族、肤色、性别、性取向、年龄、健康状况、婚姻状况、宗教信仰、政治信仰、语言、民族血统或族裔、社会地位或残疾,所有人均是本馆的服务对象。"同时,《员工职业道德守则》也特别规定,员工不得出于歧视而拒绝向以上人群提供专业服务。在描述其服务使命时,该馆特别提出"促进新来者融入"是其目标之一。

尽管魁北克国家图书馆和档案馆并没有为多元文化群体制定专门的服务指南,但在整体规划中仍有一定的关注。例如,该馆的馆藏发展政策提出"多元化"的总体目标,要求馆藏反映服务对象的不同需求;同时要求该馆的通用馆藏既服务于普通大众,也服务于特定群体,包括"新来者"和不同文化社区的成员。

建设多元化馆藏

魁北克国家图书馆和档案馆的旗舰馆——大图书馆约有400万件馆藏,包括114万册图书、120万份其他文档、166万张缩微胶片等。这些馆藏分为两个系列,即民族馆藏和通用馆藏。民族馆藏大约有100万件,包含自1968年以来该省的出版物以及与该省相关的文献;通用馆藏包括300万册用于流通和参考的各类文献资源。在所有馆藏中,大部分为法语馆藏,约30%为英语馆藏,另外还有10余种语言的馆藏。

大图书馆的多语种专藏中有成人外文书籍2万册和少儿外文书籍4 000册,主题既包括艺术建筑、传记、地理、历史等非小说类型,也包括短篇小说、诗歌、戏剧作品、漫画等。除了法语和英语,成人书籍涉及德语、阿拉伯语、中文、克里奥尔语和西班牙语等11个语种,青少年书籍则包含阿拉伯语、中文、克里奥尔语、西班牙语和罗马尼亚语等7个语种。在数字资源方面,大图书馆还提供法语、英语和西班牙语数据库。

为读者提供多语种音频故事资源也是魁北克国家图书馆和档案馆的一项特色服务。读者可以通过图书馆网站中的"讲一个故事给我听"（R@ conte-moi une histoire）栏目，获取法语、英语、中文、克里奥尔语及 inuktitut 语（因纽特族的一种语言，编者注）的故事音频。在不久的将来，还将上线阿拉伯语、西班牙语和 Montagnais 语①故事。

此外，魁北克国家图书馆和档案馆还为读者提供世界各地的外文报刊（纸质版和电子版）、字典、语法书籍等资源。读者可以在大图书馆内用各种语言查询世界各地的主要期刊和报纸，图书馆的音乐和电影专藏当中也包含多种语言的馆藏。

魁北克国家图书馆和档案馆还与魁北克省移民、多元与融合部合作，在大图书馆的第二层建设新移民专藏，为新移民提供一系列符合他们需求的法语和英语书籍以及专门资讯。该馆为新移民收集了涵盖魁北克社会各个方面的资料，整理成约 1 500 个条目。新移民可以在这里找到关于政府机构、教育、培训和就业、语言和文化、历史和地理等不同领域的信息，还可找到与住房、学习和培训、求职、驾照、入籍考试等相关的实用资源。

提供服务指引

魁北克国家图书馆和档案馆建设了较为完备的官方网页，将所有关于新移民的服务项目整合呈现，点击"我是一位新到达这个城市的人"的标签即可进入页面。新移民服务项目内容包括英法双语的图书馆信息指引、互联网资源、读者服务、专藏信息介绍、语言学习资源、求职和生活资讯、文化活动等。新移民可按照个人需求，根据指引链接进入不同页面，实现一站式获取资讯。

大图书馆则针对学习法语的人士推出了馆内参观项目，分为导游陪同参观、自助参观、青少年团队参观。每一种导览活动每周开办 6～8 场，每次持续 1～1.5 小时，带领读者参观馆内与语言学习相关的馆藏，包括语言实验室、期刊区和多媒体区域等，了解语言学习主题服务，促进新移民融入魁北克社会。

开展特色活动及项目

"语言实验室"是大图书馆开设的一个专供读者自主学习语言的空间。

---

① 传统上居住在圣罗伦斯湾北部沿岸森林中的一支游牧印第安民族所使用的语言。

在实验室内的20个机位上,读者既可以提高英语或法语水平,也可以了解和学习wolof语(一种非洲语言,编者注)、冰岛语、世界语等其他语言,其中14台机器可访问Mango Languages, Rosetta Stone, Learn Everything和Learning Express提供的语言教学资源,4台机器用于访问通用馆藏中的音频CD和语言测试备考指南等,另外2个机位用于参加由移民、多元与融合部开设的"法国化"在线课程。

在活动方面,大图书馆自2011年1月以来免费面向新移民开设法语对话工作坊。该工作坊每季度有为期两周的活动时间,所有活动均由魁北克国家图书馆和档案馆之友的成员和志愿者管理和运作。该组织于2005年由魁北克文化遗产和书籍爱好者创建,旨在支持该馆的活动。组织成员可担当法语对话工作坊的志愿者及组织者,但必须具备一定的团队工作经验,精通口头和书面法语,了解蒙特利尔的环境与魁北克的文化底蕴。

魁北克国家图书馆和档案馆开设以家庭为单位的多语种故事会,即13岁以下儿童及其父母用阿拉伯语、西班牙语、普通话、罗马尼亚语、克里奥尔语和越南语讲故事的活动。法语故事活动场次较多,包括每周举办的"第一个脚印,第一个故事"活动、每周两次的"故事时间"(为3~5岁的儿童讲法语故事、组织活动和制作手工)。

提供生活资讯

大图书馆常设魁北克服务角,提供关于魁北克省政府的各类项目和服务信息。服务角提供陪同就业服务,向民众提供关于就业市场和求职等内容的个性化帮助与服务。该馆还设立"商业十字路口",免费提供商业信息,开设"启动您的公司"系列活动,帮助有需要的人士使用商业研究指南,了解和学习公司法、市场调研知识、商业资助获取途径等。

除了现场服务,移民群体还可以在线获取生活讯息。魁北克国家图书馆和档案馆在网站上设置"便捷生活"栏目,将生活中有用的服务资讯汇集于此,包括大使馆与领事馆链接、入籍考试资料、创业资讯、证件办理、人才市场、个人理财、新移民指南、住房信息、社区组织、健康与社会服务等。

2.2 针对原住民开展的多元文化服务

魁北克国家图书馆和档案馆收藏了关于原住民文化的文献、杂志期刊、照片、图画、影音资源以及两个数据库。其中较有代表性的资源有:旨在提高公众对魁北克美洲印第安人认识的Arthur Lamothe纪录片系列,集合了魁北克和加拿大近代历史上近300名原住民社区成员和美洲印第安人文化爱好者的访谈和演讲摘录，马努内保护区的印第安人数字图像，收集了大量魁北克原住民家谱资料的文献《追溯根源的本地人》，以及数据库"北美印第安的在线故事"。

魁北克国家图书馆和档案馆为原住民社区提供5种在线指南，方便社区居民利用图书馆的门户网站和检索工具。另外，网站上提供4个法语版的教学视频，分别介绍主要用于检索音乐、书籍、电影等资源的Iris目录和用于检索档案信息的Piscard系统。通过学习使用检索工具，用户可以查找、识别和定位符合其需要的文档和资料。

第四节　温哥华公共图书馆多元文化服务

1　温哥华的多元文化背景

不列颠哥伦比亚省位于加拿大西岸，拥有464万人口，仅次于安大略省和魁北克省，是全国第三人口大省。温哥华位于不列颠哥伦比亚省西南部太平洋沿岸，是加拿大的主要港口城市和重要经济中心，也是加拿大西部的政治、文化、旅游和交通中心，是加拿大第三大城市。

温哥华是一个典型的移民城市，近一半的人口为移民。截至2016年，温哥华人口达到242.3万，其中移民118.6万，占比48.9%。来自中国、印度和菲律宾的人口是温哥华最大的移民群体，其中华裔移民占总人口的21%（49.9万人），因此，三国移民使用的语言在温哥华非官方语言中占有较大比重（见表7-2）。其他移民主要来源国分别是英国、韩国、伊朗、美国和越南。在原住民方面，温哥华是加拿大第三大原住民城市，共有原住民6.1万人，仅次于温尼伯和埃德蒙顿。

以加拿大政府1988年正式通过的《加拿大多元文化法》（*The Canadian Multiculturalism Act*）为基础，温哥华推行多语共存和多元化社区发展，努力帮助来自不同国家、拥有不同文化背景的人尽快融入当地社会。

表7-2　温哥华非官方语言情况

序号	使用母语	人口	占总人口比例（%）
1	旁遮普语①	147 725	6.4
2	粤语	133 405	5.8
3	其他中国方言	115 635	5.0
4	普通话	92 420	4.0
5	菲律宾语	68 285	3.0

---

① 流通于印度的旁遮普邦和巴基斯坦的旁遮普省的语言，编者注。

（续上表）

序号	使用母语	人口	占总人口比例（%）
6	韩语	45 305	2.0
7	波斯语	35 725	1.6
8	西班牙语	31 590	1.5
9	德语	28 590	1.2
10	印第安语	26 165	1.1

（来源：2011年加拿大人口普查）

2 温哥华公共图书馆多元文化服务实践

2016年，温哥华公共图书馆接待读者将近650万人次，读者外借或使用实体及电子资源约950万件册，包括图书、电子书、电影、音乐和杂志。100多年来，温哥华公共图书馆一直致力于满足读者的知识和信息需求，培养阅读习惯，鼓励终生学习。

2.1 制定政策

加拿大图书馆协会于2008年2月通过的《关于多样性与包容性的立场声明》强调加拿大所有公民不论背景，都可以获得公民应享有的公共文化服务，并且不受偏见和歧视的影响，市政府工作人员和图书馆员工将为此提供广泛而深入的服务和支持。

在此文件的基础上，温哥华公共图书馆发表了《多元化和包容性声明》（*Diversity and Inclusion Statement*），强调作为加拿大公共机构，图书馆有责任尊重文化的多样性，促进社会融合。该馆将与社区合作，致力于为大众提供尊重而包容的服务，不论其教育背景、信仰、种族、宗教、性别、年龄、性取向、身体障碍与否、身体或认知能力、社会地位以及经济状况，都将得到平等的服务。同时，图书馆工作人员将不受读者自身的习俗或信仰影响，一视同仁地为其服务，也将根据不同群体的要求，与不同的社会团体合作。温哥华公共图书馆通过直接进入社区调查和接触来了解并满足不同读者的多样化需求，而不是依赖间接数据来源，如统计报告、其他公共图书馆或社区服务提供商等。

2.2 建设多元化馆藏

温哥华公共图书馆拥有葡萄牙语、西班牙语、法语、德语、中文、丹麦语和韩语等多个语种的文献资源,包括纸质图书、有声读物、电子资源等,值得一提的是还收藏了视障人士的专用读本(包括大字本、无障碍读物)等。在多语种文献中,英文文献数量最多,其次为法语、中文和西班牙语等。韩语、葡萄牙语和越南语的文献资源也较为丰富,书籍数量均为千册以上(见表7-3)。

表7-3 温哥华公共图书馆多语种资源前10位情况(单位:册)

序号	语种	书籍	有声读物	电影和电视	音乐	游戏软件	期刊	其他	资源总量
1	英语	721 171	23 747	33 037	57 351	2 860	52 493	31 817	922 476
2	法语	29 026	408	7 040	2 799	235	3 953	2 397	45 858
3	中文	22 016	1 119	5 106	141	194	528	56	29 160
4	西班牙语	6 101	295	4 415	906	69	3 379	288	15 453
5	韩文	3 159	16	911	14	9	30	6	4 145
6	俄语	2 831	31	408	134	3	373	61	3 780
7	葡萄牙语	1 007	25	353	219	3	2 097	34	3 738
8	越南语	2 076	143	758	8	0	9	3	2 997
9	旁遮普语	1 192	6	334	25	3	4	11	1 575
10	拉丁语	463	5	28	584	2	15	186	1 256

温哥华公共图书馆的非英语文献主要来源于自主采购,由图书馆根据书商和外文图书代理商提供的书单进行挑选。此外,拥有多元文化背景的馆员、合作机构工作人员以及志愿者也会参与非英语文献的选购。通过多方参与文献采选的做法,温哥华公共图书馆在保证文献采选专业性的同时,也实现了采购类别的多样化,尽可能多层次、全方位地满足不同类别读者的需求。

除了自主采购,温哥华公共图书馆还接受大量外文赠书,特别是各个国家友城图书馆的赠书。例如,在中文赠书方面,温哥华公共图书馆于2013年与广州图书馆签订合作交流备忘录,每年接收来自广州图书馆的中文赠书约300册。此外,温哥华公共图书馆还接收了广东省立中山图书馆赠送的关于广东传统文化、风土人情、地理人文以及改革开放成就等内容的 2 000 册中文图书，以及中国吉林省新闻出版局赠送的有关中国经典文学和古典文化的 1 000 册图书。

2.3 建设多语种网页

温哥华公共图书馆网站的默认语言为英语，同时提供日语、中文、法语、韩语、越南语和印度语 6 种语言界面供读者选择。读者可以通过这 6 种语言与图书馆馆员进行邮件沟通、在线问询或电话咨询等。以中文界面为例，所有选项、菜单和重要信息均以双语标注，并用不同颜色突出重点。资源推荐里提供了最新中文 CD、DVD 以及相关图书信息，并专门针对华裔移民设置资讯指南，内含住房租赁、英语学习、儿童教育及福利、成年人就业、当地法律和税务政策、入户入籍等信息。此外，网站上还有大量中文电子资源，包括电子书、期刊和报纸等。

温哥华公共图书馆除了提供英语和法语检索外，还自主开发了中文简体版检索系统，提供关键字、作者、主题、ISBN 号、地理区域、出版商等多个检索字段，可使用语言、时间、类别、国家、出版社等条件进行高级检索。

2.4 开展特色服务及活动

针对多元文化群体的服务

温哥华公共图书馆为多元文化群体开设了不同的学习课程，其中特别照顾新移民群体，提供包括英语学习、计算机学习、就业指导及专业培训、新移民适应等课程。

温哥华公共图书馆与相关机构合作，在本馆以及部分分馆开设了 ESL 学习中心，旨在帮助新移民学习入门英语，提高英语水平，快速融入温哥华当地社会。中心馆与各个分馆在不同时间段分别开设不同深度的学习课程，通过一对一教学、分组讨论和专业辅导等不同形式，尽可能覆盖拥有不同需求的新移民和多元文化群体。除此之外，温哥华公共图书馆还为中心馆和分馆采购了大量 ESL 馆藏，包括纸质图书、DVD 资源和电子资源等，作为配套资料帮助新移民进行英语学习。

为了帮助新移民熟练使用计算机进行交流和学习，并通过互联网获取信息与知识，温哥华公共图书馆提供面向不同阶层或不同水平的读者的计算机课程，具体内容包括：教授电脑使用、输入法学习和界面介绍等入门知识的基础课程；指导读者利用搜索引擎查找资源的网页搜索课程；向新移民普及网络安全知识和个人信息保护的网络安全知识课程。

由于新移民面临着就业、医疗和教育等不同方面的问题，温哥华公共图书馆经常邀请专业嘉宾或讲师举办关于医疗、卫生、法律、税赋和子女教育等主题的专题讲座。基于新移民对就业信息的巨大需求，温哥华公共图书馆特别开设科学移民信息中心，为技术移民提供免费信息服务，包括择业和行业分析等，主要帮助技术移民进行就业选择和技能培训。此外，温哥华公共图书馆还定期与温哥华商业部共同举办免费求职服务答问会，向新移民介绍当地的行业情况，解答他们关于职业选择、公司类别、行业发展、简介撰写和面试技巧等多种问题。

针对多元文化群体的活动

温哥华公共图书馆为多元文化群体举办的活动主要为多元文化节、文艺作品推广和"听原住民讲故事"。多元文化节于每年6月举办，除了展出多元文化群体的手工艺品和书画作品等，还会举行盛大的多元文化晚会，呈现精彩的原住民传统歌舞节目。文艺作品推广主要通过温哥华公共图书馆举办原住民文化艺术展览以及文艺作品阅读活动等方式开展，具体内容包括影片欣赏、文学作品讲座、书法作品展、摄影展和音乐欣赏等。通过以多元文化节和文艺作品推广为代表的系列活动，温哥华公共图书馆希望让公众充分了解多元文化群体的文化传统，促进原住民通过积极展示和交流融入社会。

温哥华公共图书馆的另一个品牌活动是一年一度的"听原住民讲故事"比赛。参赛故事大多反映不同族裔的文化特征，并融合作者的亲身经历以及当地的多元文化背景。该活动于2008年启动，旨在表彰加拿大原住民，并以此作为民众了解温哥华原住民社区的一种方式。故事讲述者站在非政治、普通人的角度，介绍本民族最古老的生活文化，保护和宣传本民族文化的特殊性。以2018年的原住民故事讲述者为例，故事讲述人是一位原住民植物学家、艺术家，她以自己的艺术作品为例，向听众生动形象地阐述了原住民文化对个人创作的影响。通过实物与讲解相结合的模式，读者深入了解到原住民文化的魅力。同时，讲述人对自身奋斗历程的宣讲，也给原住民群体带来了正面影响，引导他们通过自身努力奋发上进。讲述人在提升自己的同时，也帮助原住民群体提升整体素质，在现代社会中发挥自己应有的价值。

第五节 萨斯喀彻温省公共图书馆多元文化服务

1 萨斯喀彻温省的多元文化背景

萨斯喀彻温省位于加拿大西部内陆，占地 651 900 平方千米，是加拿大人口第五大省，2016 年共有人口 109 万。该省北部是人烟稀少的森林地区，南部为居民聚居的草原地区。数千年间，这一地区居住着多个原住民族群，直至 1690 年，欧洲人首次探索该地区，并于 1774 年在此定居。萨斯喀彻温省于 1905 年建省，以农业、矿业和能源业为经济支柱。该省的最大城市为萨斯卡通市（Saskatoon），人口约 24.6 万。省会为里贾纳市（Regina），是南萨斯喀彻温的文化及商业中心，人口约 23 万。其他较为著名的城市还有 Prince Albert、Moose Jaw、Yorkton、Swift Current 等。

1.1 萨斯喀彻温省多元文化群体概况

根据 2011 年全国家庭调查的数据，萨斯喀彻温省有 6.8 万名非加拿大出生的居民。2010 年该省共接收 7 615 名新移民，占全国新移民的 2.7%；到了 2016 年，该省接收新移民 14 855 人，占全国新移民的 5%，其中 4 995 人选择移入省会里贾纳市，5 750 人选择移入萨斯卡通市。2010—2016 年，萨斯喀彻温省共接收 7.7 万名获得永久居住权的新移民，其中 5.6 万人因被认定为有潜力为该省经济做出杰出贡献，通过加拿大的"省提名计划"移入，另外 2.1 万新移民主要是家庭团聚移民、难民、技术工人和护理人员等。据《加拿大移民杂志》(*The Canadian Magazine of Immigration*) 网站数据显示，2000—2015 年，萨斯喀彻温省移民人群的来源地依次为菲律宾（27%）、印度（11.4%）、中国（9.1%）、巴基斯坦（5.7%）、乌克兰（3.8%）、英国、美国、孟加拉国、伊拉克和南非等国。

除了拥有一定数量的移民，萨斯喀彻温省还是原住民大省。2014 年 2 月，该省登记的印第安原住民约 14.4 万名，其中大多数为平原克里族

(Plains Cree)①，另有部分索尔托族（Saulteaux)② 和达科他族（Dakota)③。居住在省内的梅蒂斯族约有 8 万人，萨斯喀彻温省梅蒂斯族委员会（The Métis Nation – Saskatchewan)④ 根据梅蒂斯族人在萨斯喀彻温省的分布将全省划分为 12 个区域。此外，省内还有 70 个第一民族族群。

在萨斯喀彻温省，里贾纳市和萨斯卡通市是移民和原住民的主要聚集地，其中萨斯卡通市于 19 世纪 80 年代由原住民和来自欧洲和美国的移民共同建立，目前，约 9% 的人口为原住民，同时该市也是移民的青睐地——萨斯喀彻温省接收的外来移民中约有 43% 的选择在萨斯卡通定居。

1.2　萨斯喀彻温省的多元文化政策

萨斯喀彻温省于 1974 年制定《1974 萨斯喀彻温多元文化法案》（The Saskatchewan Multiculturalism Act, 1974），成为加拿大第一个通过多元文化相关法律的省份。1997 年，《1974 萨斯喀彻温多元文化法案》修订为《多元文化法案》（The Multiculturalism Act, 1974），明确规定了该省的多元文化原则和指导思想。在原则方面，《多元文化法案》强调种族、文化、宗教、血统和原籍的多样性是萨斯喀彻温社会的一个基本特征，鼓励多元文化社会的延续；要求人们尊重多元文化遗产，在保护独特文化和民族特征的同时，不同文化和种族背景的人群应和谐共处，构建包容友爱的社会关系。在指导思想方面，《多元文化法案》支持人们遵循在加拿大法律框架内和民主原则的前提下，继续发展和表达所有文化，特别要保存、加强和促进原住民文化，承认它们对萨斯喀彻温省历史和发展做出的持续贡献。另外，《多元文化法案》还指出，不同族裔群体对萨斯喀彻温省的建设和未来发展都发挥着重要作用，应促进移民定居，帮助他们适应和融入新的社会环境。

萨斯喀彻温省十分重视移民对当地社会发展的作用。1998 年，加拿大政府与萨斯喀彻温省政府签署《加拿大——萨斯喀彻温移民协议》，其中包含"省提名计划"，此计划赋予萨斯喀彻温省接收有潜力为本省经济做出杰

---

① 克里族为北美印第安人的一个部落，讲 Algonquian 语。平原克里族为居住在大平原（Great Plains）北部的克里族人，主要以猎杀野牛和采集野生植物为生。

② 索尔托族是欧吉布瓦族的一支，主要分布在加拿大安大略、曼尼托巴、萨斯喀彻温等省份，大多数为猎人和渔民。

③ 一个美洲原住民部落。

④ 该组织隶属于全国梅蒂斯族委员会（Métis National Council），代表该省的梅蒂斯族群。

出贡献的移民的权力,雇主可以聘请合格的移民从事大部分技术、贸易及其他专业工作。2008年,由于劳动力严重短缺,该省的政府领导人曾携50多家公司前往多伦多参加全国最大的招聘会,试图吸引技术工移居本省。

2 萨斯喀彻温省公共图书馆多元文化服务实践

萨斯喀彻温省共有10个图书馆系统,包括7个地区图书馆系统,位于里贾纳市和萨斯卡通市的2个城市图书馆体系,以及1个位于该省北部的Pahkisimon Nuye Áh图书馆体系,其中Pahkisimon Nuye Áh体系是北部11个社区公共图书馆的联盟,并被法律确定为北萨斯喀彻温省的中心图书馆,是所有学校、地区院校、公共和特殊图书馆的协调机构。

2.1 针对移民的多元文化服务

如前文所述,里贾纳市和萨斯卡通市是萨斯喀彻温省的移民聚集地,因此这两个城市的公共图书馆在馆藏建设、活动组织和服务设计等方面都有相应的举措,在全省的公共图书馆中具有一定的代表性。下文将以里贾纳市和萨斯卡通市公共图书馆为例,总结萨斯喀彻温省公共图书馆的移民服务特色。

建设多元化馆藏

萨斯卡通市公共图书馆的中心馆和6个分馆收藏了除英语以外24种语言的成人和儿童书籍,部分图书馆藏有越南语、法语、德语、乌克兰语和埃塞俄比亚语的杂志和报纸,中心馆提供来自73个国家、39种语言的报刊电子资源。里贾纳市公共图书馆则在社区民众的要求下,加强本馆非英语文献资源的建设,比如在中心馆增设青年法语小说专藏和阿拉伯语专藏,于2015年增购乌尔都语文献,发展Connaught分馆的法语儿童读本专藏。

此外,两地公共图书馆还为移民提供英语学习资料,即ESL文献资源,又称读写专藏。读者不仅可以利用图书馆的英语学习教材、英语考试资料、考试工具包和试听教程等,还可以在线访问Mango语言学习资源。

开展专题服务与活动

● 语言学习活动

两市公共图书馆在志愿者的支持和帮助下,组织了丰富多样的英语学习活动,帮助母语非英语的新移民尽快适应当地的生活和工作。里贾纳市公共图书馆拥有百余名志愿者导师，通过面对面的交流帮助新移民练习英语。读者可以根据个人情况选择时段、分馆、练习主题以及培训重点，如求职、新闻时事和人际交往等。为营造更适合沟通的氛围，里贾纳市公共图书馆还在中心馆与 Glenn Elm 分馆设立识字咖啡馆，希望新移民在舒适的环境中潜移默化地提高英语技能。

萨斯卡通市公共图书馆除了定期提供基础 ESL 课程，还根据不同技能的需求举办有针对性的活动。在口语技巧提升方面，该馆每周在 3 间分馆举办对话圈活动，由英语流利的志愿者教授新词汇并介绍加拿大生活。在阅读能力培养方面，英语对话读书俱乐部通过组织集体阅读培养读者的文学素养，深化新移民对本土文化的认识；家庭故事会则以故事、歌曲和手工等多种形式，帮助新移民儿童及家长学习英语。

除英语外，里贾纳市公共图书馆还面向少年儿童开展法语学习活动，例如，为 3～7 岁的儿童举办英法故事会；由高年级同学带领 1—3 年级的儿童阅读法语图画书、进行法语认读游戏并参与法语对话俱乐部的活动。萨斯卡通市公共图书馆侧重于组织不同语种的故事会，故事会内容丰富，场次密集。以 2018 年第一季度为例，萨斯卡通市公共图书馆每周都开设有乌尔都语、印地语、中文和法语的家庭故事会。

● 文化主题活动

里贾纳市公共图书馆着眼于不同民族、不同国家的文化，开展了体验类和观赏类的文化活动。体验类活动有乌克兰复活节庆祝会和冥想瑜伽活动，前者欢迎读者以家庭为单位，通过舞蹈、手工以及分享乌克兰传统食物等方式，用带有乌克兰文化特色的方式庆祝复活节；后者则引导读者通过冥想来体验心灵的安宁，学习内心平衡的技巧。观赏类活动主要是与当地美术馆联合举办的多元文化主题展览，例如，2017 年与温莎美术馆合作举办 Wafaa Bilal 的"168：01"艺术展，2018 年与邓禄普美术馆合作举办的亚洲装饰艺术展等。

萨斯卡通市公共图书馆则以读者分享类活动见长。2018 年举办"旅行与文化"系列活动，主题包括"葡萄牙北部徒步旅行""丝绸之路上的公路之旅"和"斯堪的纳维亚：四国之旅"等，由旅行家、摄影师和徒步者用照片等形式与读者分享旅行见闻，介绍外国文化。

● 新移民特色服务

为了帮助移民更有效率地利用图书馆资源，两馆都开设图书馆导览活动。里贾纳市公共图书馆的导览项目在 60 分钟内向读者介绍可以帮助新移民提高语言技能的馆藏、计划和服务,而萨斯卡通市公共图书馆专为英语学习者提供图书馆导览介绍,帮助他们准备注册读者证所需的材料。除馆内导览活动外,萨斯卡通市公共图书馆还对外推广图书馆服务,如拜访社区机构,向机构内的新移民介绍图书馆服务。

萨斯卡通市公共图书馆也为新移民提供生活资讯。该馆建设了加拿大公民考试信息档案,与社区机构和组织合作,帮助新移民申请补助。所有分馆都配备了电脑供公众免费使用,加拿大公民和移民局经常介绍新移民就近利用分馆的电脑打印所需的表格。

2.2 针对原住民的多元文化服务

整体统筹

2001年,《萨斯喀彻温省部长咨询委员会关于公共图书馆原住民服务的报告》(*Final Report of the Minister's Advisory Committee on Library Services for Aboriginal People*)出版,从省政府层面支持推进图书馆原住民服务。根据报告,委员会的任务是"确定如何促进原住民和梅蒂斯族群参与并投入开发和维护公共图书馆服务,以满足萨斯喀彻温省所有原住民和梅蒂斯族群对图书馆和信息的需求"。该报告包括46项建议,其中包括"每年2月举办一个官方讲故事周,在全省范围内推广原住民和梅蒂斯的口语文化传统,深化公共图书馆的使用"。

在省教育部省图书馆和文化素养办公室的公共图书馆规划处,专门设有一位图书馆原住民服务协调员。该协调员的职责是:协助公共图书馆为原住民和梅蒂斯社区服务;提高公共图书馆在原住民和梅蒂斯族群生活中的重要性;制定一份高质量的图书馆原住民资料清单;对萨斯喀彻温图书馆网站上关于原住民部分的内容进行维护;为原住民和梅蒂斯族群的图书馆馆员开展培训。

2006年,原住民图书馆服务委员会成立。委员会的成立是为了使公共图书馆系统形成合力,加强各图书馆在所属区域内面向原住民和梅蒂斯族群的服务。该委员会与1991年成立的萨斯喀彻温省原住民图书馆服务委员会有着共同的任务,即与图书馆和原住民社区合作,改善萨斯喀彻温省原住民的图书馆服务。

部分地区图书馆也针对如何开展原住民服务进行了规划。例如,Wapiti地区图书馆制定了长期行动规划和目标,具体包括:通过海报和网络宣传、文化教育以及张贴图书馆公约,消除原住民使用图书馆服务的障碍;邀请作家、讲故事者、音乐家和演说家开展活动，发挥教育和传递信息的作用；提高董事会和员工中原住民的比例。

开展原住民服务

萨斯喀彻温省公共图书馆为原住民开展的图书馆服务主要体现在两个方面：一是馆藏资源的建设和推荐，二是组织形式多样的主题活动。

在馆藏资源方面，Pahkisimon Nuye Áh 图书馆体系开展了"萨斯喀彻温原住民生活探索"计划，以音频和印刷品的形式收集萨斯喀彻温省人民的生活和习俗信息，并计划建立一个专题网站。萨斯卡通市公共图书馆在其网站上通过"圆形草原梅蒂斯阅读书单""原住民阅读"、原住民作者及原住民故事书单等栏目介绍与原住民和梅蒂斯族人物相关的馆藏书籍。

在主题活动方面，各馆围绕原住民文化、素养提升和语言学习等开展了不同活动，尽可能突破年龄、地域和文化层次等限制，吸引更多读者参与。其中，原住民故事月规模最大，影响最深，已成为萨斯喀彻温省品牌文化活动之一。

● 原住民故事月

冬季，是第一民族讲故事的传统时节。萨斯喀彻温原住民故事月的目的在于宣传和传承原住民和梅蒂斯族的口语传统，让年迈者和原住民故事叙述者展示讲故事的文化性和历史作用，通过与社会上的机构合作促进伙伴关系。2004年，萨斯喀彻温省原住民故事周启动，当年有2 813人参加了21场比赛。此后这一活动形成了相对固定的举办模式，即由省原住民图书馆服务委员会主持，省政府、学校、社区图书馆和当地组织等参与，于每年2月举办。2006年，故事周发展为故事月，参赛人数大幅增长。到了2016年，有18 200位参与者加入超过400场的讲故事活动中。2018年，原住民故事月的活动分为3部分："故事及诗歌创作"写作工坊，"兔爪与熊掌"木偶戏，以及为14～18岁青少年开设的"讲述你自己的故事"叙事技巧传授活动。

● 文化技能及素养提升活动

除故事月外，一些地区图书馆还通过小型活动提升原住民的阅读素养。以 Parkland 地区图书馆为例，该馆参与了由 SaskSmart 社区协会举办、覆盖 Kamsack 及周边地区的综合文化素养培训项目，负责协调项目中的家庭识字活动，帮助提升原住民家庭的文化素养。由于活动需要，Kamsack 图书馆建立了丰富的文化素养馆藏，包括故事书库、识字背包、阅读标签和所有组织都可以访问的在线资源。Parkland地区图书馆还依托儿童馆藏,启动"和我一起阅读"家庭识字计划,鼓励父母与孩子一起学习,在培养家庭文化素养的同时,也为家长探讨育儿问题提供平台。

萨斯卡通市公共图书馆为原住民学生提供实习机会,希望帮助他们更好地进行职业生涯规划。该馆邀请原住民学生参加原住民学生暑期实习项目,通过在图书馆进行有偿实习,了解图书馆不同部门的工作。

● 语言学习活动

里贾纳市公共图书馆定期开设原住民语言学习课程,包括克里语(Cree)、欧吉布威语(Ojibway)的少儿(8~12岁)及成人课程,课程分为口语和入门两部分;萨斯卡通市公共图书馆则与萨斯卡通印第安与梅蒂斯友好中心联合开设了索尔托语(Saulteaux)入门课程。通过面向公众开设原住民语言学习课程,图书馆希望发挥自身的资源优势,为推广和传承原住民文化做出贡献。

参考文献

[1] 许超. 美国加拿大学习考察报告 [J]. 图书情报论坛, 2014 (4): 74-76.

[2] 赵阳. 温哥华公共图书馆多元文化服务及启示 [J]. 图书馆学刊, 2013, 35 (12): 140-143.

[3] City of Vancouver. Multiculturalism [EB/OL]. [2018-09-29]. https://vancouver.ca/people-programs/multiculturalism.aspx.

[4] EMSON S. Canadian public library services to newcomers: challenges for the Saskatoon Public Library [J]. International Settlement Canada, 2009, 22 (4): 1-5.

[5] Government of Canada. Library settlement partnerships [EB/OL]. [2018-09-29]. https://www.canada.ca/en/immigration-refugees-citizenship/corporate/partners-service-providers/immigrant-serving-organizations/best-pratices/library-settlement-partnerships.html.

[6] Government of Saskatchewan. Aboriginal Storytelling Month celebrated [EB/OL]. [2018-09-29]. https://www.saskatchewan.ca/government/news-and-media/2017/february/02/aboriginal-storytelling-month.

[7] Indigenous and Northern Affairs Canada. Ontario region [EB/OL]. [2018-09-29]. https://www.aadnc-aandc.gc.ca/eng/1100100020284/1100100020288.

[8] LEE D, CRICHTON D. Best practices in library services for aboriginal peoples in Saskatchewan [EB/OL]. [2018-09-29]. https://www.ifla.org/IV/ifla74/papers/118-Lee_Crichton-en.pdf.

[9] Minister's Advisory Committee on Library Services for Aboriginal People. Information is for everyone: final report of the Minister's Advisory Committee on library services for aboriginal people [EB/OL]. [2018-09-29]. http://publications.gov.sk.ca/documents/11/17220-INFORMATION-IS-FOR-EVERYONE.pdf.

[10] MCANDREW M, ARCAND S. Quebec immigration, integration and interculturalism policy: a critical assessment [J]. Canadian Diversity, 2013, 10 (1): 16.

[11] Ottawa Ontario. Programs for newcomers to Canada [EB/OL]. [2018-09-29]. http://www.ottawakiosk.com/education/newcomers.html.

[12] The Canadian Magazine of Immigration. Immigrants in Vancouver [EB/

OL]. [2018-09-29]. http://canadaimmigrants.com/immigrants-in-vancouver/.

[13] Vancouver Public Library. Diversity and inclusion statement[EB/OL]. [2018-09-29]. http://www.vpl.ca/policy/diversity-and-inclusion-statement.

[14] Vancouver Public Library. Indigenous peoples[EB/OL]. [2018-09-29]. http://www.vpl.ca/help/learn-about/aboriginal-peoples.

参考资料

1. 加拿大统计局：http://www.statcan.gc.ca/eng/start
2. 加拿大图书馆协会联合会：http://cla.ca/
3. 多伦多公共图书馆：https://www.torontopubliclibrary.ca/
4. 渥太华公共图书馆：https://biblioottawalibrary.ca/en/
5. 加拿大移民期刊：http://canadaimmigrants.com/
6. 魁北克国家图书馆和档案馆之友：https://amis.banq.qc.ca/ateliers-de-conversation-francaise/

第八章 其他公共图书馆多元文化服务案例

本章选取新西兰和新加坡两个国家较有代表性的公共图书馆来介绍其多元文化服务。

新西兰是一个位于太平洋西南部、民族构成复杂的多元化国家，总人口424万，其人口主要由6大族裔、143个小族群构成，包括欧裔（74%）、毛利人（15%）、亚裔（12%）、太平洋岛屿族裔（9%）、中东/拉美和非洲族裔（1%）及其他民族（1.59%）①。

新西兰作为一个传统的移民国家，在具有多元文化这一特色之外也具有自身的特点。新西兰的原住民是毛利人，《怀唐伊条约》（Treaty of Waitangi）是1840年2月6日由英国政府和部分毛利部族酋长签署的一份国际条约，该条约被认为是新西兰的奠基性文献，目前仍为现行公文。理论上，该条约不但建立了新西兰的法律体系，而且确认了毛利人对土地和文化的拥有权，是毛利人享有一切权利的最重要的法律文件，也确立了新西兰"二元文化"的社会基调。但毛利语逐渐在衰落，毛利人的受教育程度在逐步提升，同时毛利人的失业率也有所提升。2013年，仅有超过1/5的毛利人可以使用毛利语进行对话，12.3%的毛利族女性（15岁以上）和7.4%的毛利族男性（15岁以上）获得学士学位或更高学历。2013年的人口普查中，毛利人的失业率从2006年的11.0%上升至15.6%。

新加坡共和国，简称新加坡，旧称新嘉坡、星洲或星岛，别称为狮城，是东南亚的一个岛国。19世纪初，新加坡成为英国殖民地。1963年9月，新加坡脱离了英国的统治正式加入马来西亚。1965年8月9日，新加坡脱离马来西亚，成为一个拥有主权的独立国家。新加坡是一个移民国家，促进种族和谐是新加坡政府治国的核心政策。受历史背景、种族结构以及文化传统等因素影响，新加坡采取开放包容的种族政策和多元化的语

---

① 有时人们会宣称自己属于一个以上的民族，故各民族所占比例之和大于100%。

言策略，成了一个多元种族、多元语言、多元文化的国家。新加坡是亚洲最具代表性的多元文化国家，故选取该国公共图书馆来介绍其多元文化服务。

第一节 新西兰国家图书馆多元文化服务

新西兰国家图书馆总部设在惠灵顿。惠灵顿是新西兰的首都,位于新西兰北岛南端。它不仅是新西兰的政治中心,也是一个创新和创意中心,与世界各地都保持着紧密的商业联系。惠灵顿地区包括惠灵顿市(Wellington City)、哈特市(Hutt City)、波里鲁瓦市(Porirua City)、上哈特市(Upper Hutt City)、凯皮提海岸区(Kapiti Coast District)、南威拉拉帕区(South Wairarapa District)、卡特顿区(Carterton District)、马斯特顿区(Masterton District)以及塔拉鲁瓦区(Tararua District)的一部分,人口约47万,人口数量在新西兰排第三,占11.1%,其中有约6万的毛利常住人口,毛利人人口数在全国排第四,占全国毛利人的9.7%。

惠灵顿市总人口约20万,占惠灵顿地区人口的41%,主要由欧裔(73%)、亚裔(15%)、毛利人(8%)和太平洋岛屿族裔(5%)构成,有80多个民族。约24%的人口使用除了英语之外的语言,依次是法语、毛利语和萨摩亚语等。约29%的惠灵顿人在海外出生。

惠灵顿市议会发布的"艺术与文化战略"强调了毛利文化的独特性及其对新西兰文化的重要性,该战略强调以人为本,注重多元化社区的文化多样性。

在惠灵顿市议会发布的"图书馆政策"中,第四部分的指导原则指出,图书馆应关注不同文化背景用户的需求,并主动寻求满足用户需求的途径,尤其是那些可能受到收入、文化背景、地理位置和年龄等因素限制的用户。

1 新西兰国家图书馆概况

新西兰国家图书馆的历史可以追溯至1858年建立的大联合图书馆(General Assembly Library),该馆建立之初主要是为议会议员服务,同时承担着国家图书馆的部分职能。1920年建立的亚历山大·特恩布尔图书馆(Alexander Turnbull Library)一直是新西兰国家图书馆的重要组成部分,其创建和发展对国家图书馆事业的发展有着重要影响。1938年成立的国家图书馆服务处对国家图书馆的正式成立有着直接的影响,其创建后的第一项举

第二部分 国外公共图书馆多元文化服务案例

措就是筹划建立一个正式的国家图书馆。1965年,新西兰第136号法令《新西兰国家图书馆法·1965》(*The National Library Act, 1965*)将大联合图书馆、亚历山大·特恩布尔图书馆和国家图书馆服务处整合,成立正式的国家图书馆。

1980年,新西兰国家图书馆建立了新西兰音乐档案馆(Archive of New Zealand Music),它成为国家图书馆的重要组成部分。1985年大联合图书馆从国家图书馆中分离出来,成为现在的议会图书馆,结束了其作为国家图书馆组成部分的历史使命。1988年,新西兰国家图书馆启用其毛利语名称——Te Puna Mātauranga o Aotearoa,意为"知识的源泉",彰显了国家图书馆对毛利族语言文字的重视和支持。20世纪90年代,国家图书馆总馆及亚历山大·特恩布尔图书馆先后建立了国家电影图书馆、亚历山大·特恩布尔图书馆口述历史中心及新西兰卡通档案馆等馆舍,进一步丰富和拓展了国家图书馆的职能和活动空间。

新西兰国家图书馆总馆于1987年正式对外开放,专门为保存国家文化遗产而建造。除了位于惠灵顿的总馆外,还有奥克兰(Auckland)、基督城(Christchurch)和北帕默斯顿(Palmerston North,现已关闭)三处国家图书馆服务中心。国家图书馆的馆藏资源主要由一般馆藏、学校馆藏和亚历山大·特恩布尔馆藏三部分构成,其特色部门有:面向新西兰所有图书馆和作者与出版商的内容服务中心,中小学课程服务中心,国家数字遗产档案馆,数字创新服务部,毛利民族事务服务部以及识字、学习与公共项目部等。在服务项目方面,国家图书馆分别向研究者、图书馆及图书馆馆员、出版商与作者、学校、企业和普通民众等用户群体提供各种专门化、集成化、数字化、现代化的服务,有效地促进了新西兰社会的发展。

2 新西兰国家图书馆多元文化服务实践

2.1 新西兰国家图书馆的移民服务

资源建设

新西兰的主要移民是欧裔,为此新西兰国家图书馆建立了拥有欧洲特色的馆藏。

丹麦馆藏由大约230件用丹麦语和挪威语书写的文献组成,主要为丹麦和挪威的文学和戏剧。直到20世纪初,丹尼弗克(Dannevirke)和诺斯伍德（Norsewood）仍广泛使用丹麦语和挪威语，早期的斯堪的纳维亚移民的语言痕迹仍然可以在当地家庭姓氏和街道名称中看到。

意大利艺术馆藏由171部作品组成，大部分与意大利主要艺术家有关，主要于20世纪50年代在意大利出版，收藏品中还包括意大利博物馆目录。大多数文献都是意大利语。

家族历史馆藏为研究家族史和家谱提供资料，收集包括出生、死亡和婚姻名单索引、公墓名单索引、工商目录、选举名册、军事索引、遗嘱索引和航运乘客名单，包括书籍、杂志、CD-ROM、电子资源、缩微胶卷和缩微胶片等类型。这些馆藏中的海外信息反映了如今新西兰人的文化特征，主要涉及国家是英国、爱尔兰和澳大利亚。

便捷服务

新西兰国家图书馆提供以下服务，方便用户包括拥有多元文化背景的用户学习和使用：

● 官网上提供馆藏目录的检索和查询，提供包括过期报刊全文检索和书信日记检索、A—Z分类或特殊馆藏检索等检索类型，并提供了3 000多张图片的检索下载服务及数字资源检索；

● 新西兰国家图书馆拥有新西兰数量最多的音乐表演资源，向用户提供音乐资源的租赁服务；

● 提供文献传递服务，可向新西兰各个图书馆和其他国家的大多数图书馆提供文献传递服务；

● 就用户自己收藏的文件、图书、照片和音频等宝贵收藏品提供专业的保存建议；

● 向学校和家庭教育者提供馆藏文献资源借阅服务；

● 提供大部分馆藏文献的复制服务。

多元文化项目

新西兰国家图书馆的家谱协会档案资料是该馆特色馆藏之一，有助于该国80%讲英语的居民前往研究自己的系谱，找出来自欧洲的移民线索。同时，新西兰国家图书馆搜集了很多海外相关资讯和链接，提供了家庭历史查询。对于研究者来说，新西兰国家图书馆还可以提供太平洋岛屿族裔的家谱查询服务，可按地点、日期和记录类型来查询。

针对多元文化背景的儿童，新西兰国家图书馆不定期开展儿童绘本故事会，包括法语、德语、瑞典语、日语和萨摩亚语等多种语言。图书馆馆员还会与小朋友一起进行绘本 DIY 活动（如图 8-1 所示）。

图 8-1　绘本故事会的活动现场

新西兰国家图书馆每月还会开展多场针对多元文化的活动，包括移民历史、家族历史、其他国家的展览或者讲座，全方位展示新西兰的多元文化特色。

2.2　新西兰国家图书馆的原住民服务

政策背景

新西兰国家图书馆主要在以下文件中指出须对原住民（即毛利人）开展服务。

- 《新西兰国家图书馆法修正案·2010》

新西兰一直都特别重视图书馆相关法律法规的建设和发展。《新西兰国家图书馆法·2003》(*National Library of New Zealand Act, 2003*) 由 2003 年第 19 号法令通过实施，《新西兰国家图书馆法修正案·2010》则于 2010 年 12 月 20 日获得通过。该法赋予国家图书馆馆长开发并保存国家馆藏文献，尤其是涉及新西兰和新西兰人民文献的使命。该法特别强调对"馆中馆"——亚历山大·特恩布尔图书馆的管理。该法第 12 条明文规定亚历山大·特恩布尔图书馆的功能：长久保存、保管、发展该馆馆藏，使之能被新西兰人民获取；在一定程度上发扬新西兰优良的文献保存传统；发展研究性文献，加强该馆的服务力度，特别注重有关新西兰及太平洋方面的研究，重视珍善本收藏；发展、保存有关新西兰及新西兰人民的综合性馆藏文献。

● 《将知识转化为价值——2030年战略指南》

新西兰国家图书馆于2016年12月正式发布最新的战略规划《将知识转化为价值——2030年战略指南》（Turning Knowledge into Value—Strategic Directions to 2030）。本战略规划采用先毛利语后英语的双语呈现形式，反映出国家图书馆对新西兰毛利语言文化的高度重视。财富（Taonga）、知识（Knowledge）、阅读（Reading）是此战略的三大主题。"财富"主题的行动措施包括：重视新西兰社会的多样性，在馆藏资源建设过程中重点收藏反映新西兰和环太平洋居民多样性以及毛利人文化特征的资源，同时在人力资源建设中重视聘请拥有多元文化、语言和专业知识背景的职员。"知识"主题的行动措施包括鼓励和支持新西兰民众利用知识去创造新的知识和解决难题，尤其要在毛利语世界中增加创造和利用知识资源的机会，促进毛利知识的繁荣发展。"阅读"主题的行动措施提到，毛利语将在全新西兰境内实现复兴和广泛使用，不论在哪里都要为讲毛利语和学习毛利语的人提供毛利语书籍和学习资源，同时希望所有新西兰人能主动认识到毛利语的重要性，了解并掌握基本的毛利语词汇。

● 新西兰国家图书馆馆藏发展政策和服务章程

新西兰国家图书馆馆藏发展政策中的第二原则提出，应注重收藏毛利文化馆藏，帮助部落、分支部族和家庭收集由毛利人创造或与毛利人相关的纪录遗产和珍宝藏品，满足毛利人的研究需求。

资源建设

新西兰国家图书馆在针对原住民服务的资源建设方面颇为重视，拥有比较丰富的毛利文化馆藏，包括双语和毛利语图书、期刊和音频资料等，如 *Māori Reference Collection*、*TeAoHou*、*TeUpoko o TeIka — Māori radio collection* 等馆藏，同时还收藏着名为"原住民之声"的丰富数字照片馆藏。

值得一提的是，新西兰国家图书馆收藏了亚历山大·特恩布尔生前收集的55 000册私人藏书，包括珍本和古籍、手稿、报纸杂志、水彩画、版画和照片，这些文献反映了新西兰、澳大利亚、临近的波利尼西亚以及大洋洲诸岛的生活。新西兰国家图书馆的口述历史中心是亚历山大·特恩布尔图书馆的一部分，至今已收录有10 000件口述历史文献记录，这些记录包括对整个新西兰和太平洋地区的个人访谈，涉及各个种族、各个职业、各种政治背景人物。这些记录大多源自20世纪60年代，内容覆盖了新西兰的社会、文化、社区和政治历史，时间从19世纪末期到现在。这些馆藏包含了大量关于新西兰原住民的文献和信息，是新西兰国家图书馆最大的特色之一。

特色项目

新西兰国家图书馆聘用了毛利族馆员，以便对毛利人群开展针对性服务，并组织了针对毛利人的系列主题活动。

● 设立永久"He Tohu"档案展览。"He Tohu"是塑造新西兰的3个标志性宪法文件的永久性展览。第一份是1835年的《新西兰联合部落独立宣言》，由34个北方毛利人酋长共同签署，是国家档案馆现存最古老的文件。第二份是《怀唐伊条约》，是1840年新西兰政府与毛利人之间签署的一项协议，文件促使新西兰加入了英国法律体系，并确认毛利人对其土地和文化的拥有权。第三份是1893年的女性投票请愿书。前两者是毛利人历史的重要见证，因此该展览成了重要的历史教育基地，长期向读者免费开放，提醒公众不要忘记这些国家和民族的宝贵财富。

● 为使用和制作口述历史提供咨询、场所、设备以及毛利语—英语双语培训课程。

● 针对毛利族小朋友，不定期举办毛利语和毛利语—英语双语儿童绘本故事会，提高其毛利语和英语的语言水平。

● 开展与原住民文化相关的展览或讲座活动，如总馆的特恩布尔画廊（Turnbull Gallery）会不定期举办艺术展览，其中不乏以毛利文化为主题的艺术展览。

第二节 新西兰奥克兰图书馆多元文化服务

奥克兰是新西兰的经济、文化、政治、航运和旅游中心,是新西兰第一大城市,是南半球最大的港口之一。由于其发达的经济、怡人的环境和高水准的生活,奥克兰连续多年被评为世界上最宜居的城市之一。

奥克兰地区总人口约 142 万,占新西兰总人口的 1/3,包括欧裔(55.76%)、亚裔(21.7%)、太平洋岛屿族裔(13.77%)、毛利人(10.09%)、中东/拉美和非洲族裔(1.76%)和其他民族(1.1%)。全新西兰约 1/4 的毛利人居住在奥克兰地区。人口构成因地区差异而有所不同,其中毛利族和太平洋岛屿族裔人口主要居住在奥克兰南部,而东部地区,海峡和北部海岸的亚裔和欧裔人口集中度较高。奥克兰亚裔人口占新西兰亚裔总人口的 65%。语言方面,主要以英语(87.15%)、萨摩亚语(4.11%)和毛利语(2.18%)为主,64.51% 的人只会使用一种语言,22.28% 的人会说两种语言,3.55% 的人会说三种语言。

奥克兰市议会于 2012 年首次制定了统一的《奥克兰规划》,这份长达 30 年的战略转型规划的愿景是让奥克兰成为"世界上最适宜居住的城市"。规划重点提出要尊重和确立毛利人在社会中的特殊地位,6 项重大变革之一就是要大幅提升毛利人的社会和经济福祉。目前,《奥克兰规划》已处于实施阶段,奥克兰市政府与中央政府、工商企业、毛利部落和广大社区一起参与了该政策的落实和推进。

1 奥克兰图书馆概况

奥克兰图书馆是 2010 年 11 月成立的奥克兰市议会的组成部分,汇集了 7 个前市议会的公共图书馆系统,因此成为澳新地区最大的公共图书馆系统。

奥克兰图书馆拥有 4 个遗产研究中心,其中有大量的纪录片收藏,特别是乔治·格雷爵士(1812—1898 年,新西兰总督)的独家收藏;还有 4 个移动图书馆为当地社区提供服务。

第二部分　国外公共图书馆多元文化服务案例

2　奥克兰公共图书馆多元文化服务实践

约65%的奥克兰人是奥克兰图书馆的读者，约50万人是活跃成员（过去24个月内使用过图书证）。据调查报告显示，使用英语的读者占90%，但许多读者在家中使用其他语言，其中最常用的语言是中文、韩语、印度语、萨摩亚语和毛利语。

奥克兰图书馆系统由55个社区图书馆组成，从北部的韦尔斯福德（Wellsford）到南部的怀乌库（Waiuku），因此，奥克兰图书馆与社区联系极为紧密，当地居民可在图书馆自由获取信息、学习知识、交流信息、休闲或社交，图书馆根据居民需求开展各项服务，充满人文关怀与温暖，主要提供的服务和开展的活动见表8-1。

表8-1　奥克兰图书馆部分活动内容

人群	类型	内容
婴幼儿	律动游戏	爬行和韵律时间
儿童、青少年	阅读写作	各种语言故事会和双语故事会
	课外学习	代码俱乐部、太空探索、国际象棋俱乐部、3D打印
	游戏动漫	《我的世界》俱乐部、乐高俱乐部、iPad俱乐部
	手工爱好	制作风铃、制作彩虹手鼓、复活蛋彩绘、服装工作坊、音乐、电影
成人	阅读写作	书友会、作者座谈会
	职业技能	简历制作、面试技巧、英语培训、技能培训
	学习	英语角、初级电脑学习班、ESOL阅读小组
	生活手工	工艺品手工制作、音乐、华人俱乐部
	展览讲座	家族与本土历史讲座、服装展览、艺术展览
其他	创客空间	制作机器人、开发应用程序、制作数字音乐、3D打印
	服务拓展	移动图书馆、送书上门服务、文献传递服务

2.1 奥克兰图书馆的移民服务

资源建设

奥克兰图书馆致力于满足社区居民的多样化需求,并以奥克兰人所使用的多种语言文献来提供高质量的馆藏和服务,提供超过30种语言的馆藏文献。每个社区图书馆都有多语种文献资源馆藏,如中心城市图书馆拥有最为丰富的语言馆藏,包括丹麦语、法语、德语、日语、韩语、波斯语、俄语、僧伽罗语、西班牙语、泰语、越南语、中文、毛利语和太平洋岛屿各国的语言,并及时保持更新。这些馆藏的类型包括DVD、音乐CD、杂志和书籍等。丰富的馆藏有助于帮助儿童、青少年和成年人保持其第一语言和文化,满足其提升读写能力的需求,在学习的同时获得文化休闲和娱乐。

奥克兰图书馆的科研中心拥有专门从事当地和家庭历史研究的专业馆员。在馆藏方面,科研中心拥有南半球最全面的国际家族史馆藏,主要涵盖新西兰、澳大利亚、英格兰、爱尔兰、苏格兰、威尔士、欧洲大陆、南非、美国、加拿大和太平洋群岛等。

奥克兰图书馆的"乔治·格雷爵士特藏"包括地图、手稿、音乐、照片和珍本等,这些是新西兰历史和传记学者、学生和研究人员的宝贵资源,大部分收藏都可以在线查看。

特色项目

奥克兰图书馆是城市的学习中心,拥有丰富的语言学习馆藏,开展各类课程和培训,提供家谱或历史查询,开展多项主题活动等,帮助移民更好地在奥克兰生活。

● 针对亚裔的特色项目

奥克兰地区有约22%的亚裔人口,主要是华人,因此,大部分社区图书馆都有针对亚裔用户的活动,帮助这部分移民了解和保持自己的传统文化,更好地融入当地生活。

组织汉语语言类活动。如Glenfield图书馆每周五组织中文儿童故事会等活动;中心城市图书馆拥有中文图书角,每个月的最后一个星期四组织中文读者交流会,读者可以与其他热心读者分享自己喜欢的图书。

组织华人传统文化活动。如Glenfield图书馆每月的最后一个周六开展学习捏泥人活动;Remuera图书馆为庆祝中国传统农历新年,组织做灯笼、中国纸扇制作等工艺活动。

第二部分 国外公共图书馆多元文化服务案例

开展语言学习活动。如 Onehunga 图书馆开设"生活英语安居俱乐部",讲解生活英文,交流与分享中国文化,介绍最新中文图书馆藏和近期活动等。

开设技能学习培训等课程。如 Massey 图书馆每周六举办电脑入门课程,以普通话教学,学习使用电子邮件,浏览互联网,使用图书馆的中文资源和中文服务等;Waitākere 中心图书馆每周二举办图书馆目录学习班,以中文讲解电脑基本技能、杂志和图书的预订和续借操作以及如何上网查看中文杂志和报纸。

专门服务。如 Massey 图书馆周二至周六有讲普通话的图书馆馆员专门为亚裔人服务,甚至设有华人俱乐部,为华人移民演示或讲解新西兰文化,提供新移民咨询服务等。

● 针对其他移民的特色项目

开展语言学习类活动。如 Howick 图书馆每周二开放 ESOL 图书俱乐部,该俱乐部专为移民而设,旨在帮助使用英语以外的其他语言的人士提高他们的英语语法水平和写作能力。

组织策划多场关于家族历史和移民历史的讲座,如中心城市图书馆举办了主题为"最早的移民"的讲座。多家社区图书馆还为用户进行家谱和家族史研究提供专业图书馆馆员的一对一服务。

对于拥有多元文化背景的小朋友和家庭,举办多语种的故事会和少儿活动。如 Albany Village 图书馆每周六为儿童及其家庭举行俄语故事会,大家一起品读故事和诗歌,扮演俄罗斯民间故事中的不同角色,学习童谣,唱流行歌曲,跳舞和演奏乐器,每个环节都包括一个关于俄语字母的小课程和一个带回家的小作业。

对于新移民,开设就业指导或培训班。如 Avondale 图书馆每周五开设帮助用户撰写简历和提高面试技巧的工作坊;中心城市图书馆和公民咨询局组织研讨会,为新移民求职者和雇主搭建沟通的桥梁。

对于太平洋岛屿族裔,奥克兰图书馆会通过活动庆祝他们重要的年度节庆,如举办太平洋岛屿各国语言故事会、传统工艺制作、传统文化表演等。中心城市图书馆举办斐济工艺和吟诵表演,内容涉及斐济原住民吟诵、舞蹈、服装和雕刻等,同时还会有海上导航可供展览。

2.2 奥克兰图书馆的原住民服务

从政策高度重视原住民服务

奥克兰图书馆充分认识到地方社会和文化发展与毛利人的关系,因而将对毛利人的服务列为本馆的重要工作内容,在图书馆制定的一系列规划和政策中均有明确要求。例如,在《奥克兰图书馆规划2013—2023》(以下简称《规划》)中,图书馆与毛利人之间的关系得到了进一步明确。政策从4个方面分析了图书馆的毛利人读者群体:毛利族部落、毛利社区、图书馆的毛利读者、图书馆关于毛利族服务的非毛利人用户。在《规划》设立的6大重点领域中,至少有两个领域与图书馆毛利人服务关系密切。在重点领域"用户与社区关系"中,图书馆要提高对毛利人咨询的回应能力。在另一重点领域"遗产与研究"中,图书馆则要加强毛利人对毛利族相关材料和收藏品的可获取性,增加毛利文化融入图书馆价值的机会,并优先在特殊馆藏和研究馆藏中数字化毛利材料。

资源建设

奥克兰公共图书馆的《馆藏发展政策》提出四大指导方针,其中第一条要求馆藏应反映奥克兰的多元化社区;第二条强调致力于对毛利知识的收藏。

所有社区图书馆都拥有针对毛利人的馆藏,每一个研究中心也有毛利相关馆藏,包括毛利语的文献资源以及与毛利文化有关的英语文献资源。科研中心还拥有广泛的毛利历史、毛利语、家谱、《怀唐伊条约》和毛利研究资源。

特色项目

奥克兰图书馆有专业的毛利人馆员,会对毛利语新书进行推介,可提供家谱、家族或部落历史查询或研究等专题服务。专家馆员可进行一对一咨询,或提前预约现场服务,或者前往读者所在的社区提供服务。一些图书馆还为读者提供专门的空间举行会议或者研讨会。

奥克兰图书馆强调毛利文化的重要性,对毛利人开展了丰富多彩的主题活动:

● 组织图书馆馆员参观毛利人语言巢(Māori language nests)。语言巢是毛利人社区在新西兰开创的一种国际知名的复兴濒危语言模式,毛利人可以在像部落一般的温馨环境中与其他毛利人用毛利语进行交谈，更好地为毛利人提供服务。

● 举办关于毛利文化的表演，组织关于毛利文化、毛利艺术的线上线下展览、工艺品展示和讲座等，展示来自奥克兰图书馆收藏的珍贵照片、插图、图书、手稿、口述录音、地图和物品等珍品、战争纪念品和经典作品。如关于毛利珍品遗产的网上展览"Manatunga"和"Hokianga"等，展示了包括早期出版的文献材料、草图和照片等。

● 庆祝对毛利族重要的年度活动，如马塔里基—毛利新年、怀唐伊日等，开展相关主题活动。

● 开设毛利语和毛利语歌曲课程，举办毛利语故事会，为毛利语在毛利儿童和青少年中的传承做出贡献。如在中心城市图书馆每周开设毛利语阅读小组，针对成人学习者提供一个互相交流的空间，以提高他们的毛利语阅读能力。

● 开展毛利族传统工艺制作活动，提供编织等具有毛利文化特色的手工作坊服务。

国外公共图书馆多元文化服务政策与案例编译文集

第三节　新加坡公共图书馆多元文化服务

新加坡地理位置优越，频繁的贸易往来吸引并集聚着大量人口。1819年莱佛士将新加坡建成为通商口岸，大量移民涌入，特别是从亚洲几个邻国迁移来的居多，之后便定居于此，繁衍生息形成多元社会。因此，新加坡人口主要由华人、马来人、印度人和其他族群构成。受新加坡建国历史影响，马来人被认为是新加坡的原住民群体。今天，大多数新加坡人都是移民的后裔。

根据新加坡统计局 2017 年 6 月的统计数据显示，新加坡常住人口有 396.58 万，华人占 74.3%，马来人占 13.4%，印度人占 9.0%，其他占 3.2%。新加坡 56.3% 的常住人口集中在 10 个规划区域（2014 年城市重建局总体规划中划定的区域），其中人口超过 25 万的 4 个规划区域分别是勿洛（Bedok）、裕廊西（Jurong West）、淡滨尼（Tampines）及兀兰（Woodlands），勿洛以 28.5 万人口居第一位。华人主要集中在勿洛、裕廊西、后港（Hougang）、淡滨尼。马来人主要集中在裕廊西、勿洛、淡滨尼、兀兰。印度人主要集中在勿洛、裕廊西、淡滨尼、兀兰和义顺。

新加坡的被殖民历史和多种族人口结构，以及政府采取开放的语言政策，造就它成为一个多语言通用的国家。新加坡拥有四种官方语言，即英语、马来语、中文和泰米尔语。基于和马来西亚的历史渊源，新加坡宪法明确规定马来语为新加坡的国语，主要是尊重新加坡原住民所使用的语言。出于对内在和外在因素的考量，新加坡采用英语作为主要的行政语和教学语，学校又将母语作为第二语言进行教学。可以说新加坡非常重视双语教育和母语教育，因此，新加坡的多元语言趋势越来越普遍。大多数新加坡人都会讲各自的民族语言和英语两种语言。根据新加坡统计局 2015 年统计数据，能用两种或两种以上语言阅读的人占 73.2%，其中使用英语和中文的华人占 62.6%，使用英语和马来语的马来人占 86.2%，使用英语和泰米尔语的印度人占 45.7%。新加坡人在家使用英语和普通话的比例最高，英语占 36.9%，普通话占 34.9%，中国地方方言占 12.2%，马来语占 10.7%，泰米尔语占 3.3%，其他占 2.0%。

第二部分　国外公共图书馆多元文化服务案例

1　新加坡公共图书馆体系构成概况

新加坡国家图书馆管理局（简称NLB）是一个法定机构，隶属于新加坡通信和信息部，成立于1995年9月1日，负责管理新加坡国家图书馆、26个公共图书馆和国家档案馆。新加坡国家图书馆是一个国家知识机构，近年不断扩增文献资料，提升服务内容，为个人和企业提供丰富的知识和全面的信息服务。位于国家图书馆大楼7—13层的李光前参考图书馆是一个研究型图书馆，主要负责收藏、保存新加坡的文学、出版遗产和文化记忆，致力于为新加坡及其他地区的本地和海外研究人员及学者提供一手资源。新加坡公共图书馆遍布全国各个地区，NLB负责统筹与管理新加坡公共图书馆的业务发展和资产利用，如阅读活动推广与发展、资源建设和技术支持，具体业务则由各公共图书馆分别执行和运营。新加坡公共图书馆体系详见表8-2。

表8-2　新加坡公共图书馆体系

图书馆类型	图书馆名称			
国家图书馆	新加坡国家图书馆（National Library, Singapore）			
公共图书馆	裕廊区域图书馆（Jurong Regional Library）	淡滨尼区域图书馆（Tampines Regional Library）	兀兰区域图书馆（Woodlands Regional Library）	
	宏茂桥公共图书馆（Ang Mo Kio Public Library）	勿洛公共图书馆（Bedok Public Library）	碧山公共图书馆（Bishan Public Library）	武吉巴督公共图书馆（Bukit Batok Public Library）
	红山公共图书馆（Bukit Merah Public Library）	武吉班让公共图书馆（Bukit Panjang Public Library）	中央公共图书馆（Central Public Library）	静山公共图书馆（Cheng San Public Library）

（续上表）

图书馆类型	图书馆名称			
公共图书馆	蔡厝港公共图书馆（Choa Chu Kang Public Library）	金文泰公共图书馆（Clementi Public Library）	芽笼东公共图书馆（Geylang East Public Library）	裕廊西公共图书馆（Jurong West Public Library）
	牛车水图书馆（Library @ Chinatown）	滨海艺术中心图书馆（Library@ Esplanade）	乌节图书馆（Library @ Orchard）	马林百列公共图书馆（Marine Parade Public Library）
	巴西立公共图书馆（Pasir Ris Public Library）	女皇镇公共图书馆（Queenstown Public Library）	三巴旺公共图书馆（Sembawang Public Library）	实龙岗公共图书馆（Serangoon Public Library）
	盛港公共图书馆（Sengkang Public Library）	大巴窑公共图书馆（Toa Payoh Public Library）	义顺公共图书馆（Yishun Public Library）	

2 新加坡公共图书馆多元文化服务实践

2.1 资源建设

新加坡公共图书馆注重馆藏资源建设和发展，致力于建设丰富、有趣和有价值的馆藏，并随着读者不断变化的需求和期望发展。为了迎合各大族群的阅读需求，一些图书馆划定专门区域建设母语馆藏或官方语言馆藏、主题馆藏电子资源库以及独具特色的儿童馆藏。

官方语言馆藏

新加坡在各族群人口较多区域的公共图书馆专门设立了四种官方语言馆藏或母语馆藏，为各年龄段读者提供不同主题的文献资源，涵盖小说、旅游、健康、信息等受各族群喜爱的纸质和数字资源，非常利于不同族群通过阅读提升官方语言及母语应用能力、传承种族文化、促进多元文化交流。

李光前参考图书馆的第9层为母语馆藏，分为中文、马来文和泰米尔文，主要服务对象是寻求母语材料的新加坡人和研究者。各母语馆藏重点建设的主题有所区别，中文馆藏主题主要集中在新加坡、东南亚、中国经贸、医药保健、艺术、文学和海外华人等领域；马来语馆藏主题特别关注语言和文学等领域。泰米尔语馆藏则集中在印度文化、文学和宗教等方面等领域。

不同的图书馆也因地制宜、因人而异地设立了不同的分区。例如，兀兰区域图书馆的4楼儿童区被专门设计成一个阅读公园，营造适合家庭亲子阅读的环境。阅读公园由4个区域组成，其中一个为"语言世界"，收藏中文、马来语和泰米尔语的儿童读物，围绕主题陈列，突出语言的价值。义顺公共图书馆设立的官方语言馆藏分成人和青少年区，主要是小说类书籍。另外，中央公共图书馆的文学艺术馆藏，设有国际专架，例如，沙特阿拉伯、澳大利亚、中国台湾、美国和法国。报刊区有77种外国报纸。

宏茂桥公共图书馆除了收藏新加坡4种官方语言的各类型的书和杂志，还拥有最全面、最丰富的泰米尔语文献，包括小说和非小说类书籍、杂志和报纸。

勿洛公共图书馆设有马来语专藏，经过精心挑选，向成人读者提供广泛多样的马来语书籍，包括当代读者喜爱的小说、烹饪和旅游书籍。同时，该图书馆还注重挑选优质、具有开创性、经典并能够体现马来文化的作品，努力鼓励读者更广泛地去阅读。此外，该专藏还增加了一个区域，专门收藏其他语种关于马来文化和遗产类的书籍，这有利于促进其他社区群体了解马来文化，如历史和建筑等方面。这种资源布局方式类似于牛车水图书馆的中国文化馆藏。

乌节图书馆、马林百列公共图书馆、实龙岗公共图书馆拥有新加坡4种官方语言的小说和非小说类书籍、杂志和视听资料，均可供外借。流行小说、杂志、儿童获奖书籍以及健康生活的主题文献非常受读者欢迎。

东南亚馆藏

东南亚馆藏建立于1964年，位于李光前参考图书馆第11层，主要作为参考和研究型馆藏。该馆藏文献是历史研究资料的宝贵来源，包括19世纪和20世纪的小说、人类学、宗教、法律、语言学、艺术、社会科学、人文科学和科技等领域。这些文献有英语、中文、马来语和泰米尔语以及少数前殖民国语言（如荷兰语和法语）。其中，关于印度尼西亚和马来西亚的文献受东南亚各国媒体报道最多。该东南亚馆藏被认为是东南亚研究所

(ISEAS)和新加坡国立大学图书馆（NUS）类似文献的补充。

电子阅读（eReads）资源

随着越来越多的人选择在网上阅读，eReads 提供的英语、中文、马来语和泰米尔语的各类型数字和有声图书、报纸和杂志也越来越受欢迎。但有部分电子书不提供下载服务，只能在网上在线阅读。读者可以在家中访问 eReads，在 NLB eResources 中订阅以便获取有关电子书馆藏的完整列表。

截至本书调查，新加坡图书馆管理局官方网页中显示，中文电子书提供各种各样的传统中药资源、文学、艺术及中国侨民类书籍，可供借阅的成人类资源有 14 436 种，儿童和青少年类资源有 2 764 种。马来语电子书特别关注语言和文学主题，可供借阅的成人类资源有 100 种，儿童类有 60 种。泰米尔语电子书则集中在印度文化、文学和宗教等方面，可供借阅的有 35 种。

泰米尔数字遗产项目（Tamil Digital Heritage Project）

泰米尔数字遗产项目于 2013 年启动，并在 2015 年 8 月成功发布 350 部（56 700 多页）数字化泰米尔文学作品（自新加坡建国以来），由新加坡泰米尔语文学界制作，被作为印度社区送给新加坡建国 50 周年的礼物，如今该作品资源可在 BookSG 上查阅。BookSG 是图书馆的在线电子资源平台之一。接近 100 名泰米尔语作者和教师前来为作品注释，250 多名志愿者和图书馆的工作人员帮助校对。

亚洲儿童文学馆藏

兀兰区域图书馆经过半个多世纪的苦心积累，拥有 2.4 万册亚洲儿童文学文献，涵盖 4 种官方语言，可供读者外借的有约 7 200 册。该专藏被联合国教科文组织认定为"具有国内和国际意义的图书馆馆藏"之一。亚洲儿童文学专藏包括可追溯到 1900 年的稀有出版物，这些出版物以前都没有公开提供阅览。该馆藏于 2012 年 4 月 20 日开放，还设立了配套的定期更新的专题展览，为广大读者提供服务，如研究人员、教师、为孩子寻找睡前故事的家长以及热爱生动故事的年轻人，旨在加深研究人员、教师、家长和儿童对亚洲儿童文学、亚洲文化和遗产的认识和了解。

2.2 阅读活动

新加坡公共图书馆为鼓励各族群参与阅读，发起以母语阅读为主导的全民阅读运动,设立了阅读节和母语节,举办丰富多彩的母语阅读活动,满足各族群的母语阅读需求。

全民阅读运动（The National Reading Movement）

全民阅读运动是 2016 年 6 月 NLB 为促进新加坡全民阅读而发起的一项为期五年的计划,通过在新加坡各公共图书馆开展多样化阅读活动,着力推广母语阅读,促进各族群团结协作,建立一个充满活力的新加坡阅读文化圈。全民阅读运动以"多读书、读多书、一起读（Read More, Read Widely and Read Together）"为口号,呼吁人们留出时间定期阅读,不局限题材去广泛阅读,使用母语阅读,同时与家人和朋友一起阅读。为进一步推动全民阅读,NLB 还推出手机版 APP,里面有大量电子文献资源可供读者阅读和下载,方便读者上下班途中阅读。为庆祝阅读带来的喜悦和重要性,NLB 将每年 7 月的最后一个星期六定为全民阅读日。

阅读节（READ！FEST）

NLB 于 2005 年 5 月 24 日发起了首个全国性阅读计划——"读吧！新加坡"（Read! Singapore）,旨在发现并庆祝阅读的喜悦。该计划以新加坡 4 种官方语言呈现,内容包括作者见面会、书籍俱乐部、写作讲习班、讲故事会以及为儿童和成人提供的图书分享会（Book Derived Workshops）。NLB 将每一年度的"读吧！新加坡"活动开幕式当天设立为"阅读节"（READ! FEST）。2015 年阅读节在市政厅地铁站举办主题为"诗坛上的诗"（Poetry on Platforms）展览,推广新加坡诗人用 4 种官方语言创作的 82 首诗。2016 年阅读节的 175 个节目中,母语得到了应有的关注,有 40 多项活动用中文、马来语和泰米尔语呈现,如以小说为基础的文学创作,以及开放式语音表演（Open Mic Performances）。

母语节（Mother Tongue Language Festival）

母语节于 2014 年发起,每年 11 月左右在新加坡各公共图书馆开展形式多样的中文、马来语和泰米尔语阅读活动,旨在促使三大族群在阅读中寻根并提升母语使用能力,继而保存和发展本民族语言和文化。2015 年母语节举办了 48 项活动,为期一周,包括专题讨论会、阅读课程、欣赏绘本和诗歌,如在开幕式上表演了安徒生的《夜莺》、传统的马来舞和印度舞以及中文朗诵等。随后还开展了家庭母语阅读活动,如泰米尔组进行了亲子寻书比赛，马来组开展了亲子故事会。2016年举办了59个节目。以"追根溯源"为主题，举办了一系列不限于阅读和讲故事的创意活动，如戏剧会话、电影放映、作者讲座和手艺工作坊等，旨在促进新加坡各族群感知并欣赏母语和传统民族文化。另外，图书馆还与学校、作家和戏剧团体合作，将母语节带入社区，主题活动的焦点放在年轻读者身上，如在新加坡的马来语电影院开展电影制作人M. Raihan Halim和Sufyan Sam'an的对话类节目。

2.3 特色项目

新加坡公共图书馆在多元文化服务实践中，除了为各族群建设颇具特色的母语馆藏和开展丰富的阅读活动，还打造出一些别具特色的项目。例如，建设为各族群提高母语和英语阅读能力的语言俱乐部，形成多元群体志愿服务模式，打造拥有中国文化艺术特色的主题图书馆。

语言俱乐部

新加坡的四大族群主要分布于勿洛、裕廊西、后港、淡滨尼、兀兰、义顺和蔡厝港等区域，因此附近的各公共图书馆针对各族群提供满足他们需求的多元文化服务，同时积极响应政府的语言政策，开展了适合不同年龄和不同群体的语言类俱乐部，分为英语、中文、马来语和泰米尔语俱乐部。

由于使用语言的人口数量和范围的影响，在这4类中当属中文和英语俱乐部数量最多。中文俱乐部主要围绕中文和中华传统经典文化开展各类活动（见表8-3），为当地华人及喜爱中文和中华文化的群体提供学习机会，促进多元文化交流。例如：小小书迷会面向两个阶段（4～6岁和7～9岁）的儿童，在多个公共图书馆，针对不同阶段小读者，定期开展中文活动，包括讲故事、游戏和手工等。牛车水图书馆的讲古同乐会和清史读书会则以中国历史为主题进行阅读分享。

表8-3 中文俱乐部活动举例

俱乐部	图书馆	简介	面向群体
儿童经典导读班 Chinese Reading Club	蔡厝港公共图书馆	学习和诵读《论语》《千字文》等中国古代经典读本	6～10岁儿童（家长必须陪伴）

(续上表)

俱乐部	图书馆	简介	面向群体
碧山图书馆乐龄读书会 Chinese Senior's Reading Club	碧山公共图书馆	分享生活经历和书籍，分享的图书主要是短篇小说、文集、热门书目或本地作家的作品	老人
第三代读书会 3G Reading Club	中央公共图书馆	探讨本地及海外的中文作品，经常举办新书发布会和研讨会	成人
的士师傅与好友读书会 Taxi Shifu and Friends Reading Club	宏茂桥公共图书馆	由的士师傅与好友读书会举办的导读会，与志趣相同的读者一起交流和分享读书心得，可以搭起友谊的桥梁	成人

英语俱乐部的主题丰富多样且新颖，适合群体广泛（见表8-4）。中央公共图书馆的书恋人俱乐部（Book Lovers Club），面向单身群体，关注的主题集中在两性关系和励志故事等方面。宏茂桥公共图书馆的 The Next Chapter 俱乐部面向 50 岁或以上的群体，讨论与他们的共同利益相关、主题普遍受到关注的书籍，包括人际关系、退休、财务问题、健康和锻炼、爱好、娱乐和旅游等。

表8-4 英语俱乐部活动举例

俱乐部	图书馆	简介	面向群体
新加坡文学俱乐部 Singapore Literature Book Club	中央公共图书馆	由知名和新锐新加坡作家分享关于家庭主题的图书。鼓励读者熟悉本地文学，在图书馆发现民族文学珍品	成人
遇见大咖 The Big Read Meet	大巴窑公共图书馆	分享当今思想家和领袖所著的书籍	成人
编写城市作家小组 Writing the City Writers' Group	大巴窑公共图书馆	组织写作练习、嘉宾讲座以及欣赏既有和新兴作家作品等活动	成人

（续上表）

俱乐部	图书馆	简介	面向群体
组织故事叙述者 Organic Storytellers	武吉巴督公共图书馆	向观众讲述故事，而不是简单地念故事，目的是提升口述故事能力和技巧	成人（21岁以上）

泰米尔语俱乐部主要服务于印度族裔，旨在促进泰米尔语及其文化的传承与发扬（见表8-5）。大巴窑公共图书馆的 Mitraz Reading Series 俱乐部，是新加坡国立大学与 NLB 合作策划组织的 Mitraz 青少年阅读项目，旨在让青少年了解各种类型的泰米尔语文学作品，从而培养对作品的欣赏能力。

表8-5 泰米尔语俱乐部活动举例

俱乐部	图书馆	简介	面向群体
Book Ninjas	武吉巴督公共图书馆、盛港公共图书馆、三巴旺公共图书馆	通过充满创造力和充满乐趣的方式培养幼儿对用泰米尔语和英语阅读的热爱	学龄前儿童
Vaasagar Vattam	宏茂桥公共图书馆	集中关注最新的泰米尔语作品讯息，旨在提高人们对泰米尔文学界变化的认识，促进对文学的批判性思考	成人
坦加明读者俱乐部 Thangameen Readers Club	大巴窑公共图书馆	通过放映短片，组织短篇小说创作比赛和即兴诗歌比赛，俱乐部尽可能多地使用文学层面的语言	

此外，还有马来语俱乐部和双语俱乐部。芽笼东公共图书馆的 Malay in Minutes 俱乐部面向成人，主要以简单的马来语书籍作为学习工具，以提高参与者利用马来语交谈的能力。另外面向7～9岁儿童的马来语阅读俱乐部在淡滨尼区域图书馆、三巴旺公共图书馆和实龙岗公共图书馆均有设置，通过趣味语言活动，培养儿童的马来语阅读兴趣和健康的阅读习惯。碧山公共图书馆的 Kelab Si Luncai 俱乐部，面向7～10岁儿童，选取马来语和英语

双语书籍作为阅读材料，并开展游戏、讲故事和手工等活动，充满趣味性，激发儿童使用马来语和英语阅读的热情。书游骑兵俱乐部（Book Rangers），面向 7～12 岁的儿童，培养他们运用泰米尔语和英语的读、写、说能力和习惯，并且致力于培养下一代作家。

多元群体志愿服务

新加坡公共图书馆面向各族群招募志愿者，他们怀揣着图书馆馆员的激情，服务于不同年龄、不同族群的读者，在与族群密切联系和促进文化交流方面发挥着重要作用。志愿者在共同创造的社会空间（图书馆）里，循循善诱读者发掘历史、推广阅读、交流文化，给本族群读者带来更多的亲近感和更有效的服务指引，进而利于传承和发扬本族语言和文化。公共图书馆的志愿者包括学生、职场白领、家庭主妇等，也不乏一些教育工作者以志愿者身份在图书馆内推广母语阅读。例如，有一位马来教师 Halimatussa'diah Binte Jaffar 在图书馆坚持用马来语给孩子们讲故事，促进马来族群与母语保持联系，并希望以自己的行动为民族语言文化存续贡献力量。此外，多元群体志愿服务还能让不同群体志愿者与读者互相了解各族群文化，增进族群之间的和谐共融，为多元文化交流带来积极的影响。例如，有一位日裔志愿者在牛车水图书馆从事志愿服务的过程中，逐渐了解了丰富的中国文化，通过与到馆华人读者的交流学习到一些汉语发音。

特色主题图书馆

牛车水图书馆于 2013 年 1 月 31 日对公众开放，是新加坡国家图书馆管理局下属的第一个中国艺术文化主题图书馆，也是新加坡第一家由志愿者负责运作的图书馆。该图书馆的主要服务群体为热爱学习中国艺术与文化的公众。图书馆以 3 万件中国艺术和文化类书籍及视听资料为初始馆藏，均由中国文人代表精心挑选，后期通过阅读与活动项目进行补充，经费由慈善事业和社会团体赞助。入藏文献的主要类别包括艺术、建筑、哲学、语言、烹饪、健康与健身、体育与休闲、文学、民俗学、海关、历史与旅游，其中适合儿童阅读的读物约占 15%。在文献语言方面，65% 为中文，30% 为英语，其余为马来语和泰米尔语。为促进更多的人参与到中国文化艺术活动中，牛车水图书馆与社区伙伴密切合作，定期举办丰富的活动和节目，其主题活动围绕四大标志性艺术——琴（音乐）、棋（国际象棋）、书（书法）、画（绘画）展开，历史、哲学、健康和传统工艺等主题也包括在内。

参考文献

[1] 郭熙. 多元语言文化背景下母语维持的若干问题[J]. 语言文字应用, 2008(4): 2-11.

[2] 林晋宝.《新西兰国家图书馆法》对我国图书馆立法之借鉴意义[J]. 图书与情报, 2010(6): 74.

[3] 刘莉, 贾东琴. 新西兰国家图书馆2030年战略指南解读[J]. 国家图书馆学刊, 2017(4): 57-58.

[4] 孙慧明. 新加坡公共图书馆服务体系的观察与思考[J]. 图书馆界, 2016(3): 47-50.

[5] Auckland Council Libraries. Auckland libraries: TeKauroa—future directions 2013—2023[EB/OL]. [2018-03-30]. https://www.aucklandlibraries.govt.nz/pages/strategic-plan-te-kauroa.aspx.

[6] Auckland Council Libraries. Māori services[EB/OL]. [2018-03-30]. https://www.aucklandlibraries.govt.nz/Pages/maori-services.aspx.

[7] Department of Statistics Singapore. General household survey 2015[EB/OL]. [2018-06-15]. https://www.singstat.gov.sg/publications/ghs/ghs2015.

[8] Department of Statistics Singapore. Population trend 2018[EB/OL]. [2018-06-15]. https://www.singstat.gov.sg/publications/population/population-trends.

[9] Family Search. 历史纪录收藏资料[EB/OL]. [2018-02-28]. https://www.familysearch.org/search/collection/list#page=1&region=PACIFIC_ISLAND.

[10] JUNE GWEE. Library@ Chinatown: a library with the people, for the People. [EB/OL]. [2018-05-07]. https://www.cscollege.gov.sg/Knowledge/Documents/Website/library%40chinatown.pdf.

[11] National Library Board. About eReads[EB/OL]. [2018-03-28]. https://www.nlb.gov.sg/eReads/AbouteReads.aspx.

[12] National Library Board. About NLB[EB/OL]. [2018-01-20]. https://www.nlb.gov.sg/About/AboutNLB.aspx.

[13] National Library Board. Annual report 2015—2016[EB/OL]. [2018-01-20]. https://www.nlb.gov.sg/Portals/0/Reports/fy15/.

[14] National Library Board. Book-clubs[EB/OL]. [2018-05-07]. http://www.nlb.gov.sg/readsingapore/book-clubs/.

[15] National Library Board. Collections[EB/OL]. [2018-04-17]. https://nlb.overdrive.com.

[16] National Library Board. General collection[EB/OL]. [2018-03-28]. https://www.nlb.gov.sg/Research/GeneralCollections.aspx.

[17] National Library of New Zealand. National library of New Zealand collections policy[EB/OL]. [2018-02-28]. https://natlib.govt.nz/about-us/strategy-and-policy/collections-policy/national-library-of-new-zealand-collections-policy.

[18] National Library of New Zealand. Turning knowledge into value—strategic directions to 2030[EB/OL]. [2018-02-28]. https://natlib.govt.nz/about-us/strategy-and-policy/strategic-directions.

[19] Stats NZ. 2013 Census[EB/OL]. [2018-02-07]. http://archive.stats.govt.nz/Census/2013-census/profile-and-summary-reports.aspx.

[20] Wikipedia. Chinatown, Singapore[EB/OL]. [2018-04-17]. https://en.wikipedia.org/wiki/Chinatown,_Singapore.

[21] Wellington City Council. Wellington City profile: key facts about the city, 2016[EB/OL]. [2018-02-07]. https://wellington.govt.nz/~/media/about-wellington/profile/files/wellington-city-profile.pdf.

国外公共图书馆多元文化服务政策与案例编译文集

缩写对照表

缩写	全称	对照中文
ALA	American Library Association	美国图书馆协会
ALIA	Australian Library and Information Association	澳大利亚图书馆与信息协会
CALD	Culturally and Linguistically Diverse	文化及语言多样性
CCP	Comprehensive Community Plan	综合社区计划
CFLA	Canadian Federation of Library Associations	加拿大图书馆协会联合会
CLA	Canadian Library Association	加拿大图书馆协会
ESL	English as a Second Language	以英语为第二语言/外语
FLA	First Language Australia	澳大利亚第一语言协会
IFLA	International Federation of Library Associations and Institutions	国际图书馆协会联合会
NALA	National Aboriginal Library Association	加拿大国家原住民图书馆协会
NAPLO	National Aboriginal Public Library Organization	国家原住民公共图书馆组织
NESB	Non-English Speaking Background	非英语背景
NILA	National Indigenous Literacy Association	国家原住民文化素养联合会
NRC	National Reading Campaign	全民读书运动
NSLA	National and State Libraries Australasia	澳新国家和州立图书馆联盟
TESOL	Teaching English to Speakers of Other Languages	对母语为非英语人士的英语教学
UNESCO	United Nations Educational, Scientific and Cultural Organization	联合国教科文组织

文件名和术语中英文对照表

第一章

中文	英文
《世界文化多样性宣言》	Universal Declaration on Cultural Diversity
《国际图联与联合国教科文组织多元文化图书馆宣言》	IFLA/UNESCO Multicultural Library Manifesto
《国际图联与联合国教科文组织多元文化图书馆宣言——实施方案》	IFLA/UNESCO Multicultural Library Manifesto—Implementation Kit
《多元文化社区：图书馆服务指南》	Multicultural Communities: Guidelines for Library Services

第二章

中文	英文
《ALA 政策手册 B：立场和公共政策声明》	ALA Policy Manual Section B: Positions and Public Policy Statements
《美国图书馆协会战略方向》	American Library Association Strategic Directions
《美国面向西班牙语用户的图书馆服务指南》	Guidelines for Library Services to Spanish-Speaking Library Users
《美国多语种馆藏发展与服务推广指南》	Guidelines for the Development and Promotion of Multilingual Collections and Services
《美国图书馆移民人群延伸服务指南》	Guidelines for Outreach to Immigrant Populations

第三章

中文	英文
《迈向优质服务：澳大利亚公共图书馆服务目标及标准》	Towards a Quality Service: Goals, Objectives and Standards for Public Libraries in Australia
《超越优质服务，巩固社会结构：澳大利亚公共图书馆服务标准指南》	Beyond a Quality Service: Strengthening the Social Fabric—Standards and Guidelines for Australian Public Libraries
《澳大利亚公共图书馆指南、标准及成果评估》	Guidelines, Standards and Outcome Measures for Australian Public Libraries
《图书馆、信息服务和原住民》	Libraries and Information Services and Indigenous Peoples
《原住民和托雷斯海峡岛民图书馆、档案馆和信息中心服务协议》	The Aboriginal and Torres Strait Islander Protocols for Libraries, Archives and Information Services
《原住民与托雷斯海峡岛民图书馆服务和馆藏国家政策框架》	National Policy Framework for Aboriginal and Torres Strait Islander Library Services and Collections
《与社区合作：图书馆与原住民和托雷斯海峡岛民社区合作实践指导方针》	Working with Community: Guidelines for Collaborative Practice Between Libraries and Aboriginal and Torres Strait Islander Communities
《国家对原住民和托雷斯海峡岛民图书馆服务和馆藏的立场声明》	National Position Statement for Aboriginal and Torres Strait Islander Library Services and Collections
《澳新国家和州立图书馆联盟（NSLA）图书馆原住民和托雷斯海峡岛民语言服务和馆藏声明》	Aboriginal and Torres Strait Islander Language Services and Collections in NSLA Libraries

第四章

中文	英文
《加拿大图书馆协会对语言少数群体和少数族裔群体提供图书馆服务的立场声明》	Canadian Library Association Position Statement on Library Services to Linguistic and Ethnic Minorities

中文	英文
《加拿大图书馆协会关于多元性和包容性的立场声明》	Canadian Library Association Position Statement on Diversity and Inclusion
《多元文化社区的图书馆服务》	Library Services to Multicultural Communities
《加拿大多元资源与服务工具包》	Multicultural Resources & Services Toolkit
《国家原住民图书馆协会三年业务计划》	Three-Year Business Plan
《国际图联面向多元文化人口的图书馆服务通信》	IFLA Library Services to Multicultural Populations Newsletter
《安大略省公共图书馆法》	Ontario Public Library Act

第五章

中文	英文
《图书馆服务法》	Library Service Act
《图书馆服务与建设法》	Library Service & Construction Act
《图书馆服务与技术法》	Library Service and Technology Act
《纽约州公共图书馆法》	Public Library Law in New York State
《移民与国籍法》	Immigration and Nationality Act
移民法律援助	Immigration Legal Assistance
移民传统周	Immigrant Heritage Week
《波士顿公共图书馆馆藏发展政策》	Boston Public Library Collection Development Policy
《芝加哥文化规划2012》	City of Chicago Cultural Plan 2012
《芝加哥新美国人计划》	The Chicago New Americans Plan
《洛杉矶公共图书馆2015—2020战略规划》	Los Angeles Public Library Strategic Plan 2015—2020
《部落图书馆规程手册》	TRAILS—Tribal Library Procedure Manual

中文	英文
美国原住民图书馆协会杰出服务奖	American Indian Library Association Distinguished Service Award
美国原住民青年文学奖	American Indian Youth Literature Award
弗吉尼亚·马修斯纪念奖学金	Virginia Mathews Memorial Scholarship
图书馆和博物馆服务协会	Institute of Museum and Library Services
原住民图书馆服务基础基金	Native American Library Services Basic Grants
原住民图书馆服务增补基金	Native American Library Services Enhancement Grant
夏威夷原住民图书馆服务基金	Native Hawaiian Grants
《亚利桑那图书馆服务和技术法五年计划2018—2022》	Arizona Library Services and Technology Act Five-Year Plan 2018—2022
《图书馆服务和技术法阿拉斯加州五年计划2018—2022》	Library Services and Technology Act Alaska State Plan 2018—2022
州际图书馆电子通道	Statewide Library Electronic Doorway

第六章

中文	英文
《澳大利亚国家图书馆法》	National Library Act
《发展规划2016—2020》	Corporate Plan 2016—2020
《原住民和托雷斯海峡岛民就业战略计划2013—2018》	Aboriginal and Torres Strait Islander Employment Strategy 2013—2018
《馆藏发展政策·2016》	Collection Development Policy, 2016
《新南威尔士州多元文化法案》	Multicultural NSW Act
《民族事务委员会法案》	Ethnic Affairs Commission Act
《社区融入计划》	Community Engagement Strategy
《新南威尔士州公共图书馆标准及指南》	Living Learning Libraries—Standards and Guidelines for NSW Public Libraries

文件名和术语中英文对照表

中文	英文
原住民咨询委员会	Indigenous Advisory Board
《图书馆里的原住民空间：建设一个包容原住民群体的、具有活力的公共图书馆网络》	*Indigenous Spaces in Library Places: Building a Vibrant Public Library Network Inclusive of Indigenous Peoples and Communities*
《原住民馆藏发展政策》	*The Indigenous Collecting Strategy*
《澳大利亚原住民传奇故事》	*Legendary Tales of the Australian Aborigines*
原住民语言复兴计划	Rediscovering Indigenous Languages
《种族和宗教宽容法案》	*Racial and Religious Tolerance Act*
《人权宪章》	*Charter of Human Rights and Responsibilities Act*
《维多利亚多元文化法案》	*The Multicultural Victoria Act*
《维多利亚，以你为荣——维多利亚多元文化政策声明》	*Victorian, and Proud of It: Victoria's Multicultural Policy Statement*
《有效的翻译服务：维多利亚政府指导文件》	*Effective Translations: Victorian Government Guidelines*
《维多利亚原住民事务框架 2013—2018》	*Victorian Aboriginal Affairs Framework 2013—2018*
《原住民遗产法令·2006》	*Aboriginal Heritage Act, 2006*
澳大利亚视觉障碍图书馆及信息服务中心	Vision Australia Information and Library Service
《多元文化公共图书馆服务标准》	*Standards for Multicultural Public Library Service*
《关注我们的多元性：维多利亚州公共图书馆多元文化服务指南》	*Responding to Our Diversity: Multicultural Library Service Guidelines for Victorian Public Libraries*
《2017—2020多元性及社会包容行动计划》	*Diversity and Social Inclusion Action Plan 2017—2020*
《2016—2020战略规划》	*Strategic Plan 2016—2020*
《多元性和社会包容行动计划2017—2020：原住民和托雷斯海峡岛民》	*Diversity and Social Inclusion Action Plan 2017—2020: Aboriginal and Torres Strait Islanders*

中文	英文
《原住民保护法》	Aborigines' Protection Act
《原住民土地法》	Aboriginal Lands Act
《多元文化共识法案》	Multicultural Recognition Act
《昆士兰语言服务方针和服务指引》	Queensland Language Services Policy/Guidelines
《原住民和托雷斯海峡岛民馆藏条款》	Protocols for Aboriginal and Torres Strait Islander Collections
《延伸共融行动计划2015—2018》	Stretch Reconciliation Action Plan 2015—2018
《昆士兰州立图书馆原住民语言战略》	State Library of Queensland Indigenous Languages Strategy
《原住民和托雷斯海峡岛民人力资源策略2012—2016》	Aboriginal and Torres Strait Islander Workforce Strategy 2012—2016
《昆士兰州立图书馆原住民语言战略》	State Library of Queensland Indigenous Languages Strategy
《活力北领区》	Vibrant NT
《连接社区：北领区公共图书馆愿景2017—2023》	Connected Communities：Vision for Northern Territory Public Libraries 2017—2023

第七章

中文	英文
真相与和解委员会	Truth and Reconciliation Commission
《安大略省公民和文化部法案》	Ministry of Citizenship and Culture Act of Ontario
多元文化社区能力补助计划	The Multicultural Community Capacity Grant Program
加拿大—安大略—多伦多移民谅解备忘录	Canada – Ontario – Toronto Memorandum of Understanding on Immigration

中文	英文
《共同建设魁北克省——移民与融合政策声明》	Let's Build Québec Together: A policy Statement on Immigration and Integration
《加拿大多元文化法》	The Canadian Multiculturalism Act
《多元化和包容性声明》	Diversity and Inclusion Statement
《1974萨斯喀彻温多元文化法案》	The Saskatchewan Multiculturalism Act, 1974
《多元文化法案》	The Multiculturalism Act, 1974
《萨斯喀彻温省部长咨询委员会关于公共图书馆原住民服务的报告》	Final Report of the Minister's Advisory Committee on Library Services for Aboriginal People

第八章

中文	英文
《怀唐伊条约》	Treaty of Waitangi
《新西兰国家图书馆法·1965》	The National Library Act, 1965
《新西兰国家图书馆法·2003》	National Library of New Zealand (Te Puna Mātauranga o Aotearoa) Act, 2003
《将知识转化为价值——2030年战略指南》	Turning Knowledge into Value—Strategic Directions to 2030
《奥克兰图书馆规划2013—2023》	Auckland Libraries: TeKauroa—Future Directions 2013—2023